PUHUA BOOKS

我
们
一
起
解
决
问
题

企业全面预算管理实务与案例解析
（第 2 版）

从预算编制、流程控制到结果考评

杨志慧　侯立新　石倩倩　朱相宇　编著

人民邮电出版社

北　京

图书在版编目（CIP）数据

企业全面预算管理实务与案例解析：从预算编制、流程控制到结果考评 / 杨志慧等编著. -- 2版. -- 北京：人民邮电出版社，2023.1
ISBN 978-7-115-60566-5

Ⅰ. ①企… Ⅱ. ①杨… Ⅲ. ①企业管理－预算管理－研究 Ⅳ. ①F275

中国版本图书馆CIP数据核字（2022）第226151号

内 容 提 要

本书根据全面预算管理理论，以真实企业预算过程为基础，结合预算常见主要问题，融入现代企业管理思想、技术与实践，对企业预算全过程进行了介绍。

全书共分10章，第1~2章详细介绍了全面预算的管理模式、管理体系、编制的基本方法及制度构建等内容；第3~6章系统讲解了从经营预算、资本预算、筹资预算到财务预算的编制程序与实务操作方法；第7章通过具体实例展示了从销售预算到财务报表预算的完整编制过程；第8~9章对全面预算的执行、控制、调整以及后期的结果评价与差异分析进行了说明；第10章简述了现代信息技术在财务管理领域以及全面预算管理中的应用。全书内容讲解充分，为读者提供了在全面预算管理与执行中发现问题的方法、分析问题的思路、解决问题的路径以及进行实务操作的工具，既可以帮助预算编制人员更好地完成实务工作，也有助于企业管理者提升全面预算管理水平。

本书既适合企业管理人员、财务人员以及财经院校相关专业师生阅读，也可以作为企业实施全面预算管理的培训用书。

◆ 编　　著　杨志慧　侯立新　石倩倩　朱相宇
　　责任编辑　付微微
　　责任印制　彭志环
◆ 人民邮电出版社出版发行　　　　北京市丰台区成寿寺路 11 号
　　邮编 100164　电子邮件 315@ptpress.com.cn
　　网址 https://www.ptpress.com.cn
　　北京天宇星印刷厂印刷
◆ 开本：787×1092　1/16
　　印张：15.25　　　　　　　　　2023 年 1 月第 2 版
　　字数：314 千字　　　　　　　2025 年 8 月北京第 10 次印刷

定　价：79.80 元
读者服务热线：（010）81055656　印装质量热线：（010）81055316
反盗版热线：（010）81055315

如今，随着企业多元化发展以及经营规模的不断扩大，特别是集团企业的广泛出现，企业管理日益朝着战略管理、精细化管理、前瞻性管理方向发展。其中，全面预算管理的作用日益突出，企业对全面预算管理的重视程度也不断提升。

全面预算是一种全方位、全过程、全员参与编制和实施的预算管理模式，凭借其计划、协调、控制、激励、评价等综合管理功能，在贯彻战略目标、整合和优化企业资源配置、保障经营计划推行、提升企业运行效率等方面起着重要的支撑作用。但在企业实践中，全面预算管理在体系构建及具体实施等环节还存在一些问题，例如：

* 全面预算管理体系不够健全，在组织结构层面未能做出科学规划；
* 企业全员（管理层、员工层）对全面预算真正意义的认识不够深刻；
* 预算目标不明确，预算方法不科学，预算编制不准确；
* 预算执行过程监督不到位，执行评价指标体系不完整，结果使用不合理；
* 预算参与人员专业素质不高、预算管理人员水平有待提高；
* 全面预算管理未能体现现代企业管理理念，未能充分应用现代信息技术等。

这些问题的存在使得全面预算管理无法跟上现代企业快速发展的步伐，更有可能成为企业前进中的掣肘。因此，真正理解和有效实施全面预算管理，融入现代管理思想，充分利用现代信息技术，将为企业管理效益的提升带来更多机会和可能。

《企业全面预算管理实务与案例解析》首次出版以来，市场持续热销，得到了读者的广泛关注，已成为很多企业经营管理者与预算人员的常备工具书。读者对本书的针对性、实用性、专业性等给予了高度评价，同时针对书中的一些问题提出了有效的修改建议。在对读者提出的建议进行充分研究的基础上，结合企业实际需求与现行会计制度，我们对《企业全面预算管理实务与案例解析》进行了修订，进一步完善了全面预算管理的相关章节内容。

具体来说，本书在原版基础上，做了如下修改和补充。

（1）结合《管理会计基本指引》与《管理会计应用指引》，在第 1 章的"1.4 全面预算编制的基本方法"中，补充了"作业成本法与作业预算法"的相关内容。

（2）对第 7 章全面预算编制过程实例中的部分数据进行了调整，使其更加合理，同时补充了各项预算中的现金预算内容，增加了"预计现金流量表"，并按照现行《企业会计准则》对财务报表进行了修订。

（3）在第 8 章补充了财务预警系统的构建等内容。

（4）为更好地展现现代信息技术在全面预算管理中的应用，将原版第 10 章"ERP 系统下的全面预算管理"调整为"现代信息技术下的全面预算管理"，增加了现代信息技术在财务管理领域应用的相关内容，在传统内容架构基础上，体现出最新企业实践。

（5）在其他部分章节增加了小案例，使相关知识点更易理解。

在本书修订过程中，多位高校会计、工商管理等专业教授、业内专家给予了悉心指导，提供了最新的理论前沿与企业实践应用信息，相关专业人士提供了真实的企业案例资料。在此，向所有参与本书编写以及提供帮助的专家学者、预算管理实践者、读者表示衷心感谢！

虽然我们努力做到科学严谨，求真务实，并进行多次校对，但难免会出现错漏，敬请广大读者在使用过程中，一如既往地提出宝贵意见和建议，以便于本书进一步修订与完善！

目 录／Contents

Chapter

第4章
资本预算——重要资金支出的预决策

Chapter

第 8 章
全面预算执行中的控制与调整——需要修正的预算

第 1 章

全面预算管理概述——
计划与目标

　　企业从创立之初，生存、发展、获利这三部曲就都不可回避。在每一部曲中，任何一家企业都不能信马由缰、漫无目的地发展。企业应在不同阶段建立起阶段目标，包括长期目标与短期目标，并且要确保这些目标能够有效执行与实现。全面预算管理可以担当这一重要职能。

预算管理创造的价值

　　2012年，像其他企业的发展历程一样，华为公司也经历了一段波折。受全球经济不景气、通信领域客户投资意愿下降的影响，华为公司遭遇了连续五个月的亏损，陷入了年度收入目标和净利润目标可能均难以实现的困境。面对此种状况，公司上下齐心协力、共克难关。其中，集团财经费用管理部在公司的支持下，通过预算管理的两记重拳，以及其他管理手段的共同出击，"拧出"了十亿美元费用，为公司创造了价值，在公司扭亏中立下了赫赫战功。

　　公司费用的"拧出"过程结合并运用了以下预算管理手段。

　　第一，在费用预算制定上画出高压线。

　　在以往公司高速增长过程中，成本费用管控相对较松。2012年费用预算增长近30%，而当年的收入预算仅增长了21%。花钱的速度已经超过了赚钱的速度。基于此，公司为机关职能平台制定了费用预算基线和模型，针对不同部门的业务特点制定了差异化的基线。在实现基线约束的基础上，公司给出了另外一条高压线：费用额零增长。为实现这一目标，集团轮值CEO和CFO亲自挂帅，专门组织费用评审，对每个职能平台的部门费用一项项展开分析，随后正式签发了《职能平台费用预算指引》《内部结算管理规定》等一系列文件。最终费用管理实效突出，一下砍掉了6000多万美元的平台费用预算。

　　第二，在费用预算实施中实现弹性预算。

　　弹性预算的方法和理论虽早就存在，但此前公司一直都是"向上弹"，未出现过"向下弹"的情况，并没有真正实现弹性预算。面对此次压力，公司决定将预算授予机制收紧，根据收入、销售毛利完成率孰低来弹性授予费用预算，即经营计划完不成，费用预算就要减少。如果利润中心全年收入预测完成95%，销售毛利预测能完成90%，那么按照90%弹性授予其费用，砍掉其10%的费用预算。通过这种方式，公司将资源配置和产出指标更紧密地挂钩，迫使利润中心不仅追求收入的达成，还要关注销售毛利。截至2012年年底，集团收入/销售毛利预算完成90%，费用预算也控制在了90%的水平。

　　通过以上预算管理手段的运用，华为公司总共"拧出"了近十亿美元的费用预算节余，最终使得利润结果基本达到了集团预期要求，过去一段时间费用率不断走高的势头也得到了遏制。

1.1 全面预算管理解读

1.1.1 全面预算管理的含义

"凡事预则立，不预则废。"只有经过事先充分的准备和计划，才能在商战中取得一次又一次的胜利。纵观许多优秀企业，无不在一个健全的管理思想和系统下运行，它们懂得居安思危、未雨绸缪，针对企业的未来做好了周密的筹划，并能科学、有效地执行这些计划，最终使企业保持长久的生命力。在这个过程中，预算管理的思想及其有效实施成了企业成功的重要保障。

预算在企业管理领域是企业对预算期内各项经济活动数量化和货币化的计划安排。企业领域的预算又称全面预算。全面预算是企业为了实现战略规划和经营目标，按照一定程序（编制、审查、批准）做出的，以量化形式表现的企业预算期内的经营活动、投资活动、财务活动的统筹计划。

全面预算管理是通过业务、资金、信息、人才的整合，实现企业资源的合理配置，进而对协同作业、战略实施、经营状况、价值增长等目标绩效提供支持的系统管理过程和体系。它主要包括战略目标制定、预算编制、预算执行与绩效考评等工作内容。

在现代企业经营环境和技术条件下，全面预算管理成为企业管理中的一个完整的、具有全面控制能力和整合性的信息系统与经营决策支持系统。该系统将业务流、资金流、信息流、人力资源流聚合起来，使其不再以板块形式存在，而是以系统中的某一个点、某条作业链的形式存在。全面预算管理作为管理会计的一个重要组成部分，在价值指标主导下，不断参与到企业价值创造中去。

1.1.2 全面预算管理的意义与定位

全面预算细化了企业经营的具体任务与目标，进一步明确了工作主体（人与各级组织）的任务与目标，因此预算管理不仅仅是编制和执行计划，更是全面协调企业各项工作和各位成员的一个重要工作体系。

企业的发展历程一般会经历四个阶段：第一，产品阶段（靠质量抢占市场）；第二，营销阶段（注重市场营销）；第三，人力资源建设阶段（注重人才培养与队伍建设）；第四，系统管理阶段（核心正是全面预算管理）。

企业要想长久发展，必然要走到第四阶段，全面预算管理就成了不可回避的重要工作。

全面预算管理从诞生之初，其作用就被各大企业所重视。20 世纪 20 年代，随着其在美国通用电气、杜邦、通用汽车公司中的应用与发展，全面预算管理很快就成为许多大型企业的标准工作程序。从最初的计划、协调发展到具有控制、评价、激励等诸多功能，作为贯穿企业管理始终的综合性管理工具，全面预算管理在企业内部控制中发挥着核心作用。在我国，从 20 世纪 90 年代开始一些大中型企业不同程度地实施了全面预算管理，但相对而言管理效果并未真正显现。一些中小企业的管理者甚至还认识不到全面预算管理的必要性，他们认为自身企业规模小，不需要这么高深的管理技术，成败的关键仅在于市场经营。实际上，从企业的长远发展来看，经营过程只是预算管理体系的一个工作节点，即"管理重心在经营、经营重心在决策、决策重心在执行、执行重心在预算"。到了 21 世纪，全面预算已经成为企业管理工作的必备构成内容，企业管理者随时关注、控制、监督预算执行情况。实际上，企业不管大小，树立预算思想与实施预算管理都是其发展的必经之路。

为了促进全面预算管理的推广，政府部门先后出台了一系列规章制度。2002 年，财政部颁布了《关于企业实行全面预算管理的指导意见》，提出企业要实行包括财务预算在内的全面预算管理；2008 年，财政部、证监会等五部门联合发布了《企业内部控制规范》，再次明确要求企业在全面实施预算管理中明确各责任单位职责，规范预算的编制、审定、下达和执行程序；2010 年，在再次发布的《企业内部控制应用指引》中，全面预算作为独立的 15 号指引被进一步强化。这些制度的实施标志着我国企业已广泛进入全面预算规范与实施阶段。

2014 年，随着《财政部关于全面推进管理会计体系建设的指导意见》的发布，正式且全面推进了管理会计建设。2016 年，财政部发布了《管理会计基本指引》，明确了管理会计工具方法包括战略地图、预算管理、作业成本管理、本量利分析、平衡计分卡等；随后发布了《管理会计应用指引第 200 号——预算管理》，对预算管理的应用环境、预算编制、预算执行、预算考核等内容进行了进一步说明，并于 2018 年年底前发布滚动预算、零基预算、弹性预算、作业预算四项通知文件，搭建起较为完整的预算管理政策框架。全面预算管理作为管理会计的重要支撑，已被日益予以充分的重视，并被提升到举足轻重的地位。

1.1.3　全面预算管理的特征与功能

1. 全面预算管理的特征

全面预算管理是一项综合性的管理工作。它的综合性也决定了其地位和重要程度，即预算不是某个部门的工作，而是企业整体的工作内容。

全面预算管理通常具备以下四个基本特征。

第一，战略性。全面预算管理的构建以企业战略为导向，是企业战略目标的具体实施计划。

第二，全面性。全面性主要表现为全员性、全程性、全方位。全员性，指全面预算管理涉及企业各个部门，需要从领导到员工各个层级的所有人员参与，人人有责；全程性，指管理过程从编制、执行控制、考核、评价渗透到企业各项经营活动中；全方位，指全面预算管理包括了经营预算、资本预算、财务预算等各个方面的预算管理内容。

第三，协调性。全面预算管理需要协调每一个部门和每一个人，把任务与资源进行合理配比与有效利用。

第四，反馈性。全面预算管理计划的编制、执行需要进行切实有效的控制与监督，能依据实际情况进行调整，并通过考核评估不断提高预算管理的效果。

2. 全面预算管理的功能

在企业整个管理系统中，战略与预算和经营绩效之间有着首尾相连的密切的逻辑关系，在多个方面体现出重要性，这也成为预算在企业管理中不可或缺的原因之一。全面预算管理的功能如图 1-1 所示。

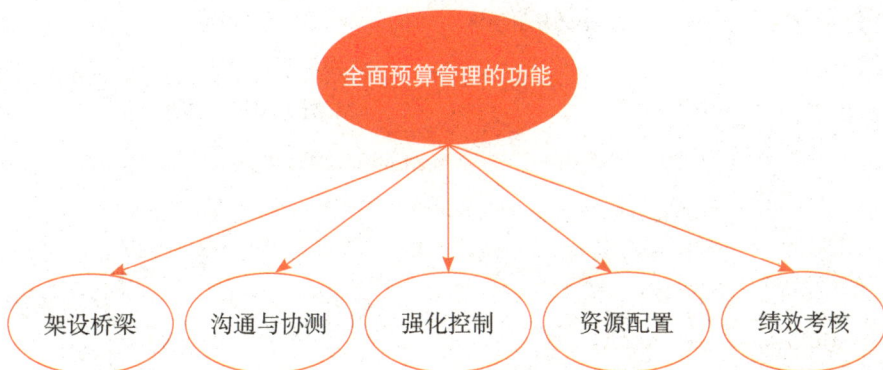

图 1-1　全面预算管理的功能

第一，架设桥梁。全面预算管理在战略目标及规划与执行之间架起一道桥梁。全面预算管理将战略目标及规划层层细化与量化，使战略目标能落实到具体工作任务中。全面预算管理与战略目标及规划的关系如图 1-2 所示。

第二，沟通与协调。通过全面预算的编制，企业可以充分了解各级部门及员工的需求与意见，在执行过程中不断沟通、相互协调、取得共识，减少工作中的障碍。

第三，强化控制。全面预算可以强化管理工作的系统性。全面预算管理将各个部门的控制功能与各项制度融入其中，使得任何一个部门或个人的工作成为系统工作的一个有机组成部分，彼此之间紧密联系、相互协作，最终保障各层级目标和总目标的共同实现。

第四，资源配置。优化财务和财务资源，向关键的分公司、子公司和部门配置最优资源。

第五，绩效考核。全面预算可以作为绩效考核与奖惩的依据。全面预算的编制使得企业年末考核有据可依，通过预算控制可以随时发现问题并进行调整，实现降低风险、减少资源浪费的目的。同时，将全面预算结果与最后的考核评价相结合，可以激发员工的潜力，为实现个人目标与企业目标的有机结合创造环境。

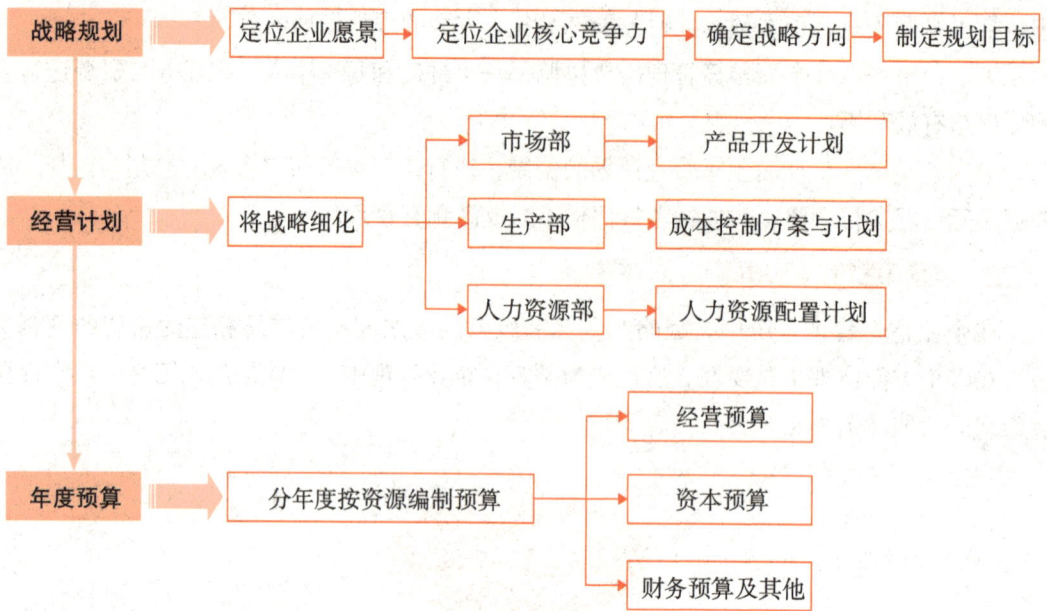

战略规划 →	定位企业愿景 →	定位企业核心竞争力 →	确定战略方向 → 制定规划目标

经营计划 → 将战略细化 → 市场部 → 产品开发计划

生产部 → 成本控制方案与计划

人力资源部 → 人力资源配置计划

年度预算 → 分年度按资源编制预算 → 经营预算

资本预算

财务预算及其他

图 1-2　全面预算管理与战略目标及规划的关系

1.2　全面预算管理体系

1.2.1　全面预算管理体系的构成

全面预算管理是企业的一项管理工作，其有效实施依赖于一个完善的管理体系（见图 1-3）。企业全面预算管理体系以企业战略规划为目标出发点，根据规划设计确立年度

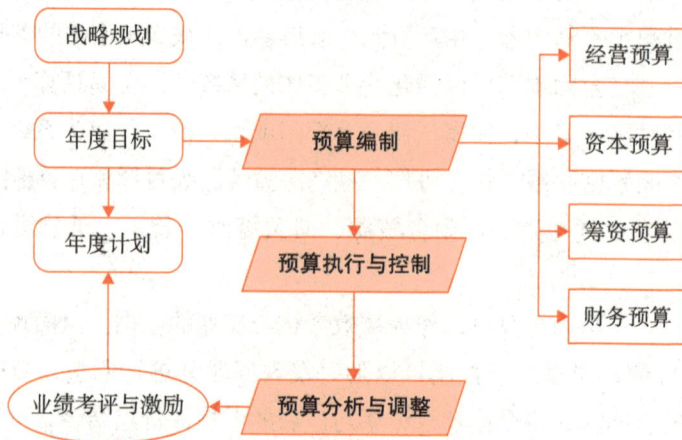

战略规划

年度目标 → 预算编制 → 经营预算

资本预算

年度计划 → 预算执行与控制 → 筹资预算

财务预算

业绩考评与激励 ← 预算分析与调整

图 1-3　全面预算管理体系的构成

目标，依据年度目标设置年度计划；将年度计划进行具体化和量化，通过各级预算指标的编制得以体现。其中，预算编制进一步分为经营预算、资本预算、筹资预算和财务预算的编制；预算编制完成后，即进入预算执行过程，执行过程需要进行全程控制，在执行过程中依据实际情况进行分析，随时发现执行中的问题并予以解决或调整；年度终了，依据年初设定的预算指标对各级部门、各个员工进行绩效评价与考核，最后依据考核结果实施奖惩，以保障预算目标的实现。

在全面预算管理体系中，预算的编制是一项重要工作。预算的编制过程通常涉及企业的各个部门，涉及面广，工作量大。预算编制的内容体系如图1-4所示。

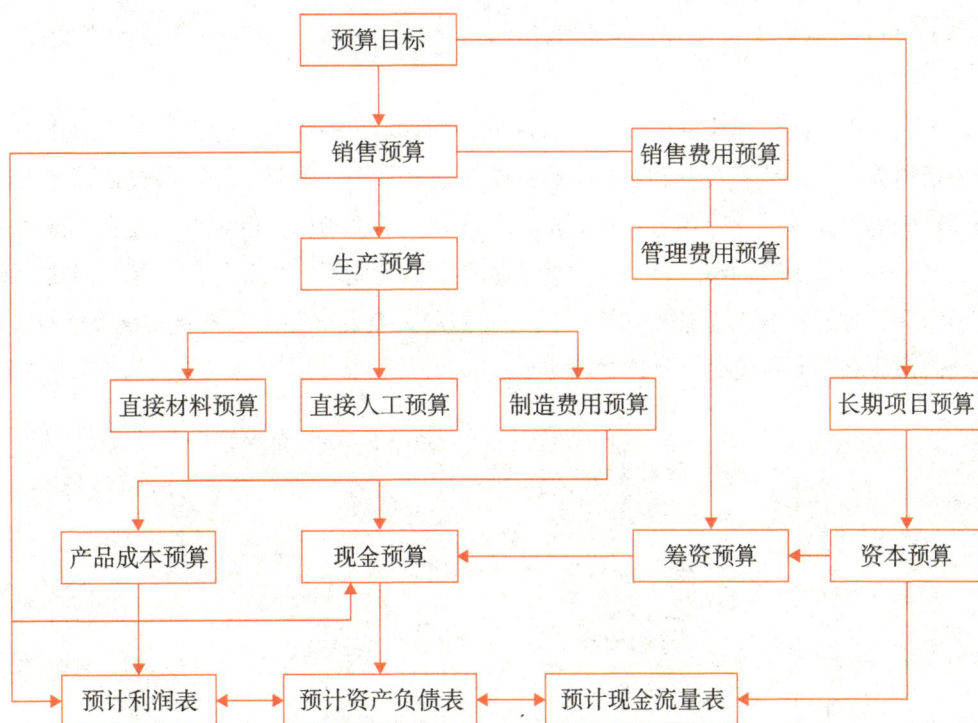

图 1-4 预算编制的内容体系

全面预算的编制通常以市场需求的研究与预测为基础，以销售预算为导向，在"以销定产"的思路下进行生产经营活动相关方面的预算，最后落实到对财务状况和经营成果的影响上，包括编制预计利润表、预计资产负债表及预计现金流量表。企业同时需要根据战略规划进行本年度长期项目投资的预测，编制资本预算，并将投资支出反映在相关项目中。通常将短期资金的变化，包括借款、还款、分红等变化内容在现金预算中一并反映。

1.2.2　全面预算管理工作流程

全面预算管理是在企业整体目标基础上进行的一项管理工作，不同企业具体的工作方式有所不同。通常，一套完整的管理流程包含以下几个程序：

（1）企业总部作为战略规划者，根据市场环境与企业战略提出企业战略目标；

（2）采用上下结合的预算编制方式分层编制预算，此阶段强化了预算审批权的设置；

（3）二级单位完成预算编制后，由上一级单位进行审核批准，批准后开始执行；

（4）对预算执行情况进行全方位监控，此过程注重部门内部执行与外部工作的协调；

（5）对二级单位的预算执行情况进行考核、评估与奖惩；

（6）对执行结果进行反馈，适时做出预算调整，并反映到下一年度预算编制与管理上。

以上程序落实到具体业务中，通常会形成一个基本业务流程。全面预算基本业务流程一般包括预算编制、预算执行和预算考核三个阶段。其中，预算编制阶段包括预算内容编制、预算审批、预算下达等环节；预算执行阶段涉及预算指标分解和责任落实、预算执行控制、预算分析、预算调整等环节。这些业务环节相互关联、相互作用、相互衔接，周而复始地循环，进而实现对企业经济活动的全面控制。企业应当结合自身情况及管理要求，制定全面预算基本业务流程，具体如图 1-5 所示。

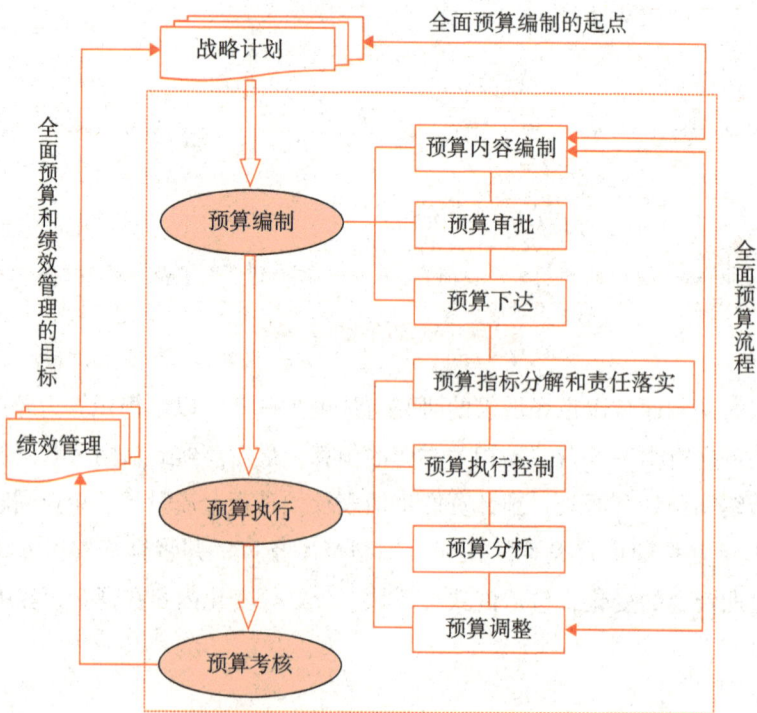

图 1-5　全面预算基本业务流程

在全面预算基本业务流程执行过程中，管理机构或组织以及相关制度的设置非常重要。作为基本业务流程执行的保障，配套工作要求较高。此部分内容将在第 2 章中进行具体介绍。

1.3 全面预算管理的基本模式

全面预算管理连接着市场和企业内部，市场环境的不同和企业所处发展时期的不同会导致管理重点不同，以及所使用的管理模式不同。企业要根据自身所处环境选择全面预算管理模式，突出不同时期的不同管理重点。全面预算管理的基本模式如图 1-6 所示。

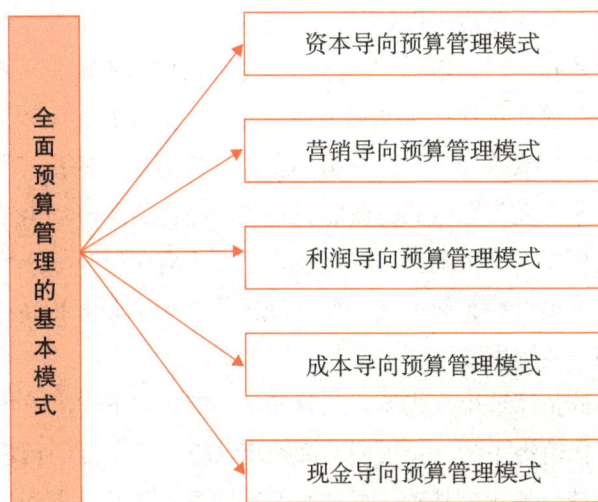

图 1-6　全面预算管理的基本模式

1.3.1 资本导向预算管理模式

资本导向预算管理模式是以资本投入为起点的预算管理模式。这种模式一般适用于初创期的企业。初创期的企业一般都有大规模的投资，通常将大量资金投入研发、市场研究、固定资产等，导致企业净现金流量为负，面临较大的投资与经营风险。这种大规模的投资比生产经营上所需要的资金要多得多，所以投资方面的预算变得非常重要。

在资本导向预算管理模式下，企业从资本投入预算开始介入管理全过程，包括利用财务决策技术进行资本投入的项目评价，做出项目投资总预算、各期现金流出预算和融资预算；利用以上预算对实际过程进行监控或管理，评价项目实际效果。这种预算模式的优点是"量入为出"，让企业能够在不断投资的过程中由投资带动发展。资本导向预算管理模式的流程如图 1-7 所示。

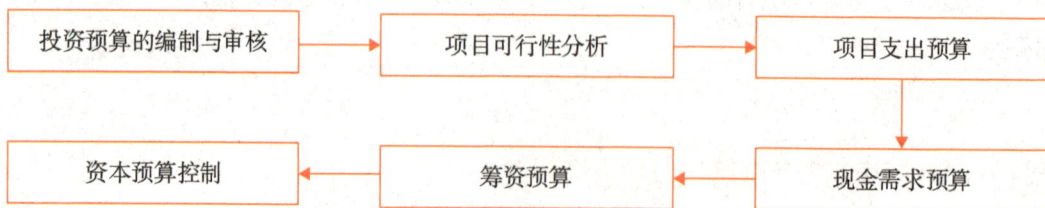

```
┌─────────────────┐      ┌─────────────────┐      ┌─────────────────┐
│ 投资预算的编制与审核 │ ───→ │   项目可行性分析   │ ───→ │   项目支出预算   │
└─────────────────┘      └─────────────────┘      └─────────────────┘
                                                          │
                                                          ↓
┌─────────────────┐      ┌─────────────────┐      ┌─────────────────┐
│   资本预算控制   │ ←─── │     筹资预算     │ ←─── │   现金需求预算   │
└─────────────────┘      └─────────────────┘      └─────────────────┘
```

图 1-7　资本导向预算管理模式的流程

1.3.2　营销导向预算管理模式

营销导向预算管理模式是按"以销定产"的体系，以销售为核心编制并执行预算。此模式下预算以市场为依托，以销售预测为起点，然后根据销售预算所考虑的期初、期末存货的变动来安排生产，最后是保证生产顺利进行的各项资源的供应和配置。在营销导向预算管理模式下，应以销售收入为主导考核指标。以销售为核心的预算管理模式的基本目标是通过预算来保证企业内部各部门的运作协调一致，通过满足市场需求来获取效益。

这种模式通常适用于产品逐渐被市场接受，市场占有份额直线上升，产品的生产技术较为成熟的企业。这种类型的企业，其主要管理工作就是不断开拓新的市场，以提高自己的市场占有率，增加企业销售收入。

在以销售为核心的预算管理模式下，预算编制一般按以下程序进行：

（1）企业根据市场销售预测以及预期利润确定预算期间企业的销售指标；

（2）销售部门以销售预测为基础，根据企业实际情况和预算期间可能发生的变动情况编制销售预算；

（3）生产部门在销售预算基础上编制生产预算；

（4）采购部门依据生产部门的生产所需编制料、工、费等预算，协调各项资源供给及配置；

（5）相关职能部门根据上述各项预算分别编制管理费用、财务费用和销售费用等在内的成本费用预算，加强企业预算管理和内部控制；

（6）财务部门在上述销售预算、成本费用预算等预算的基础上编制利润预算，并据以对各级责任单位和个人进行考评和控制，同时编制现金流量预算，保证生产经营活动所需资金。

以销售为核心的预算管理模式的缺点主要有可能会造成产品过度开发，不利于企业长远发展；可能会忽略降低成本，不利于提高企业利润；可能出现过度赊销，增加企业坏账损失。

1.3.3　利润导向预算管理模式

在利润导向预算管理模式下，企业"以利润最大化"作为预算编制的核心，编制的起点和考核的主导指标都是利润。从现代企业经营特点来看，许多企业为了使"生命"不断延长，逐渐向多元化经营的集团模式发展。对于实现对不同子公司和分公司的经营进行控制与考评、发挥集团优势这一目标来说，利润导向预算管理模式具有一定的优势。

利润导向预算管理模式体系基本与营销导向预算管理模式相同，主要包括利润预算、销售预算、成本预算、现金预算等。通常由母公司确定各子公司的利润预算数并下达给子公司，子公司与母公司协商后编制本单位预算，然后依据利润预算目标编制各项经营预算。

这种模式有助于企业管理方式由直接管理转向间接管理，有利于增强企业集团的综合盈利能力，但有可能引发短期行为，使企业只顾预算年度利润，忽略长远发展，以及使企业只顾追求高额利润，增加财务风险和经营风险，还可能引发虚假行为，使企业通过一系列手段虚降成本，虚增利润。

1.3.4　成本导向预算管理模式

成本导向预算管理模式以成本控制为核心，预算编制以成本预算为起点。它在明确企业实际情况的前提下，通过市场调查，结合预期利润目标，倒挤出企业目标成本并进行量化和分类整理，然后分解落实到各级责任单位和个人，明确以成本指标完成情况为考评依据。预算编制主要包括设定目标成本、分解落实目标成本、实现目标成本这三个基本环节。此过程强调目标成本的可行性与科学性、全员参与以及岗位责任制的落实。

在市场竞争激烈，资源短缺现象严重的市场环境中，企业提高经济效益的途径总体来讲无非就是"开源"与"节流"。企业通过开发市场、提高市场占有率、扩大销售额可以实现开源。而对于处于产品市场成熟期的企业而言，市场份额变动不大，产品价格比较稳定，企业的经济效益很大程度上就取决于成本控制的好坏了。因此加强成本管理，努力降低成本，对于提高企业整体经济效益是极为重要的。

在成本导向预算管理模式下，企业可能只顾降低成本而忽略新产品开发，或只顾降低成本而忽略产品质量。

邯郸钢铁厂是比较有代表性的一家成功进行成本管理的企业。当年邯郸钢铁厂通过模拟市场核算出企业各种产品的内部成本和利润，并层层分解落实到各级责任单位和个人，进而以各责任单位和个人分解承担的成本指标来按质、按量地对相关责任单位和个人进行考核与"否决"（只要未达到成本指标或质量指标，就扣发责任人全部奖金并缓升浮动工资），同时注意权责利的结合和重罚与重奖的结合，确保这种充分吸收全员参与成本管理的管理模式取得了成功。

成本导向预算管理模式的流程如图 1-8 所示。

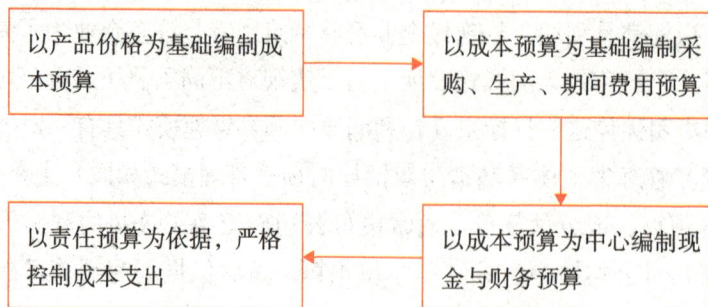

图 1-8　成本导向预算管理模式的流程

1.3.5　现金导向预算管理模式

随着现金流量在企业健康运转中的作用日益受到关注，以现金流量为核心的预算管理模式也逐渐发展成熟。现金导向预算管理模式是以现金流量为核心，依据企业现金流量预算进行预算管理的一种模式。现金流量是这一预算管理模式下预算管理工作的起点和关键所在。

在这种模式下，预算编制通常采用先自上而下、再自下而上的多次反复的方式。一般来说，主要包括三个步骤：

（1）资金管理部门根据各单位的责任范围，下达现金预算编制的内容和格式要求；

（2）各责任部门根据资金管理部门的要求和自身的实际编制现金流量预算，并上报汇总；

（3）资金管理部门汇总各组织单位编制的现金流量预算，按照"量入为出"的原则进行统筹安排，并协商确定最终预算的调整数与下级预算编制单位。

实践中，以现金流量为核心的预算管理模式有两种形式：一种是企业日常财务管理以现金流量为起点；另一种是产品处于衰退期的企业以现金流量为核心。这二者均对企业的现金流量管理极为重视。现金导向预算管理模式对现金管理要求较高。

1.3.6　全面预算管理基本模式的比较

全面预算管理基本模式的比较如表 1-1 所示。

表 1-1　全面预算管理基本模式的比较

基本模式	核心	优点	缺点	适用的企业
资本导向	以资本投入为起点	量入为出，让企业能够在不断投资的过程中由投资带动发展	生产经营上所需要的资金保障次之，可能导致经营风险升高	初创期的企业
营销导向	以销定产	通过满足市场需求来获取效益，适应性较强	可能造成产品过度开发，不利于企业长远发展；忽略降低成本，不利于提高企业利润；过度赊销，增加企业坏账损失	市场份额不断上升、产品生产技术较为成熟的企业
利润导向	以利润最大化为目标	由直接管理转向间接管理，有利于增强企业集团的综合盈利能力	可能引发短期行为，增加企业的财务风险和经营风险，虚增利润	规模较大、不断扩张型的企业
成本导向	以目标成本为基础	在市场竞争激烈，资源短缺，市场份额、产品价格变化不大时，通过"节流"降低成本，对于提高企业整体经济效益极为重要	可能只顾降低成本而忽略新产品开发，或只顾降低成本而忽略产品质量	产品处于成熟期的企业
现金导向	以现金流量为核心	重视现金流量管理	对现金管理要求较高	现金需求较高的企业

1.4　全面预算编制的基本方法

　　财政部会计司在《企业内部控制应用指引第 15 号——全面预算》解读中指出，企业可以依据自身的经济业务特点、数据管理水平、生产经营周期和管理需要，选择或综合运用固定预算、弹性预算、滚动预算等多种方法编制预算。全面预算的编制方法通常有以下几种。

1.4.1　固定预算与弹性预算

　　全面预算按业务量基础的数量特征不同，分为固定预算和弹性预算两种编制方法。

1. 固定预算

　　固定预算又称静态预算，是相对弹性预算而言的一种预算方式。它是指将预算期内正常的、可实现的某一业务量（如生产量、销售量）水平作为唯一基础来编制预算。传统预算大多采用固定预算编制方法。其基本原理是，编制中假定某个业务量水平保持不变，以某一确定的业务量为基础编制预算，在预算执行期末，将预算的实际结果与固定预算水平加以比较，据此进行业务考评。

固定预算最大的优点是编制比较简单；缺点是当实际业务量与预算编制所依据的业务量发生较大差异时，预算指标会失去可比性。因此，按照固定预算方法编制的预算不利于正确地控制、考核和评价企业预算的执行情况。

一般情况下，对不随业务量变化的固定成本与费用，多采用固定预算方法进行编制；而对变动成本，在编制预算时不宜用此方法。一些业务量水平较为稳定的企业或非营利组织在编制预算时也可采用固定预算方法。

［例1-1］A公司按固定预算方法编制销售预算，预计2022年销售产品20 000件，单价1 000元，产品单位变动成本800元，固定成本总额1 800 000元。

销售利润预算表

单位：万元

项目	固定预算
销售收入	2 000.00
单价	0.10
单位变动成本	0.08
单位边际贡献	0.02
边际贡献	400.00
固定成本	180.00
销售利润	220.00

假设执行期间，实价销售产品25 000件，追加固定成本200 000元。A公司在其他条件不变的情况下，编制销售利润预算分析表。

销售利润预算分析表

单位：万元

项目	固定预算	实际发生	差异
销售收入	2 000.00	2 500.00	+500.00
单价	0.10	0.10	
单位变动成本	0.08	0.08	

（续表）

项目	固定预算	实际发生	差异
单位边际贡献	0.02	0.02	
边际贡献	400.00	500.00	+100.00
固定成本	180.00	200.00	+20.00
销售利润	220.00	300.00	+80.00

通过上例可以看出，当实际业务量与预计业务量差异较大时，预算结果的可比性会变得较差，不利于对业务的控制、考核和评价。

2. 弹性预算

弹性预算又称变动预算或滑动预算，是为克服固定预算的缺点而设计的一种预算方式。它是在成本习性分析的基础上，以业务量、成本和利润之间的依存关系为依据，区分变动成本与固定成本，进而建立起业务量与成本和利润间的数量关系，按照预算期可预见的各种业务量水平，编制出不同业务量水平下的相应预算。

弹性预算能够反映在预算期内，与一定相关范围内可预见的多种业务量水平相对应的不同预算额，扩大了预算的适用范围。在预算期实际业务量与计划业务量不一致的情况下，将实际指标与实际业务量相应的预算额进行对比，可以使预算执行情况的评价与考核更加客观并具有可比性。

弹性预算的编制重点在于业务量及业务量范围的确定。编制弹性预算所依据的业务量可以是产量、销售量、直接人工工时、机器工时、材料消耗量和直接人工工资等。业务量范围的选择应根据企业的具体情况而定。一般可定在正常生产能力的 70% ~ 110%，或以历史最高业务量和最低业务量为上下限。

弹性预算的编制方法主要包括公式法、列表法和图示法。

（1）公式法

公式法是指在成本习性分析的基础上，根据成本与业务量之间的数量关系确定成本费用数额，并编制成本费用预算的方法。成本与业务量之间的数量关系通过公式 $y=a+bx$ 表示。如果事先确定了有关业务量 x 的变动范围，只要根据有关成本项目的 a 和 b 参数，就可以推算出业务量在允许范围内任何水平上的各项预算成本。这种编制方法的优点是预算在一定范围内不受业务量波动的影响；缺点是逐项甚至按细目分解成本比较麻烦，同时又不能直接查出特定业务量下的总成本预算额，存在一定误差。

[例1-2] B公司按公式法编制制造费用弹性预算，业务量选择人工工时，业务范围为1 400~2 400 小时。

B公司制造费用弹性预算表

单位：万元

项目	a	b
管理人员工资		
保险费	60.00	
维修费	20.00	
水电费	10.00	0.20
辅助材料	10.00	0.30
辅助人员工资		0.30
合计	100.00	0.80

依据以上数据，可得制造费用预算模型 $y=100+0.80x$，其中水电费 $y=10+0.20x$，辅助人员工资 $y=0.30x$。由此可以计算出不同业务量下的具体数值。

（2）列表法

列表法是指通过列表的方式，在相关范围内每隔一定业务量计算相关数值，来编制弹性成本预算的方法。此种方法在一定程度上能克服用公式法无法直接查到不同业务量下总成本预算的弱点。总体来说，列表法工作量较大，但结果会比公式法更精确。

列表法的优点在于，不管企业的实际业务量是多少，不必经过计算即可找到与业务量相近的预算成本。但是，运用列表法编制预算，在评价和考核实际成本时，往往需要使用补差法来计算"实际业务量的预算成本"，这样操作比较麻烦。

[例1-3] B公司按列表法编制成本与利润弹性预算，预计销售量在1 800~2 400件。业务量选择人工工时，业务范围为1 400~2 400小时。

B公司成本与利润弹性预算表

预计销售量（件）	1 800	2 000	2 200	2 400
预计销售收入（20元/件）	36 000	40 000	44 000	48 000
减：变动成本	21 060	23 400	25 740	28 080
其中：直接材料（8元/件）	14 400	16 000	17 600	19 200
直接人工（3元/件）	5 400	6 000	6 600	7 200
变动性制造费用（0.5元/件）	900	1 000	1 100	1 200
变动性销售与管理费用（0.2元/件）	360	400	440	480
边际贡献（元）	14 940	16 600	18 260	19 920

（续表）

减：固定成本（元）	12 000	12 000	12 000	12 000
其中：固定性制造费用（元）	9 000	9 000	9 000	9 000
固定性销售与管理费用（元）	3 000	3 000	3 000	3 000
销售利润（元）	2 940	4 600	6 260	7 920

（3）图示法

图示法是指在平面直角坐标系上把各种业务量的预算成本用描绘图像的形式表示出来，以反映弹性预算水平的方法。这种预算方法不仅能反映变动成本、固定成本项目，而且能在一定程度上反映混合成本，能够在坐标图上直观地反映不同业务量水平下的预算成本，但精确度相对差一些。

总体来说，由于未来业务量变化会影响成本、利润等各个方面，因此弹性预算方法一般用于与业务量相关的各种预算，较多被用在成本费用与利润预算中。

1.4.2　定期预算与滚动预算

全面预算按其预算期的时间特征不同，可分为定期预算和滚动预算两大类。

1. 定期预算

定期预算也称阶段性预算，是指在编制预算时以不变的会计期间（如日历年度）作为预算期的一种预算编制方法。

定期预算的优点是能够将预算期间与会计年度相结合，便于考核和评价预算的执行结果。但按照定期预算方法编制的预算存在以下几个缺点。

（1）盲目性

由于定期预算往往是年初甚至提前两三个月编制的，因此对整个预算年度的生产经营活动很难做出准确的预算，尤其是预算后期只能进行笼统的估算，这就导致数据笼统含糊，缺乏远期指导性，给预算的执行带来很多困难，不利于对生产经营活动的考核与评价。

（2）滞后性

由于定期预算不能随情况的变化及时调整，当企业所规划的各种经营活动在预算期内发生重大变化（如临时中途转产）时，就会造成预算滞后，使之成为虚假预算。

（3）间断性

受预算期间的限制，经营管理者的决策视野通常局限于本期规划的经营活动，而不考虑下期。例如，一些企业提前完成本期预算后，以为可以松一口气，其他事情等下期再说，形成人为的预算间断。因此，按定期预算方法编制的预算不能适应连续不断的经营过程，从而不利于企业的长远发展。

定期预算一般适用于全年生产较为均衡的企业。

[**例1-4**] 接[例1-3]，B公司按定期预算法编制成本与利润预算。假设全年销售量预计2 000件，每个季度有所不同。

B公司成本与利润定期预算表

项目	第一季度	第二季度	第三季度	第四季度	全年
预计销售量（件）	400	600	500	500	2 000
预计销售收入（20元/件）	8 000	12 000	10 000	10 000	40 000
减：变动成本	4 680	7 020	5 850	5 850	23 400
其中：直接材料（8元/件）	3 200	4 800	4 000	4 000	16 000
直接人工（3元/件）	1 200	1 800	1 500	1 500	6 000
变动性制造费用（0.5元/件）	200	300	250	250	1 000
变动性销售与管理费用（0.2元/件）	80	120	100	100	400
边际贡献（元）	3 320	4 980	4 150	4 150	16 600
减：固定成本（元）	3 000	3 000	3 000	3 000	12 000
其中：固定性制造费用（元）	2 000	2 000	2 000	2 000	8 000
固定性销售与管理费用（元）	1 000	1 000	1 000	1 000	4 000
销售利润（元）	320	1 980	1 150	1 150	4 600

2. 滚动预算

滚动预算又称连续预算或永续预算，是指在编制预算时，将预算期与会计年度脱离，随着预算的执行不断延伸补充预算，逐期向后滚动，使预算期永远保持为12个月的一种预算方法。其具体做法是每过一个季度（或月份），立即根据前一个季度（或月份）的预算执行情况，对以后季度（或月份）的预算进行修订，并增加一个季度（或月份）的预算，以逐期向后滚动、连续不断的预算形式规划企业未来的经营活动。

（1）滚动预算的优缺点

与传统的定期预算相比，按滚动预算方法编制的预算具有以下优点。

①连续性、完整性和稳定性突出。滚动预算在时间上不再受日历年度的限制，能够连续不断地规划未来的经营活动，不会造成预算的人为间断；同时，可以使企业管理人员了解未来12个月内企业的总体规划与近期预算目标，能够确保企业管理工作的完整性与稳定性。

②及时性强。滚动预算能根据前期预算的执行情况，结合各种因素的变动影响，及时

调整和修订近期预算，这样做出的预算更加切合实际，能够充分发挥预算的指导和控制作用。

③透明度高。采用滚动预算方法编制的预算不再是预算年度刚开始几个月的事情，而是实现了日常管理的紧密衔接，可以使管理人员始终能够从动态的角度把握企业近期的规划目标和远期的战略布局，使预算具有较高的透明度。

采用滚动预算方法编制的预算，唯一的缺点是预算工作量较大。

（2）滚动预算的编制方式

滚动预算按其预算编制和滚动的时间单位不同，可分为逐月滚动、逐季滚动和混合滚动三种方式。

①逐月滚动。逐月滚动是指在预算编制过程中，以月份为预算的编制和滚动单位，每个月调整一次预算。具体如图1-9所示。

第一年年度预算											
1月	2月	3月	4月	5月	6月	7月	8月	9月	10月	11月	12月

执行与调整

第一年年度预算											第二年
2月	3月	4月	5月	6月	7月	8月	9月	10月	11月	12月	1月

执行与调整

第一年年度预算										第二年	
3月	4月	5月	6月	7月	8月	9月	10月	11月	12月	1月	2月

图1-9 逐月滚动预算方式示意

②逐季滚动。逐季滚动是指在预算编制过程中，以季度为预算的编制和滚动单位，每个季度调整一次预算。逐季滚动编制预算比逐月滚动编制预算的工作量小，但预算精度较差。

③混合滚动。混合滚动是指在预算编制过程中，同时使用月份和季度作为预算的编制和滚动单位（见图1-10）。它是滚动预算的一种变通方式。

这种方式的理论依据是，人们对未来的了解程度具有对近期的预计把握较大、对远期的预计把握较小的特征。为了做到长计划短安排、远略近详，在预算编制过程中，企业可以对近期预算提出较高的精度要求，使预算的内容相对详细；对远期预算提出较低的精度要求，使预算的内容相对简单。这样可以减少预算工作量。

运用滚动预算方法编制预算，使预算期间依时间顺序向后滚动，能够保持预算的持续性；还有利于考虑未来预算活动，结合企业近期目标和长期目标，随时间的推进不断调整和修订预算，使预算与实际情况更相适应，有利于充分发挥预算的指导和控制作用。

滚动预算通常适用于按季或按月编制预算的企业。

第一年年度预算					
第一季度			第二季度	第三季度	第四季度
1 月	2 月	3 月	预算总额	预算总额	预算总额

执行与调整 →

第一年年度预算					第二年
第二季度			第三季度	第四季度	第一季度
4 月	5 月	6 月	预算总额	预算总额	预算总额

执行与调整 →

第一年年度预算				第二年	
第三季度			第四季度	第一季度	第二季度
7 月	8 月	9 月	预算总额	预算总额	预算总额

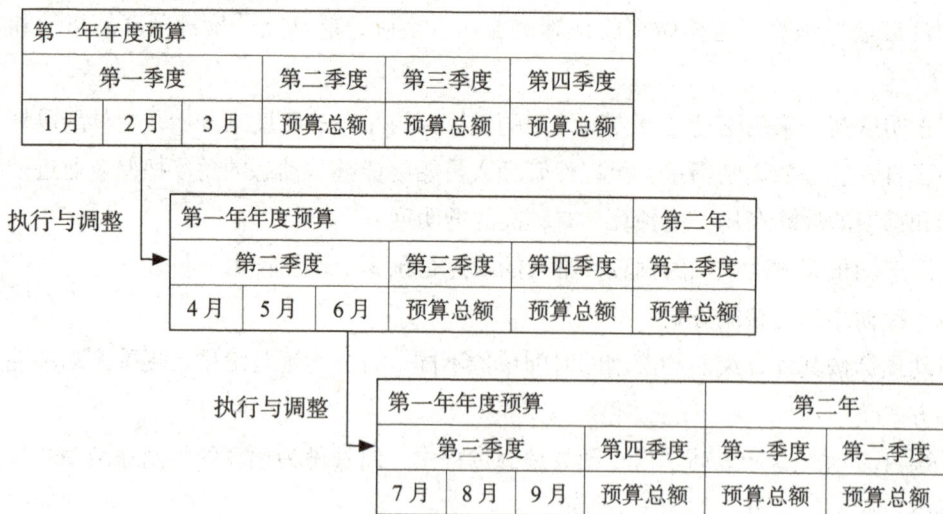

图 1-10　混合滚动预算方式示意

[例1-5] C公司按季编制滚动预算。2021年四个季度的销售量分别为200吨、240吨、300吨、260吨，第一季度和第二季度的销售单价为每吨1万元，第三季度起单价为每吨1.2万元；预计2022年第一季度的销售量为240吨。

C 公司滚动预算表（第 1 期）

项目	2021 年			
	第一季度	第二季度	第三季度	第四季度
销售数量（吨）	200	240	300	260
销售单价（万元 / 吨）	1.00	1.00	1.20	1.20
销售收入（万元）	200.00	240.00	360.00	312.00

C 公司滚动预算表（第 2 期）

项目	2021 年			2022 年
	第二季度	第三季度	第四季度	第一季度
销售数量（吨）	240	300	260	240
销售单价（万元 / 吨）	1.00	1.20	1.20	1.20
销售收入（万元）	240.00	360.00	312.00	288.00

1.4.3　增量预算与零基预算

按预算编制出发点的特征不同，全面预算可分为增量预算和零基预算两大类。

1. 增量预算

增量预算又称调整预算，是指以基期成本费用水平为基础，结合预算期业务量水平及有关降低成本的措施，通过调整有关原有费用项目而编制预算的方法。

增量预算的前提条件有以下几点。

（1）现有的业务活动是企业必需的

只有保留企业现有的每项业务活动，才能使企业的经营过程得到正常发展。

（2）原有的各项开支都是合理的

既然现有的业务活动是必需的，那么原有的各项费用开支都是合理的，必须予以保留。

（3）增加费用预算是值得的

增量预算以过去的经验为基础，实际上是承认过去所发生的一切都是合理的，主张不需在预算内容上做较大改进，而是遵循以前的预算项目。这样的预算结果受原有费用项目限制，可能导致保护落后，使原来不合理的费用开支继续存在，形成不必要开支合理化，造成预算上的浪费。而且，该方法也会滋长预算中的"平均主义"和"简单化"倾向，预算编制人员可能会凭主观臆断按成本项目平均削减预算或只增不减，不利于调动各部门降低费用的积极性。最后，对于那些未来实际需要开支的项目，可能因没有考虑未来情况的变化而造成预算不足，从而不利于企业的发展。

增量预算适用于经营比较简单的企业。

2. 零基预算

零基预算的全称为"以零为基础编制计划和预算"，是为克服增量预算的缺点而设计的一种预算编制方法。它是指在编制成本费用预算时，不考虑以往会计期间所发生的费用项目或费用数额，而是以所有的预算支出均为零为出发点，一切从实际需要与可能出发，逐项审议预算期内各项费用的内容及开支标准是否合理，在综合平衡的基础上编制费用预算的一种方法。

零基预算的编制程序如下所述。

（1）确定预算目标

动员企业内部所有部门，根据企业的总目标，在充分讨论的基础上提出本部门的具体目标，并提出本部门在预算期内应当发生的费用项目、费用金额以及未来的效果。

（2）对费用开支进行必要性分析

由预算的管理部门对各部门提出的费用项目进行必要性和效益分析，并做出分类，划分不可避免项目和可避免项目。对不可避免项目，必须保证资金供应；对可避免项目，则需逐项进行成本—效益分析，按照各项目开支必要性的大小确定各项费用预算的优先顺序。

（3）分配资金，落实责任

将预算期内可供支配的资金数额在各费用项目之间进行分配。企业应优先保证满足不可延缓项目的开支，然后根据需要和可能，按照项目的轻重缓急确定可延缓项目的开支标准。

零基预算的优点是不受现有费用项目限制，可以促使企业合理有效地进行资源分配，将有限的资金用在刀刃上。该方法可以充分发挥各级管理人员的积极性、主动性和创造性，促进各预算部门精打细算、量力而行，合理使用资金，提高资金的利用效率。由于这种方法以零为出发点，所有费用项目都如此，有利于企业面向未来发展考虑预算问题。

零基预算的缺点在于，这种方法一切从零出发，在编制费用预算时需要完成大量的基础工作，工作量较大；做不好会顾此失彼，难以突出重点，而且也需要较长的编制时间。零基预算适用于产出较难辨认的服务性部门费用预算的编制。

[例1-6] D公司用零基预算方法编制2022年预算。销售与管理费用预算总额为240万元，部门预测为300万元。

D公司部门预算表

单位：万元

项目	金额
销售人员工资	100
广告费	80
差旅费	40
办公费	20
保险费	20
培训费	10
销售佣金	30
合计	300

经分析，除广告费和培训费外，其他费用必不可少。下面分析广告费与培训费的收益情况。

D公司广告费与培训费收益比较表

单位：万元

项目	成本	收益
广告费	1	68
培训费	1	32

将必要资金的意外剩余资金在广告费与培训费之间进行分配后，得出项目预算。

意外剩余资金 =240-（100+40+20+20+30）=30（万元）

广告费预算额 =30×［68÷（68+32）］=20.40（万元）

培训费预算额 =30×［32÷（68+32）］=9.60（万元）

部门零基预算表

单位：万元

项目	金额
销售人员工资	100.00
广告费	20.40
差旅费	40.00
办公费	20.00
保险费	20.00
培训费	9.60
销售佣金	30.00
合 计	240.00

1.4.4 作业成本法与作业预算法

1. 作业成本法

作业成本法是指以"作业消耗资源、产出消耗作业"为原则，按照资源成本动因将资源费用追溯或分配至各项作业，计算出作业成本，然后根据作业成本动因，将作业成本追溯或分配至各成本对象，最终完成成本计算的管理方法。凡是便于追溯到产品的材料、人工和其他成本都可以直接归属于特定产品，尽量减少不准确的分配。不能追溯到产品的成本，则先追溯有关作业或分配到有关作业，计算作业成本，然后将作业成本分配到有关产品。

作业，是针对加工或服务对象重复执行特定的或标准化的活动。作业可能是一项非常具体的活动，也可能泛指一类活动；由若干个相互关联的具体作业组成的作业集合，被称为作业中心。

资源成本动因，是指作业耗费的人工、能源和实物资产，包括产量级资源、批别级资源、品种级资源、顾客级资源、设施级资源。

作业成本动因，是引起作业耗用的动因成本，反映了作业耗用与最终产出之间的因果关系，是将作业成本分配到流程、产品、分销渠道、客户等成本对象的依据。

作业成本法认为，执行任何一项作业都需要耗费一定的资源，而作业是连接资源和产品的纽带，在消耗资源的同时生产出产品，即：资源→作业→产品。

作业成本法的计算过程主要分两个阶段，以常见的制造业企业为例，如图1-11所示。

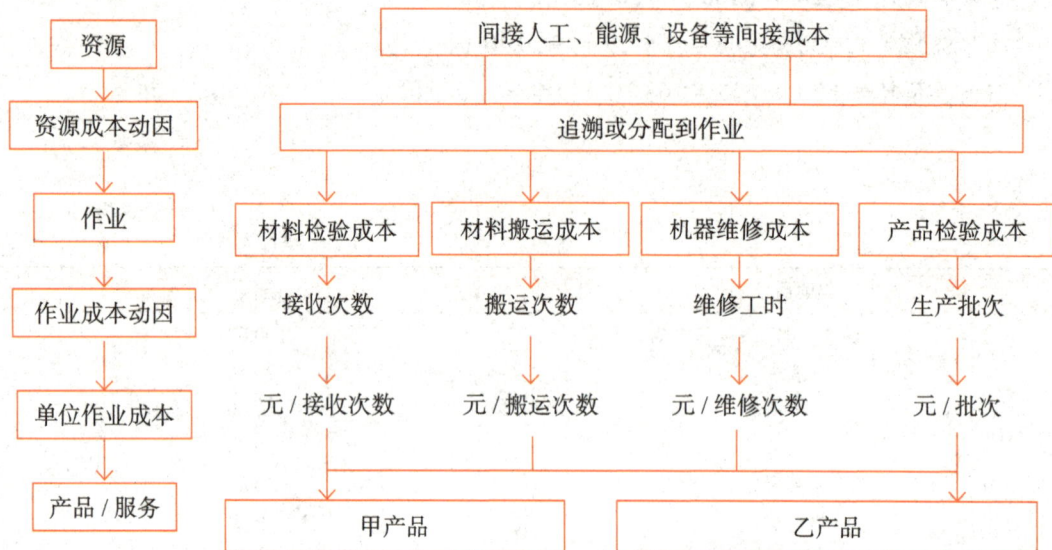

图1-11　作业成本法的计算过程演示

作业成本法最大的优点是能减少传统成本信息对于决策的误导，获得更准确的产品和产品线成本，改进成本控制，有利于为战略管理提供信息支持。但其也有缺点，如对部分作业的识别、划分、合并与认定，以及对成本动因的选择及成本动因计量方法的选择等均存在较大的主观性，操作较为复杂，开发和维护费用较高。

企业应用作业成本法所处的外部环境，一般应具备以下特点之一：一是客户个性化需求较高，市场竞争激烈；二是产品的需求弹性较大，价格敏感度高。同时，企业应能够清晰地识别作业、作业链、资源成本动因和作业成本动因，为资源费用以及作业成本的追溯或分配提供合理的依据。

[例1-7] E钢笔公司用作业成本法编制成本预算，其中，对间接制造费用按照资源成本动因和作业成本动因进行汇总与分配，具体过程如下所示。

资源成本动因汇总表

单位：元

费用种类	费用金额
间接人工	20 000
计算机系统	10 000
机器折旧	8 000
维修	4 000

（续表）

费用种类	费用金额
能源	2 000
合计	44 000

资源成本动因分配表

单位：元

项目	资源成本	运行机器	生产准备	处理流程	支持产品
间接人工	20 000		40%	50%	10%
计算机系统	10 000			80%	20%
机器折旧	8 000	100%			
维修	4 000	100%			
能源	2 000	100%			
作业费用	44 000	14 000	8 000	18 000	4 000

注：由此可以看出资源成本分配到作业的好处，即能更加清晰地看出各个流程所占用的成本。

作业成本分配表

单位：元

作业	间接人工	计算机系统	机器折旧	维修	能源	合计
处理流程	10 000	8 000				18 000
生产准备	8 000					8 000
支持产品	2 000	2 000				4 000
运行机器			8 000	4 000	2 000	14 000
合计	20 000	10 000	8 000	4 000	2 000	44 000

下面根据各种类型钢笔（甲产品、乙产品、丙产品、丁产品）的销售数量、机器工时和产品批次等因素记录各作业成本动因。

作业成本动因记录表

作业成本动因	甲产品	乙产品	丙产品	丁产品	合计
销售数量（支）	50 000	40 000	9 000	1 000	100 000
机器工时（小时／支）	0.1	0.1	0.1	0.1	0.1
总机器工时	5 000	4 000	900	100	10 000
产品批次	50	50	38	12	150
准备时间（小时／批）	4	1	6	4	
准备时间总计	200	50	228	48	526
产品种数	1	1	1	1	4

作业成本动因率

成本类型	承担的成本（元）	成本动因	成本动因量	成本动因率
处理流程	18 000	产品批次（批）	150	120 元 / 批
生产准备	8 000	准备时间（小时）	526	15.21 元 / 批
支持产品	4 000	产品种数（种）	4	1 000 元 / 种
运行机器	14 000	机器小时（小时）	10 000	1.40 元 / 小时
合计	44 000			

作业费用分配表

单位：元

成本类型	甲产品	乙产品	丙产品	丁产品
处理流程	50 × 120＝6 000	50 × 120＝6 000	38 × 120＝4 560	12 × 120＝1 440
生产准备	200 × 15.21＝3 042	50 × 15.21＝761	228 × 15.21＝3 468	48 × 15.21＝730
支持产品	1 × 1 000＝1 000	1 × 1 000＝1 000	1 × 1 000＝1 000	1 × 1 000＝1 000
运行机器	5 000 × 1.40＝7 000	4 000 × 1.40＝5 600	900 × 1.40＝1 260	100 × 1.40＝140
合计	17 042	13 361	10 288	3 310

2. 作业预算法

作业预算法也称作业基础预算法，是在传统预算方法的基础上，结合全面质量管理、作业成本法和作业管理的理念设计的一种新的预算管理方法。作业预算法的基本原理是根据要做的事情，即作业或业务流程来编制预算。作业预算中的资源需求必须来自预期的作业或业务流程及工作量。

作业预算是对组织预期作业的数量表达，能反映完成战略目标所需进行的各项工作及相应的各种财务、非财务资源需求，同时还反映为提高业绩所做的各种改进。作业预算法有三个关键要素，即将要做的工作类型、工作数量及工作成本。

（1）作业预算的编制方式

企业编制作业预算时，应根据预测期销售量和销售收入预测各相关作业中心的产出量（或服务量），进而按照作业与产出量（或服务量）之间的关系，分别按产量级作业、批别级作业、品种级作业、客户级作业、设施级作业等计算各类作业的需求量。企业一般应先计算主要作业的需求量，再计算次要作业的需求量。

① 产量级作业：

该类作业的需求量一般与产品（或服务）的数量成正比例变动，有关计算公式如下：

产量级作业需求量＝Σ各产品（或服务）预测的产出量（或服务量）×该产品（或服务）作业消耗率

② 批别级作业：

该类作业的需求量一般与产品（或服务）的批次数成正比例变动，有关计算公式如下：

批别级作业需求量 = Σ各产品（或服务）预测的批次数×该批次作业消耗率

③ 品种级作业：

该类作业的需求量一般与品种类别的数量成正比例变动，有关计算公式如下：

品种级作业需求量 = Σ各产品（或服务）预测的品种类别数×该品种类别作业消耗率

④ 客户级作业：

该类作业的需求量一般与特定类别客户的数量成正比例变动，有关计算公式如下：

客户级作业需求量 = Σ预测的每类特定客户数×该类客户作业消耗率

⑤ 设施级作业：

该类作业的需求量在一定产出量（或服务量）规模范围内一般与每类设施投入量成正比例变动，有关计算公式如下：

设施级作业需求量 = Σ预测的每类设施能力投入量×该类设施作业消耗率

作业消耗率是指单位产品（或服务）、批次、品种类别、客户、设施等消耗的作业数量。

（2）作业预算法的主要优缺点

作业预算法的主要优点在于，一是基于作业需求量配置资源，避免了资源配置的盲目性；二是通过总体作业优化实现最低的资源费用耗费，创造最大的产出成果；三是作业预算法可以促进员工对业务和预算的支持，有利于预算的执行。但是，采用作业预算法编制预算也存在以下缺点：预算的建立过程复杂，需要详细估算生产和销售对作业及资源费用的需求量，并测定作业消耗率和资源消耗率，数据收集成本较高。

因此，作业预算法主要适用于具有作业类型较多且作业链较长、管理层对预算编制的准确性要求较高、生产过程多样化程度较高，以及间接或辅助资源费用所占比重较大等特点的企业。

1.4.5　全面预算编制方法的比较

不同的全面预算编制方法具有不同的特点或优缺点，使用环境也有所不同，具体选择时需要结合企业的实际情况。全面预算编制方法的比较如表 1-2 所示。

表 1-2　全面预算编制方法的比较

编制方法	特点	优点	缺点	适用范围
固定预算	将预算期内正常的、可实现的某一业务量水平作为唯一基础来编制预算	编制过程比较简单	当实际业务量与预算业务量差异较大时，会失去可比性	业务量水平较为稳定的企业或非营利组织
弹性预算	在成本习性分析基础上以业务量、成本和利润之间的依存关系为依据，建立业务量与成本和利润间的数量关系，编制不同业务量水平的预算	能反映相关范围内多种业务量水平相对应的不同预算额，扩大了适用范围；评价更加客观	若采用公式法，不能直接查出特定业务量下的总成本预算额；若采用列表法，评价和考核实际成本时需用补差法计算"实际业务量的预算成本"，比较麻烦	一般用于与业务量相关的各种预算，较多被用在成本费用与利润预算中
定期预算	以不变的会计期间（如日历年度）作为预算期来编制预算	将预算期间与会计年度相配合，便于考核和评价预算执行结果	具有盲目性、滞后性和间断性	全年生产较为均衡的企业
滚动预算	编制预算时将预算期与会计年度脱离，随预算执行不断延伸补充预算，逐期向后滚动，使预算期永远保持为 12 个月（或四个季度）	连续性、完整性和稳定性突出，及时性强，透明度高	工作量较大	按季或按月编制预算的企业
增量预算	以基期成本费用水平为基础，结合预算期业务量水平及降低成本的措施，调整相关原有费用项目来编制预算	编制过程比较简单	可能使原来不合理的费用开支继续存在，造成浪费；可能出现"平均主义"和"简单化"；不利于降低费用；预算的不足不利于企业未来的发展	经营比较简单的企业
零基预算	以零为基础编制计划和预算	一切从实际需要与可能出发，促使企业合理有效地进行资源分配，有利于企业未来发展	需要完成大量的基础工作；难以突出重点，编制时间长	产出较难辨认的服务性部门
作业预算	以"作业消耗资源、产出消耗作业"为原则，按照资源成本动因将资源费用追溯或分配至各项作业	基于作业需求量配置资源，创造最大的产出成果；促进员工对业务和预算的支持，有利于预算的执行	预算的建立过程复杂，需要详细估算生产和销售对作业及资源费用的需求量，并测定作业消耗率和资源消耗率，数据收集成本较高	适用于具有作业类型较多且作业链较长、生产过程多样化程度较高，以及间接或辅助资源费用所占比重较大等特点的企业

第 2 章

全面预算的准备工作——基础与保障

全面预算管理作为国际通用的一种先进的企业管理方法，是对现代企业经营决策的具体化和数量化。它对明确企业经营目标、协调各部门之间的关系、控制日常经营活动、评价实际工作业绩等具有重要作用，对完善法人治理结构、建立现代企业制度、提高企业核心竞争力等具有重大意义。同样，全面预算管理的有效实施也需要各部门和相关工作领域紧密配合与协调，需要从组织、制度到具体工作的分解等方面与之相配套。企业只有做好全面预算的基础与保障工作，才能确保全面预算管理目标的实现。

杜邦财务体系的由来

美国杜邦公司（DuPont Company）是全球大型化学企业，至今已有200多年的历史。

1802年，杜邦家族在美国特拉华州创办了火药厂并迅速发展起来。在整个19世纪，杜邦公司基本都是采取单人决策式经营方式。该公司的第三代领导人亨利掌管企业时更是如此，军人出身的亨利对公司施行铁腕式管理，公司的主要决策都由他一人做出。通过严格管理、不遗余力地亲自监督，在亨利的带领下，杜邦公司逐渐成长为行业"首领"。单人决策的管理形式在亨利时代是成功的，这主要是因为当时的市场比较简单、产品单一，竞争并不激烈。

亨利去世后，杜邦公司面临崩溃。当时的继承人是亨利的侄子，他试图延续亨利的管理模式，但没有成功。除了继承人缺乏经验，失败的主要原因还在于当时的经营管理方式与时代已不相适应。危急时刻，家族中的三位堂兄弟力挽狂澜，他们凭借在铁路、电气、钢铁、机械等领域先进的管理经验，设计了一个集团式经营管理模式。这一管理模式抛弃了当时美国企业流行的体制，成立了"执行委员会"，全面执行预测、战略规划、预算编制、资源分配等管理方式；在管理职能分工的基础上，分别成立制造、销售、采购、基建、运输等部门，通过执行委员会管理公司重要事务并做出决策。统一指挥、垂直领导、专业分工的有机配合与全面协同管理，大大提高了杜邦公司的整体工作效率，促进了公司的迅速发展。

执行委员会执行工作时的主要依据之一是财务部门计算出的关于成本、投入、产出等的数据，分管财务工作的负责人也就此设计出了至今都在被各大企业广泛使用的财务管控方法——杜邦财务体系。

2.1 全面预算管理组织体系

2.1.1 全面预算管理组织体系的建立

财政部会计司在《企业内部控制应用指引第15号——全面预算》解读中指出，企业设置全面预算管理体制，应遵循合法科学、高效有力、经济适度、全面系统、权责明确等基本原则。全面预算管理组织体系一般分为全面预算管理决策机构、日常工作机构和执行单位三个层次的基本架构，具体如图 2-1 所示。

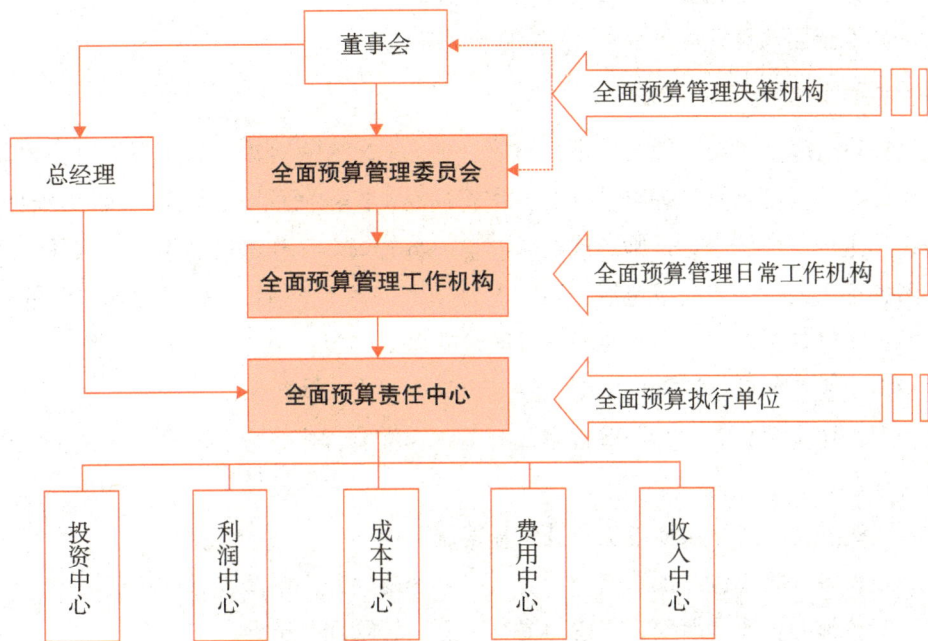

图 2-1　全面预算管理组织体系的基本架构

1. 全面预算管理委员会

全面预算管理委员会是专门履行全面预算管理职责的决策机构，由企业负责人及内部相关部门负责人组成，总会计师或分管会计工作的负责人应当协助企业负责人完成预算管理工作。全面预算管理委员会一般由企业负责人（董事长或总经理）任主任，总会计师（或财务总监、分管财会工作的副总经理）任副主任，其他成员包括各副总经理、主要职能部门（财务、战略发展、生产、销售、投资、人力资源等部门）及分（子）公司负责人等。

全面预算管理委员会的主要职责一般包括以下几项：

（1）制定颁布企业全面预算管理制度，包括全面预算管理的政策、措施、办法、要求等；

（2）根据企业战略规划和年度经营目标，拟定全面预算目标，并确定全面预算目标分解方案、预算编制方法和程序；

（3）组织编制、综合平衡预算草案；

（4）下达经批准的年度预算；

（5）协调解决预算编制和执行中的重大问题；

（6）审议预算调整方案，依据授权进行审批；

（7）审议预算考核和奖惩方案；

（8）对企业全面预算总的执行情况进行考核；

（9）其他全面预算管理事宜。

2. 全面预算管理工作机构

全面预算管理委员会一般为非常设机构，企业一般在管理委员会下设立全面预算管理工作机构，履行全面预算管理委员会的日常管理职责。全面预算管理工作机构一般设在财务部门，其主任一般由总会计师（或财务总监、分管财会工作的副总经理）兼任，工作人员除了财务部门人员外，还应包括计划、人力资源、生产、销售、研发等部门人员。

全面预算管理工作机构的主要职责一般包括以下内容：

（1）拟定企业各项预算管理制度，并负责检查落实与执行情况；

（2）拟定年度预算总目标分解方案及有关预算编制程序、方法的草案，报全面预算管理委员会审定；

（3）组织和指导各级预算单位开展预算编制工作；

（4）预审各预算单位的预算初稿，进行综合平衡，并提出修改意见和建议；

（5）汇总编制企业全面预算草案，提交全面预算管理委员会审查；

（6）跟踪、监控企业预算执行情况；

（7）定期汇总、分析各预算单位预算执行情况，并向全面预算管理委员会提交预算执行分析报告，为管理委员会进一步采取行动拟定建议方案；

（8）接受各预算单位的预算调整申请，根据企业全面预算管理制度进行审查，集中制定年度预算调整方案，报全面预算管理委员会审议；

（9）协调解决企业预算编制和执行中的有关问题；

（10）提出预算考核和奖惩方案，报全面预算管理委员会审议；

（11）组织开展对企业二级预算执行单位［企业内部各职能部门、所属分（子）公司等，下同］预算执行情况的考核，出具考核结果，提出奖惩建议，报全面预算管理委员会审议；

（12）全面预算管理委员会授权的其他工作。

3. 全面预算执行单位

全面预算责任中心是全面预算的执行单位，它是根据其在企业预算总目标实现过程中的作用和职责划分的，承担一定经济责任，并享有相应权利的企业内部单位，包括企业内部各职能部门、所属分（子）公司等。全面预算责任中心的划分应当遵循分级分层、权责利相结合、责任可控、目标一致的原则，并与企业的组织机构设置相适应。根据权责范围，全面预算责任中心可以分为投资中心、利润中心、成本中心、费用中心和收入中心。各预算执行单位在全面预算管理部门（全面预算管理委员会及其工作机构，下同）的指导下，组织开展本部门或本企业全面预算的编制工作，严格执行经批准下达的预算。

各预算执行单位的主要职责一般包括以下几项：

（1）提供编制预算的各项基础资料；

（2）负责本单位全面预算的编制和上报工作；

（3）将本单位预算指标层层分解，落实到各部门、各环节和各岗位；

（4）严格执行经批准的预算，监督检查本单位预算的执行情况；

（5）及时分析、报告本单位的预算执行情况，解决预算执行中的问题；

（6）根据内外部环境变化及企业全面预算管理制度，提出预算调整申请；

（7）组织实施本单位内部的预算考核和奖惩工作；

（8）配合全面预算管理部门做好企业总预算的综合平衡、执行监控、考核奖惩等工作；

（9）执行全面预算管理部门下达的其他预算管理任务。

各预算执行单位负责人应当对本单位预算的执行结果负责。全面预算组织结构示例如图 2-2 所示。

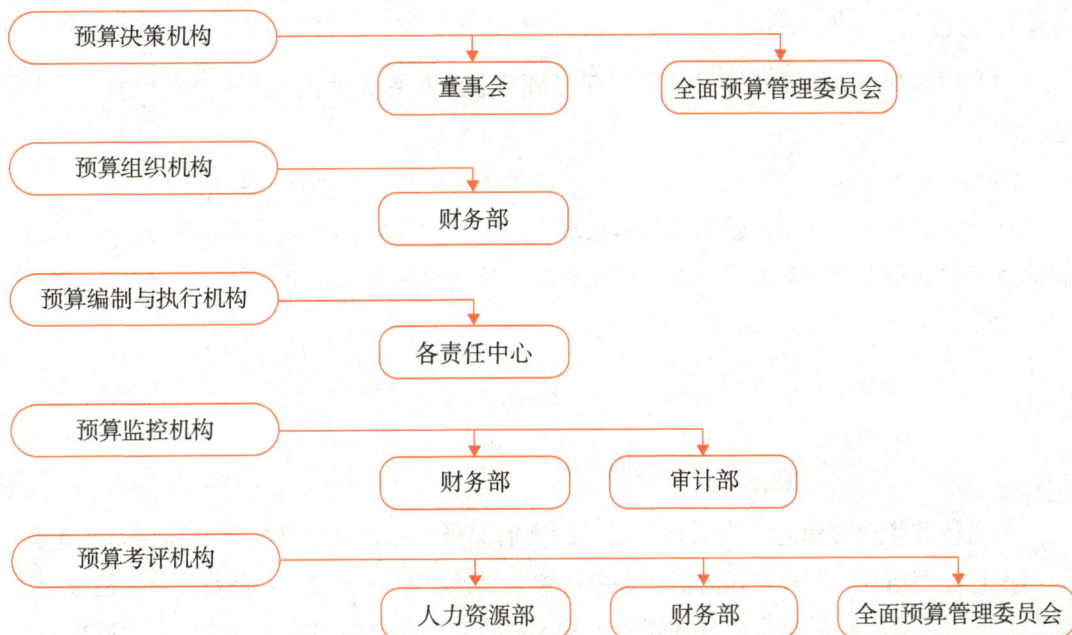

图 2-2　全面预算组织结构示例

[**例 2-1**] ZH 公司为 HG 集团下属全资子公司，集团采用事业部型组织模式，ZH 公司隶属 HG 事业部。事业部设预算及评价委员会。为与事业部管理模式相适应，ZH 公司层的预算决策机构设在公司总经理办公会，日常工作由公司预算及评价委员会完成。具体设置如下所述。

1. 决策机构——公司总经理办公会

职责：根据公司战略规划和年度经营计划，审批质询各预算责任单位的年度预算方案，确定公司年度预算方案，最终上报上级事业部预算及评价委员会批准。

2. 组织与管理机构——公司预算及评价委员会，办事机构设在公司财务部

预算及评价委员会设主任一名，由公司财务总监担任；成员由公司办公室、战略规划部、风险管控部、人力资源部及财务部等部门负责人组成。

职责：负责根据年度经营计划组织年度预算编制和审核工作，完成年度预算方案后提交公司总经理办公会，经批准后上报上级事业部预算及评价委员会批准，待 HG 事业部对公司总体预算下达批复后，对公司各预算责任单元进行批复；负责预算调整审批；负责向公司总经理办公会和上级事业部预算及评价委员会提交月度预算执行简报，季度、年度预算执行报告，并进行年度绩效评价。

（1）办公室：负责办公费、通信费、房租物业费、修理费、广告宣传费、会议费、非经营及非信息技术类固定资产等的预算、上报、监控分析。

（2）战略规划部：负责投资项目、科研费、经营性固定资产的预算、上报、监控分析。

（3）风险管控部：负责存货、授信等经营质量及信息技术类固定资产的预算、上报、监控分析。

（4）人力资源部：负责人工成本、培训费等费用的预算、上报、监控分析。

（5）财务部：负责年度预算工作的组织，总体经营预算、资金预算的编制，公司整体预算结果的上报以及预算及评价委员会的召集；负责财务费用及审计费、咨询费等其他费用的预算、上报、监控分析。

2.1.2　全面预算管理下的企业组织架构与流程梳理

全面预算管理目标的实现依赖于组织制度的保障，它也是全面预算流程控制的基点。全面预算管理功效的发挥不仅需要在企业设置全面预算组织机构，而且需要企业运营组织架构与之相协调，以满足全面预算管理的需求。因此，在全面预算管理前提下，更需要对企业组织架构做出进一步的梳理与优化，以降低管理流程成本，尽可能消除各管理部门之间的推诿，为预算编制、执行与考评奠定基础。

1. 企业组织架构分类

企业组织架构是企业内部各部分之间所确立的关系形式。一般包含四个层次：核心层、紧密层、半紧密层、松散层。不同层次在企业决策中的地位与影响是不同的。企业应根据自身主业、产业特点、战略地位等，分别确立组织架构。

企业组织架构按不同的分类方法可分为不同的类型，常见的分类方法主要有以下两大类。

（1）威廉姆森分类

这种分类方法将企业的组织架构分为 U 型、H 型、M 型。

U 型组织架构也称一元结构，它将企业内部划分为若干个独立性很小的职能部门，实行中央集权控制。

H 型组织架构即控股公司结构，母公司通过对子公司部分或全部控股来管理集团的资金与运营。各子公司都是独立的法人、独立的利润中心，具有较强的独立性和自主性。

M 型组织架构即事业部结构。集团按照产品、技术、销售、地域等设立半自主性经营事业部，各事业部在集团总部授权范围内负责各自的入场活动与管理决策，属非独立法人，但独立核算、自负盈亏。

（2）按职能、对象划分

按职能、对象划分，企业的组织架构通常分为职能型、事业部型、矩阵型。

① 职能型组织架构是以集团的核心活动（如研发、生产、销售等）为标准划分建立的组织架构。

② 事业部型组织架构是以集团的核心产品（对象）为出发点建立起来的组织架构。

③ 矩阵型组织架构是同时按照职能和对象两个标准划分的组织架构，它是职能型组织架构与事业部型组织架构的变形，通过使用双重权威、信息及报告关系和网络实现跨部门协作与总部的共享管理。

不同的分类方法有不同的出发点，体现不同的企业管理思路。虽然不同的企业会选择不同的组织架构形式，但一般都会以实现管理的科学与高效为设立目标，形式不一而同。例如，针对企业广泛采用的控股型组织架构，可以建立以下架构形式，如图 2-3 所示。

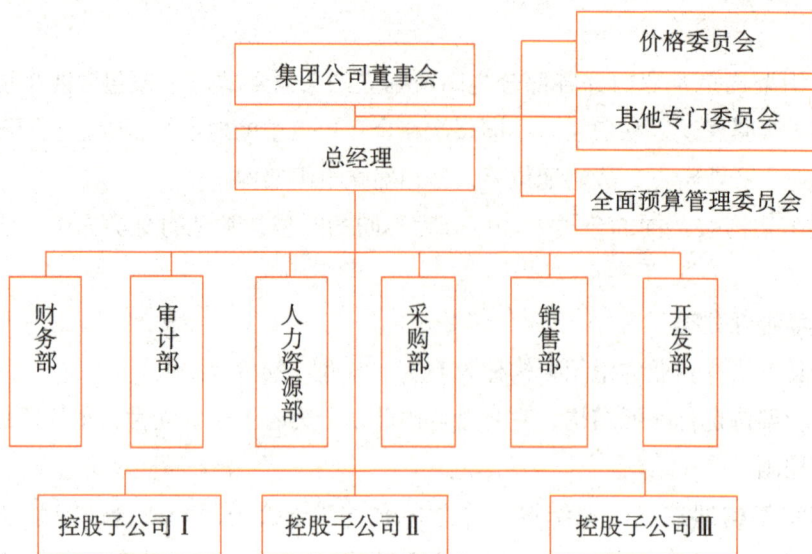

图 2-3　控股型组织架构

2. 企业组织架构与流程梳理

随着企业的发展与管理水平的提升，企业组织架构的形式也处于动态变化中。企业在实施全面预算管理的过程中，梳理组织架构与流程是达到全面预算执行效果的基本保障之一，企业应找到组织架构相互交叉重叠的职能部门，调整部门设置及职责，确保组织能满足企业管理控制需求。在实际工作中，企业组织架构的梳理通常应集中解决以下两个方面的问题。

（1）注重解决企业组织架构与流程有效性不足的问题

组织架构的有效性通常从三个方面考察，即组织架构的设计、组织要素、组织功能。有些企业的组织架构不科学，这往往会造成企业内部决策权的分配不合理，导致权利与利益不对等；人员激励政策的不足、考核与评估机制的不完善，将直接导致企业整体工作效率的降低。这些基础问题会对全面预算管理的有效实施形成掣肘。同时，也有一些企业在组织管理责任上尚未形成前述责任中心模式，企业各单位与各部门职能模糊、权责功能不明。例如，有些集团公司，集团层面什么都管（如投资、利润、成本），过于集权，导致功能分配不清、关系不明、管理混乱。企业施行全面预算管理，一方面有助于改善这种混乱的状况，另一方面也可以对企业的原组织架构，包括具体工作流程进行改进与梳理。企业组织架构与流程的梳理应以企业整体战略为前提，结合企业具体领域、行业、经营特点等进行有针对性的梳理。

（2）注重解决将预算管理简单地归于财务部门的观念问题

现实中，很多企业的管理者都认识到了全面预算的重要性，也在积极实施，但实际效果却不理想，究其原因，其中一个认识误区影响深远，那就是认为预算主要是财务部门的任务，应由财务部门负责预算的全盘工作。尽管有些企业建立了全面预算的组织架构，但却流于形式，没有真正将预算基础前置到企业组织架构的设计与梳理环节。

实际上，企业应在建立健全全面预算管理体制的基础上，按照不相容职务相互分离的原则，细化各部门和各岗位在预算管理体系中的职责、分工与权限，明确预算编制、执行、分析、调整、考核各环节的授权批准制度与程序。例如，在全面预算管理架构中，针对预算管理部门的设计，企业可以根据自身的组织结构、业务特点和管理需要，责成内部生产、市场、投资、技术、人力资源等各预算归口管理部门负责所归口管理预算的编制、执行监控、分析等工作，也可以由财务部门、审计部门完成监控等工作。总体来说，企业的组织架构与全面预算管理架构应尽可能实现协调统一，这样才能保证全面预算管理工作的有效实施。

[例 2-2] 某公司为商业企业，原只有三家超市。随着发展，超市数量达到 30 多家，同时兼并了一家建筑设计机构，开设了典当行及豆制品厂。随着业务的多元化，公司决策层对管理感到力不从心。业务部门职能交叉，造成很多事情"多个部门管，却最终没人管"的现象，追责困难。

在公司实行全面预算管理后，为了配合预算的实施，决策层以预算为契机，重新调整了组织架构，理顺了部门职责，设置了新的组织架构。该公司原组织架构图与调整后的组织架构图如下所示。

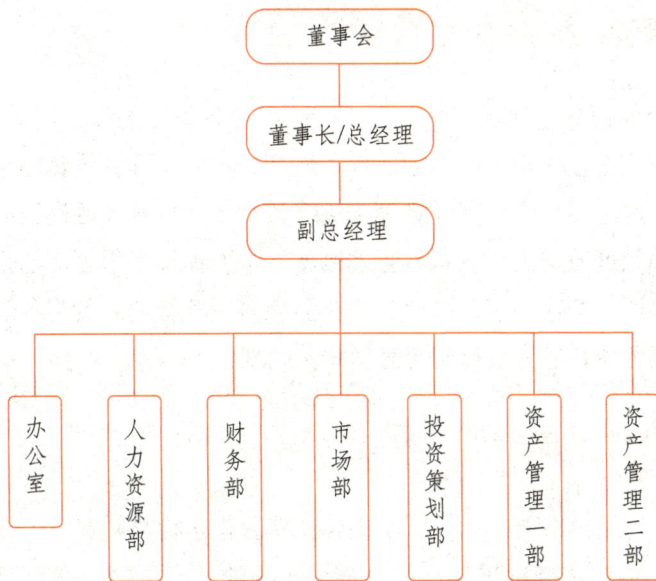

公司原组织架构图

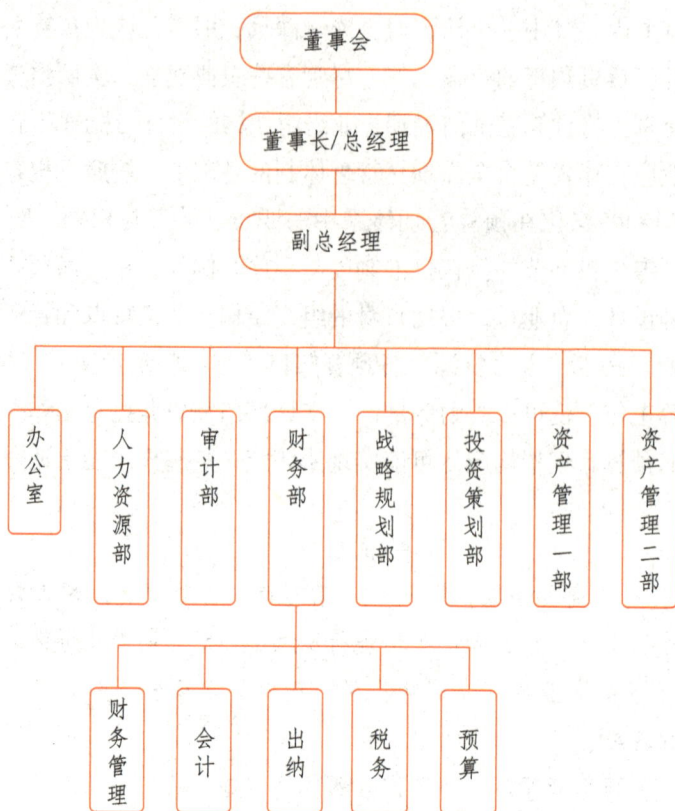

调整后的公司组织架构图

2.2　全面预算管理制度的构建与完善

　　建立配套的全面预算管理制度是成功进行全面预算管理的下一层保障。从整体上看，全面预算管理制度是企业内部高度集中的一种制度，即总的预算由集团总公司或最上级管理机构主管完成，通过实施项目责任管理和逐级负责制实现预算的逐级管理。对于企业来说，全面预算管理制度应纳入企业基本管理制度。全面预算管理更多的是内部管理，需要各部门更加有效协调、按章办事，因此，除企业整体基本管理制度与各部门本身的管理制度外，从预算角度也需要进一步补充与完善相关制度。

2.2.1　全面预算管理制度

　　在全面预算管理组织框架中，虽已明确各预算管理机构与职责，但在具体执行中还是会遇到各种问题，因此将制度进一步细化成了企业的一项重要工作。例如，某电网公司在全面预算编制中使用的是滚动预算，在此前提下制定了相应的管理办法，部分内容参见下文。

某电网公司中长期滚动预算管理办法

第一章　总则

第二章　组织方式

第三章　范围和内容

第四章　编制及报审

......

第十五条　滚动预算编制的主要依据。

（1）国民经济中长期发展规划。

（2）企业战略目标和中长期经营发展规划。

（3）中长期滚动预算编制大纲。

（4）滚动预算编制前三年企业的经营情况分析资料。

第十六条　滚动预算编制的基本假设条件。

（1）经营环境假设，指针对影响预算期财务状况的外部经营环境因素做出的假设。

（2）主要指标假设，指对预算期企业主要经济技术指标的变动预测。

第十七条　滚动预算应与年度预算保持有效衔接。

第十八条　滚动预算编制及报审应按照以下程序进行：

（1）国家电网公司每年向各区域电网公司、省公司下达滚动预算编制大纲；

（2）各区域电网公司根据国家电网公司下达的滚动预算编制大纲，组织所属省公司开展预算编制工作；

（3）各省公司根据预算编制大纲，结合企业具体情况，编制滚动预算大纲，组织相关部门和所属单位编制本企业的滚动预算方案，并上报区域电网公司和国家电网公司；

（4）国家电网公司根据中期战略目标和中长期规划，对区域电网公司和省电网公司滚动预算方案进行审查。

第五章　执行与分析

第六章　附则

2.2.2　财务管理制度及其他部门制度

财务部门虽不是全面预算工作的主导者，但在预算过程中却具有重要的地位和作用，因为各项预算指标的编制、执行、考评很大程度上都依赖于财务指标的体现。因此，完善财务管理制度，使其与预算协调一致是全面预算管理工作必不可少的环节之一。例如，精细化的预算管理要求企业做到按部门分解费用、按责任中心分解产品成本，而以往财务部门的核算更多是按会计科目进行的，看不出费用具体出自哪个部门，这就需要按预算要求改变核算方式，划小核算单位，在收入、费用明细科目下设置部门明细账，使会计处理既满足核算要求，又满足预算管理需求。因此，强化相关的财务管理与部门制度建设，提高财务管理水平，是顺利实施全面预算管理的重要前提条件。具体可包括以下制度设计。

1. 部门间核算制度

各部门之间按一定的结算价格进行核算（如生产车间按成本加成 10% 作价转移到销售部门），以利于衡量和评价各部门的生产经营业绩。

2. 统一会计核算制度

各公司及各营业部按统一的会计科目与方法进行会计核算。

3. 现金管理制度

对集团公司来说，应将集团下属各公司的资金账户进行统一管理，做好现金集中上划工作。各分（子）公司或营业部的现金存入这些账户，一定限额内可自主使用，超出部分要得到集团公司的批准。

4. 固定资产项目投资管理制度

各分（子）公司或营业部在一定范围内可自行安排固定资产投资。一些时间较长、数额巨大的投资预算或范围超过一个经营部门的，须先经集团公司执行委员会审议，再报财务委员会审批拨款执行。

以下是某公司固定资产项目投资管理制度的部分内容，供读者参考。

固定资产项目投资管理制度

……

2. 项目管理原则和权限

2.1 项目管理采取以生产单元作为依托、以分公司和项目组为核心、职能管理有效支持的矩阵式管理模式。

2.2 项目采用分类管理、分层授权的管理方式。

2.3 项目的审批属性和授权限额。

2.3.1 授权限额

（1）单项投资总额占最近一期经审计的净资产 30% 以上的，须经过公司股东大会批准。

（2）单项投资总额占最近一期经审计的净资产 10% 以上不满 30% 的，须经过公司董事会批准。

（3）单项投资总额占最近一期经审计的净资产不满 10%，且未列入公司经营规划和年度预算的，须经过公司执行董事一致批准。

（4）单项投资总额占最近一期经审计的净资产不满 10%，且已列入公司经营规划和年度预算的，由公司总经理批准。

2.3.2 分公司单项投资的审批权限

按照授权审批限额，项目分两类：限上项目、限下项目。

A 分公司授权限额为 5 000 万元，其他分公司为 3 000 万元。

5. 审计及其他相关制度

企业应设有审计委员会，督促各级管理部门准备会计报表，并请会计师查账。

除财务部门外，其他管理部门也需要对照全面预算管理的要求，补充完善本部门的相关制度。例如，人力资源管理部门应就预算管理的相关工作做好人员培训、人才选择、岗位职责设立等工作。除此之外，还应完善以下相关制度。

（1）生产管理制度

全面预算管理机制的运行需要进一步完善生产管理制度，企业应根据目标利润、生产需求、资源能力等制订生产计划，确定生产方式，进行生产调度和生产检查。严格的生产管理制度能使企业生产安全、有序、高效进行，为全面预算管理机制的运行提供可靠的保障。

（2）质量管理制度

全面预算管理是一种全方位管理，而不局限于财务管理方面。如果为了降低产品成本而导致产品质量下降，就会给企业带来负面影响。只有在严格的质量标准控制下，企业才能进行正常的预算管理。全面预算管理机制只有建立在严格的质量控制制度基础上，才能健康且有效地运行。

（3）评价激励制度

在企业全面预算管理工作中，应确立以人为本的管理观念，建立有效的企业激励与约束机制，以全面提高预算工作的效率和效果。评价激励制度主要包括业绩考评制度和奖惩激励制度。

2.3　全面预算目标的确定与分解

　　企业战略目标是全面预算管理的导向。全面预算管理的目标应与企业发展目标一致。预算的编制通常以企业战略目标为基础，根据战略目标提出长短期计划，确定预算长短期目标，并通过执行使预算目标落到实处，促使企业充分挖掘并合理利用一切资源。

2.3.1　全面预算目标的确定

1. 确定企业总体战略

　　总体战略一般由企业高层管理者确定。全面预算管理委员会作为全面预算管理的组织协调机构，应根据相关信息，包括环境分析资料、企业目前和以往的财务状况，通过对价值链、成本动因分析得出的战略成本实际情况、产品生命周期、企业目标等，综合权衡并提出战略发展意见。企业高层领导针对全面预算管理委员会提出的战略发展意见进行协商，并确定企业总体战略。

2. 确定企业具体战略（职能层战略）

　　职能层战略是各职能部门，如研发、人力资源、财务等部门制定的工作目标和行动策略，通常应由全面预算管理委员会组织协调相关责任部门完成。首先，明确预算的制定部门，也是未来预算控制的责任部门；其次，要求各责任部门整理相关数据，包括各项历史数据、行业标准数据、先进水平数据等，然后结合总体战略分析现状，寻找差距；最后，制定各部门战略目标，为预算目标的确定打下基础。

　　以成本领先战略企业为例，成本领先战略企业的目标是要确保竞争成本较低，因此企业在制定人力资源战略时要充分考虑员工成本，包括考虑员工的技术熟练程度和素质高低，这就需要将增加现有员工的岗位培训开支、提高工作效率，减少不熟练工人数量以降低人工成本等列为目标。

3. 确定企业预算目标指标体系

　　预算是一种特殊的计划，通过确定预算目标指标体系实现对目标更精确、量化的描述。在此过程中，企业需要进一步确定预算目标的指标体系，通过各基本指标的设计与考评将企业经营目标与发展战略具体体现出来。预算目标指标体系的构成如图 2-4 所示。

　　企业各业务部门、预算部门和其他经营管理职能部门要广泛收集业界、竞争对手，特别是标杆企业的信息，综合公司 3~5 年的经营和资源情况，提出下一年度经营计划，确定下一年度经营指标，通过广泛沟通、商讨及多次会议论证分析，将经营计划转换为年度预算目标并编制预算。

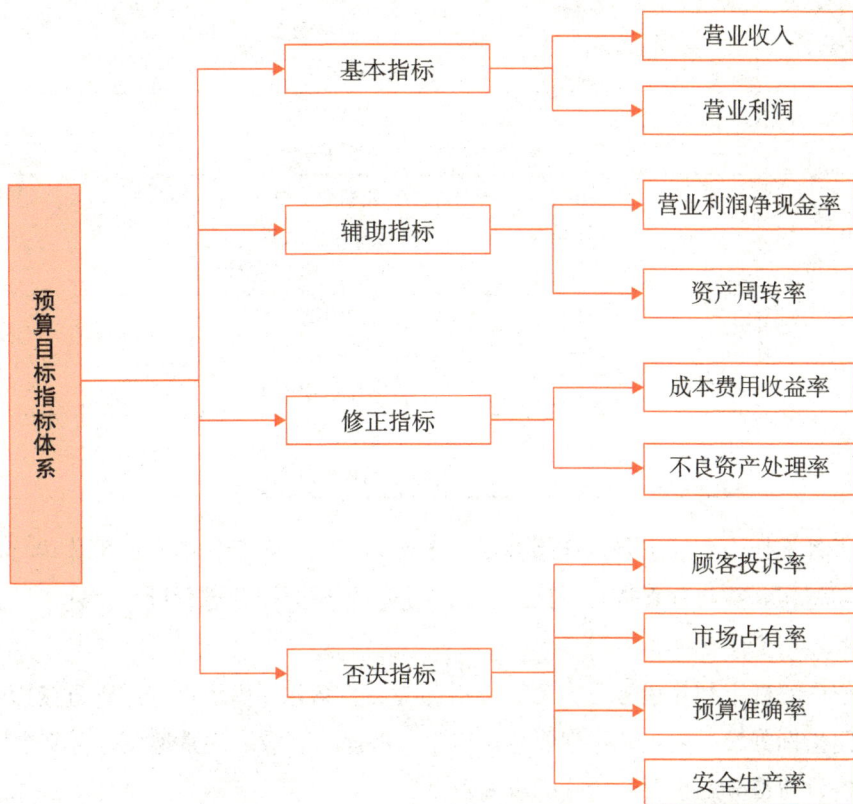

图 2-4　预算目标指标体系的构成

2.3.2　全面预算目标的分解

企业制定全面预算目标后，为落实预算，通常会将预算目标分解到各责任单位。预算企业在分权管理中通常会将承担与经营决策权相适应的经济责任部门或区域划分成不同的责任中心，包括投资中心、利润中心、成本中心、费用中心及收入中心。划分责任中心后，企业可以进一步明确各责任中心的预算责任目标，通过责任预算，使企业预算管理责任化并提高预算的有效性。责任预算是责任中心的奋斗目标，也是企业对责任中心进行考核的依据。

企业通过编制责任预算，可以实现总预算指标的分解。这些指标分解到各责任中心，各责任中心在权责范围内对指标进行控制，并对可控指标承担责任。各责任中心的主要责任指标各有不同，具体如表 2-1 所示。

表 2-1　各责任中心的主要责任指标

责任中心	主要责任指标
投资中心	投资报酬率 剩余收益
利润中心	边际贡献 部门利润
成本中心	成本变动率 产品单位成本 产品生产成本消耗定额
费用中心	费用率 费用总额 单项费用定额
收入中心	销售增长率 销售回款率

确定了各责任中心的主要责任指标后，企业要对每一个责任中心的预算执行情况进行跟踪，定期将实际数与预算数相对比，找出差异、分析原因并进行调整，期末以此为标准进行业绩考核与奖惩。

各责任中心确定预算指标后，还需将指标进一步细化。由于这一过程直接影响预算的执行，因此指标分解、细化的过程要尽量科学、严谨、有效。通常遵循以下基本原则：

（1）按价值量分解，保证指标的可衡量性；

（2）应分尽分，不留死角，保证指标分解的彻底性；

（3）谁可控谁承担，责任到人，保证做到责权利的有效统一；

（4）指标分解与保证措施相结合，确保预算指标的落实。

所有指标应落实到具备主要控制手段的责任人，每项指标都要有相应的保证措施。预算指标责任人要制订详细的可行性计划，明确阶段性目标和长远目标，以及实施办法和检查方案等。

预算一经批复下达，预算执行单位应当将预算作为预算期内组织、协调各项经营活动的基本依据，主要工作如下：

（1）将年度预算细分为月度预算和季度预算，分期进行预算控制，确保年度预算目标的实现；

（2）将全面预算分解为部门分预算，明确各预算执行单位的工作目标；

（3）各预算执行单位将预算指标层层分解，从横向和纵向落实到内部各部门、各单位、各环节和各岗位，形成全方位的预算执行责任体系，保证预算目标的实现。

2.4 全面预算编制程序的设定

在实践中，企业前期全面预算准备与基础工作完成后，将启动预算编制流程，随后进入编制、审批环节。

2.4.1 启动环节

在启动环节，企业要让各部门及分支机构了解下年度经营目标，为制定下年度预算做好准备。预算启动环节主要是让各级领导与员工了解预算编制的大概流程，包括通过召开会议下达战略发展规划、下达与分解年度经营指标、预算部门落实预算责任、下发预算文件、开展预算编制培训等工作。预算启动环节的步骤与主要内容如表 2-2 所示。

表 2-2 预算启动环节的步骤与主要内容

	步骤	主要内容及说明
1	全面预算管理委员会召开启动会议	总裁向参会人员传达董事会下达的战略发展规划
2	全面预算管理委员会成员讨论各部门（或责任中心）计划	确定责任中心编制预算的时间，落实部门职责
3	总裁办形成会议纪要	整理各部门发展规划、年度经营目标、预算部门职责及预算编制时间
4	各部门（或责任中心）测算核心指标	财务部测算费用率及现金流等指标 市场部测算产品铺货率及新产品销量比率等指标 销售部测算人均销售量、订单满足率等指标 ……
5	总裁办汇总各部门（或责任中心）测算后的指标	将各部门测算指标进行汇总，递交全面预算管理委员会
6	全面预算管理委员会确定指标	全面预算管理委员会确定部门测算的年度经营指标，通过后形成会议纪要并下达
7	各部门（或责任中心）分解年度指标	各部门依据本部门指标进行总预算指标分解
8	全面预算管理委员会审核分解后的指标	全面预算管理委员会审核部门分解指标，审核通过后下发；未通过审核的，由全面预算管理委员会提出修改意见，各部门修改后重新提交审核
9	各部门（或责任中心）召开预算工作会	挑选编制本部门预算的人员，传达企业全面预算整体精神，考虑部门内部预算编制和执行中可能遇到的问题
10	全面预算管理办公室组织预算培训	培训内容包括预算编制流程、数据测算方法、表格填制方法、预算工作重点等

2.4.2　编制环节

在预算编制环节，预算部门根据下达的报表格式和编制要求编制初步草案，并上报审核。主要工作包括以下几项：

（1）各部门根据预算指标分解编制部门预算草案；

（2）财务部平衡各部门预算草案，编制企业全面预算草案；

（3）全面预算管理机构组织各部门讨论、平衡部门预算草案，编制平衡后的企业全面预算草案；

（4）各职能部门结合平衡结果调整本部门预算草案；

（5）财务部汇总各部门预算草案，然后上报全面预算管理机构。

2.4.3　审批环节

全面预算管理机构对各部门上报的预算草案进行审核，针对预算编制中存在的问题提出修改意见，并对修改后的草案进行批复。最后，财务部根据批复后的预算目标修正企业整体预算，并下达各部门执行。

2.5　全面预算编制的基本模式

企业在编制全面预算时，可能面临多种预算编制模式的选择。预算编制模式的选择通常与企业的管理体制（集权管理或分权管理）密切相关。

一般情况下，集权管理与分权管理的区别主要在以下两个方面。

第一，集权管理是把经营权限（包括财务权），特别是决策权集中在最高领导层，下属企业或部门只有日常业务决策权和具体的执行权。

第二，分权管理是把经营管理权限和决策权分配给下属单位，集团最高领导层只集中拥有少数关系全局利益和发展的重大问题决策权。

近些年来，随着企业的快速发展壮大，集团式企业逐渐增多。在集团企业中，集团对下属企业基于集、分权程度的不同，形成了不同类型的管控模式，如操作管控型、战略管控型和财务管控型。

（1）操作管控型

集团总部从战略规划制定到具体实施都要进行管控。集团的各种职能管理非常深入，各下属企业业务的相关性很高。操作管控型属于集权式管理，母公司的业务管理部门通过制定详细的业务和考核标准对控股子公司的日常经营运作进行直接管理。完全的操作管控型适合结构单一、环境稳定的企业。

（2）战略管控型

集团总部负责集团的财务、资产运营和集团整体的战略规划，各下属企业（或事业部）同时也要制定自己的业务战略规划，并提出达成规划目标所需投入的资源预算。总部负责审批下属企业的计划并给予有价值的建议，批准其预算，再交由下属企业执行。在实行这种管控模式的集团中，对各下属企业业务的相关性要求很高。在这种模式下，分权、集权相互结合。

（3）财务管控型

集团总部只负责集团的财务和资产运营，集团的财务规划、投资决策和监控实施，以及对外部企业的收购、兼并等工作。下属企业每年会定有各自的财务目标，它们只要达成财务目标就可以。在实行这种管控模式的集团中，各下属企业业务的相关性相对较低。因此，在这种模式下，管理分权程度较高。

目前，集团企业应用较多的是战略管控型和财务管控型，或二者结合型管控模式。集团管控模式决定了预算管理模式，预算管理模式应与集团功能定位及管控模式相适应。

在不同的管理体制下，预算编制通常有四种基本模式，如图 2-5 所示。

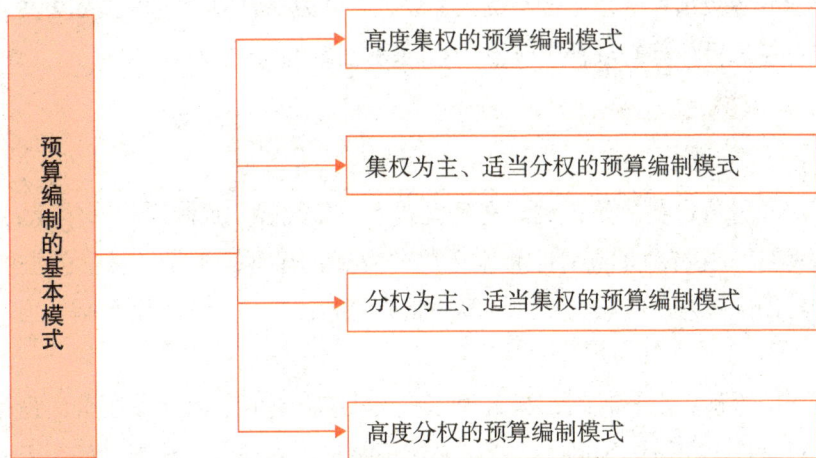

图 2-5　预算编制的基本模式

2.5.1　高度集权的预算编制模式

1. 编制特点

高度集权的预算编制模式是一种"自上而下"的预算编制模式。它是由单位高管层根据本单位的战略目标确定预算目标，并亲自编制年度预算。

在高度集权的预算编制模式下，高管层直接编制年度预算，将预算目标分解下达至各级预算责任单位，各级预算责任单位只是预算的执行者，不参与预算的编制工作。

2. 主要编制过程

（1）高管层确定预算目标

高管层（如董事会或经理层等）根据本单位的中长期发展战略和预算年度的内外部经营环境制定预算年度的发展目标，并根据预算年度的发展目标来确定预算年度的预算目标，提出预算年度的营业收入、营业成本、利润等主要财务指标的预算目标。

（2）高管层编制年度预算

高管层根据年度预算目标和单位内部各级预算责任单位的实际情况编制年度预算。通过编制年度预算，将年度预算目标逐级分解至单位内部的各级预算责任单位。

（3）高管层召开预算编制征询会

高管层召开各级预算责任单位负责人会议，通报预算编制情况，对预算目标和各项具体预算指标的确定做出说明或解释，听取各级预算责任单位对预算目标和各项具体预算指标的意见。高管层根据合理意见对预算方案做出修改。

（4）高管层召开预算编制发布会

高管层召开各级预算责任单位负责人会议，正式发布预算年度的预算方案，并对各级预算责任单位在执行预算的过程中应该注意的问题提出具体要求。

3. 高度集权预算编制模式的优缺点

（1）优点

①有利于高管层进行决策控制。在此模式下，高管层负责制定预算年度的发展目标，并亲自监督落实，这有利于高管层将本单位的发展目标不折不扣地贯彻到全面预算目标中，使高管层的决策意图能够在全面预算中得到完整体现，从而保证了高管层对决策进行有效控制。

②有利于缩短预算编制时间，提高预算编制效率。高管层直接编制全面预算，不需要经过各级预算责任单位逐级编制、逐级汇总、逐级审核等环节，编制过程耗用的时间相对较短，使预算编制的效率得到了提高。

（2）缺点

①容易导致预算目标的分解脱离实际。由于各级预算责任单位不参与预算的编制工作，预算目标的确定和逐级分解都是由高管层独立进行的，而高管层很难全面、深入、细致地了解和掌握各级预算责任单位的实际情况，因此容易导致在确定预算目标，特别是在分解预算目标时出现一些脱离实际的情况。例如，某些预算指标制定得不合理，导致预算责任单位很难或很容易就可以完成指标等。

②容易导致各级预算责任单位对预算管理产生消极情绪。由于各级预算责任单位不能参与预算的编制工作，对预算的编制没有话语权和参与权，整个预算编制工作都是由高管层独立完成的，各级预算责任单位完全处于被动执行，甚至是强制执行的地位，因此可能导致这些执行单位对预算管理产生消极情绪。

4. 高度集权预算编制模式的适用对象

这种预算编制模式一般适用于采用高度集权管理模式下的小型企业。由于小型企业的业务不复杂，组织机构比较简单，管理幅度较小，高管层容易全面了解和掌握各级预算责任单位的实际情况，在预算编制过程中高管层与各级预算责任单位也比较容易沟通，因此小型企业采用高度集权预算编制模式编制的预算不容易脱离实际，易于得到各级预算责任单位的认同。

5. 容易出现的问题与解决思路

在大中型企业实行高度集权的预算编制模式，容易出现以下问题：

（1）预算可能脱离实际；

（2）预算难以得到各级预算责任单位的广泛认同和积极执行。

上述问题可以通过以下方式解决：建立高管层通畅的内外部信息渠道，做到单位预算目标与员工个人目标相结合；使预算目标成为个人目标，加强高管层与各级预算责任单位的交流和沟通等。

2.5.2 集权为主、适当分权的预算编制模式

1. 编制特点

集权为主、适当分权的预算编制模式是一种"先自上而下、后自下而上、再自上而下"的预算编制模式。

在这种预算编制模式下，高管层的集权主要体现在确定总体预算目标，将总体预算目标分解到各级预算责任单位。

这种预算编制模式使各级预算责任单位能够根据实际情况编制本单位的预算草案，成为预算编制的参与者。

2. 主要编制过程

（1）高管层确定总体预算目标，并根据各级预算责任单位的实际情况对总体预算目标进行逐级分解。

（2）高管层提出预算编制的原则和要求。

（3）高管层召开预算编制布置会。

（4）各级预算责任单位编制本单位的预算草案。

（5）各级预算责任单位逐级审核、调整、审定、汇总并上报本单位的预算草案，上一级单位负责对下一级单位报送的预算草案进行审核、调整、审定和汇总，使之形成本单位汇总后的预算草案，直至形成单位总体预算草案。

（6）高管层召开预算审核会议，对各级预算责任单位汇总上报的预算草案进行审核、调整、审定和汇总。

（7）高管层召开预算编制发布会。

3. 集权为主、适当分权预算编制模式的优缺点

（1）优点

①既体现了集权管理，又在一定程度上发挥了民主作用。

②有利于对各级预算责任单位的预算草案进行层层把关，使各级预算责任单位的预算草案尽可能符合相应层级预算责任单位的实际情况，从而保证预算的准确性、合理性和可行性。

（2）缺点

①编制预算所耗费的时间和精力比较多、效率也不高。

②上级预算责任单位直至高管层在审核、调整、审定和汇总下级预算责任单位上报的预算草案的过程中，容易出现因认识差异和利益冲突而导致的协调难等问题。

4. 集权为主、适当分权预算编制模式的适用对象

这种模式主要适用于采用集权管理模式下的大中型企业。

在大中型企业中，为了适应集权为主、适当分权的总体管理模式，管理者们一般都会对预算管理采取集权为主、适当分权的模式，因此这种预算编制模式在大中型企业中得到了广泛运用。

5. 容易出现的问题与解决思路

（1）预算编制的效率低。

（2）各级预算责任单位的权责利协调困难。

上述问题通常可以通过以下方式解决：成立组织严密的预算管理机构，配备精干高效的预算编制人员；制定标准化的预算编制管理流程，把预算编制工作引入标准化的轨道；强化预算管理委员会的功能，最大限度地发挥预算管理委员会在预算编制过程中的组织和协调作用。

2.5.3　分权为主、适当集权的预算编制模式

1. 编制特点

分权为主、适当集权的预算编制模式是一种"先自下而上、后自上而下"的预算编制模式。

这种预算编制模式是先由各级预算责任单位自行编制各自的预算草案，然后逐级往上报送，上级预算责任单位负责对下级预算责任单位报送的预算草案进行审核、调整、审定和汇总，并上报高管层，最后由高管层对下级预算责任单位报送的预算草案进行审核、调整、审定和汇总，制定单位的总体预算方案。

行政事业单位编制预算主要采用此种模式。

2. 主要编制过程

（1）高管层布置预算编制工作，提出预算编制的原则和要求。

（2）下级预算责任单位根据高管层提出的预算编制原则和要求，以及上级预算责任单位对本单位预算编制提出的具体要求编制本单位的预算草案，并经本单位负责人审核后报送给上级预算责任单位。

（3）上级预算责任单位对下级预算责任单位报送上来的预算草案进行审核、调整、汇总和审定，然后逐级往上报送，直至报送到高管层。

（4）高管层对各个预算责任单位报送的预算草案进行审核、调整、审定和汇总，制定单位总体预算方案。

（5）高管层召开预算编制发布会。

3. 分权为主、适当集权预算编制模式的优缺点

（1）优点

有利于调动和发挥各级预算责任单位在预算编制过程中的积极性和能动作用，使编制出来的预算更加切合实际。

（2）缺点

不利于把各级预算责任单位的生产经营管理活动统一到高管层的战略意图上来，容易造成单位资源的不合理利用。

4. 分权为主、适当集权预算编制模式的适用对象

这种预算编制模式主要适用于采用分权管理模式下的大中型企业。

一些大中型企业由于业务多元化，不同业务之间共性的东西比较少，不同的业务需要由不同的下级单位来生产、经营或管理，而不同的下级单位又都是自主经营、自负盈亏的独立核算单位，因此，一些管理者就认为采用分权为主、适当集权的预算管理模式更适合

本企业。

5. 容易出现的问题与解决思路

分权为主、适当集权预算编制模式容易出现的问题与集权为主、适当分权预算编制模式相类似，解决思路也雷同，这里不再赘述。

2.5.4 高度分权的预算编制模式

1. 编制特点

高度分权的预算编制模式是一种"自下而上"的预算编制模式。在这种预算编制模式下，高管层既不制定总的预算目标，也不提出预算编制的原则和要求，各级预算责任单位完全自主地编制、审定自己的预算方案，然后将审定后的预算方案报送高管层备案。高管层不过问、更不干预各级预算责任单位的预算编制过程，将预算编制的管理权高度下放到各级预算责任单位。

2. 主要编制过程

（1）各级预算责任单位自主编制本单位的预算。

（2）各级预算责任单位自主审核、调整、审定本单位的预算。

（3）各级预算责任单位将审定后的预算方案报送高管层备案。

3. 高度分权预算编制模式的优缺点

（1）优点

能最大限度地调动和发挥各级预算责任单位在预算编制过程中的积极性和能动作用，使预算更加切合实际。

（2）缺点

不利于把各级预算责任单位的生产、经营或管理行为统一到高管层的战略意图上来；也不利于各级预算责任单位之间的资源优势互补，容易造成资源的不合理利用；更不利于通过集中配置单位的各种资源来提升单位的整体竞争优势。

4. 高度分权预算编制模式的适用对象

这种预算编制模式主要适用于采用高度分权管理模式下的大型多级法人制单位。

在一些多级法人制单位，由于业务多元化，各种业务之间的关联度低，再加上最高管理层的管理思想偏向于分权管理，因此单位对预算编制乃至整个全面预算管理就会采取高度分权的模式。

5. 容易出现的问题与解决思路

如何通过全面预算管理把各级预算责任单位的生产、经营或管理行为统一到高管层的战略意图上来，使各级预算责任单位的预算能够充分体现高管层的战略意图，是高度分权预算编制模式的主要问题所在。

这些问题一般可以通过以下方式解决：

（1）高管层通过各种有效方式向各级预算责任单位描绘企业的战略意图，让各级预算责任单位了解并深刻领会企业的战略意图，自觉地把企业的战略意图贯彻到预算中去；

（2）集中配置企业的各种资源，以便培育企业的整体竞争优势、实现企业的战略目标等。

一些大型集团企业在全面预算管理中，采用的预算编制模式通常介于"分权为主、适当集权"与"高度分权"之间。

大型集团企业的预算编制模式

国投集团采用了适当分权的管理控制模式，以提高企业全面预算管理体系在复杂多变环境下的适应性。国投集团规模大，经营范围广，下属企业众多，各企业的管理水平和基础参差不齐。国投集团在全面预算管理体系的设计和实施上更多地体现了分权式的战略管控型和财务管控型特征，即集团总部主要通过战略规划、经营协调及财务管控的方式来实现对下属企业的管理。在集团层面构架和统一规划全面预算管理体系，并根据各子公司的具体管理基础和管理环境制定渐进式的全面预算实施流程，以此把脉整个集团全面预算系统建设，这种适当分权式的管控模式较好地适应了国投集团规模大、结构复杂的企业管控环境，提高了全面预算实施的可行性。

华润集团的全面预算管理以财务管控型为主，体现了较高的分权程度。在全面预算管理中，由集团总部确立导向型的预算目标，集团主要进行资本管理，审定资本预算并分配资本，子公司主要进行具体运营，享有较为充分的预算决策权并可根据情况变化进行预算调整。预算编制流程以自下而上的方式为主。

2.5.5 全面预算编制模式的比较

全面预算编制模式的比较如表 2-3 所示。

表 2-3　全面预算编制模式的比较

编制模式	特点	优点	缺点	适用对象
高度集权	"自上而下"，由单位高管层亲自编制全面预算	有利于高管层进行决策控制，有利于缩短预算编制时间，提高预算编制效率	容易导致预算目标的分解脱离实际，以及各级预算责任单位对预算管理产生消极情绪	采用高度集权管理模式下的小型企业

（续表）

编制模式	特点	优点	缺点	适用对象
集权为主、适当分权	"先自上而下、后自下而上、再自上而下"，先由高管层确定总体预算目标，再分解到各级预算责任单位，预算责任单位根据实际情况编制本单位的预算草案	既体现了集权又发挥了民主作用，有利于对各级预算责任单位进行把控，使预算草案符合实际情况，保证预算的准确性、合理性和可行性	耗费的时间和精力过多、效率较低，上下级之间、各部门之间可能出现因认识的差异和利益的冲突而导致的协调难等问题	采用集权管理模式下的大中型企业
分权为主、适当集权	"先自下而上、后自上而下"，先由各级预算责任单位自行编制草案，然后逐级上报，上级单位负责审核、调整、审定和汇总预算草案	有利于调动各级预算责任单位在预算编制过程中的积极性和能动作用，使编制出来的预算更加切合实际	不利于体现高管层的战略意图	采用分权管理模式下的大中型企业
高度分权	"自下而上"，各级预算责任单位完全自主地编制、审定本单位的预算方案	有利于调动和发挥各级预算责任单位的积极性和能动作用，使预算更加切合实际	不利于体现高管层的战略意图，不利于各单位之间的资源优势互补，不利于培育企业整体竞争优势	较少用

第 3 章

经营预算——
开启全面预算的编制

　　全面预算管理由多个环节构成。许多企业都对预算编制工作比较重视，但在具体执行时，却难以把每一个环节执行到位。这也从某个角度反映出预算编制工作的重要性。

　　不同的企业，全面预算的编制体系构成有所不同，通常要与企业的经营特点相结合，但基本预算编制工作都包括经营预算、资本预算和财务预算。其中，有些企业会将现金预算单独列示，有些则归入财务预算；有些企业单列筹资预算，而有些企业会将筹资预算列入现金预算。无论如何列示，都不影响预算编制的整体过程。在全面预算编制过程中，经营预算一般都会作为预算编制的起点。图3-1和图3-2分别是两家公司的全面预算编制体系示例。

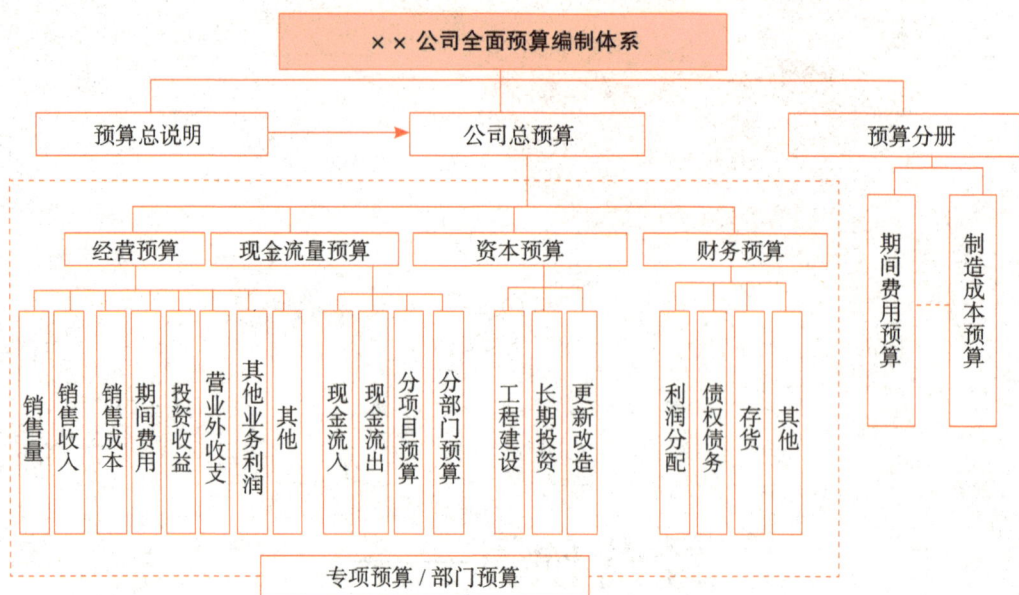

图 3-1　全面预算编制体系示例 I

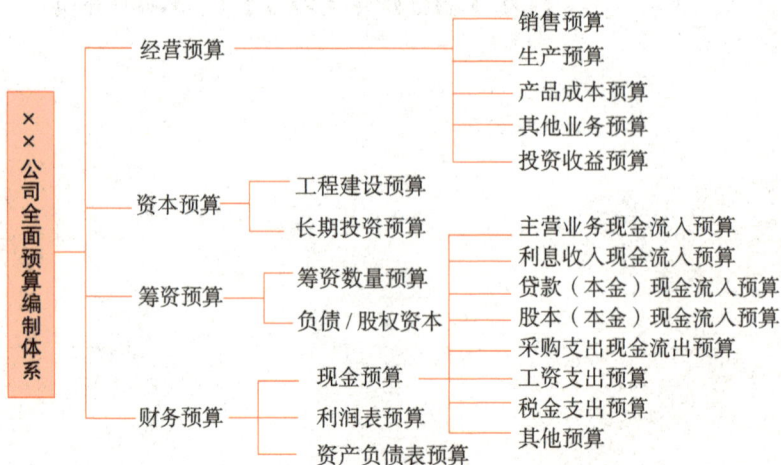

图 3-2　全面预算编制体系示例 II

3.1 经营预算概述

企业经营的主要目标是盈利，这就离不开日常生产经营活动，其中产品的生产、销售作为日常经营活动的重要环节，每时每刻都在发生变化。所以，在一个企业的全面预算体系中，包括销售、生产、成本、费用、存货等项目在内的经营预算具有较强的操作性和时效性，它也是最基本的预算，在企业战略计划和具体生产经营之间起着承上启下的作用。

经营预算也称业务预算，是为规划和控制未来时期的生产销售等日常业务以及与此相关的成本费用和收入而编制的预算。它是企业总预算的基础，同时对企业日常生产经营活动的安排具有重要的指导意义。经营预算的内容主要包括销售预算、生产预算、产品成本预算及期间费用预算，本章重点介绍这四部分预算，其他经营预算内容暂不在此探讨。

3.1.1 经营预算的目的

经营预算就是在目标利润和销售预测的基础上，先对企业的产品销售进行预算，再按"以销定产"的方法，逐步对生产、材料采购、存货、费用等进行预算。从这方面可以看出，编制经营预算是基于企业内外综合情况的考虑，为企业的成长和发展创造一个良好的内外部环境。具体来说，编制经营预算的目的有以下几点。

1. 明确企业的生产经营目标和奖惩标准

企业为了在日益激烈的竞争中取胜，必须确立长远和日常的生产经营目标，并对员工的工作加以约束，明确各自的任务和奖惩条件。考虑到长短期间环境的变化，经营预算应至少明确企业一年之内的经营目标，很多企业的年度经营预算更是置于五年乃至更长期间的计划当中，目的是对企业的远景有一个比较清楚的描绘。同时，经营预算的可执行性非常强，通过细化可以明确每个员工的任务，并能够与奖惩机制挂钩。

2. 协调企业内部关系

随着企业规模的扩大，内部组织结构会越来越复杂。为了协调和理顺企业内部各部门之间的关系，编制经营预算就是不可缺少的。

经营预算的编制涉及销售、生产、采购等业务部门，也涉及财务、人力资源等职能部门，需要从下到上、从上到下反复协调。在这个过程中，如果做到了上下级之间、不同部门之间信息传递通畅，就可以避免产生误解和信息滞后。

3. 适应复杂多变的外部环境

企业作为微观经济主体，是市场经济中的一分子，做出每一个决策都需要考虑市场供求、消费者行为、政府规章等各方面情况，这些方面并不是静止不动的，而是处在不断变化的状态中。因此，企业在生产经营的每个阶段都需要总结过去、分析现状、预计将来，并依此做出计划，以便指导企业的行动。

编制经营预算正是出于适应外部环境的目的。在企业战略的指导下，经营预算涉及企业日常经营活动的各个方面，它通过对销售和采购的分析与企业所在的行业链条相契合，通过费用预算与银行、政府等会对企业产生重大影响的部门相协调。

3.1.2 经营预算体系的构成

编制全面预算的一个重要目标就是增强不同组织、不同部门之间的沟通与合作，经营预算作为全面预算编制中的一个关键环节，范围是非常宽泛的。经营预算是一个上下循环的体系，经营预算的编制实际上是从销售预算开始的。这是因为，没有对销售的估计就无法合理编制生产预算。经营预算体系的构成如图3-3所示。

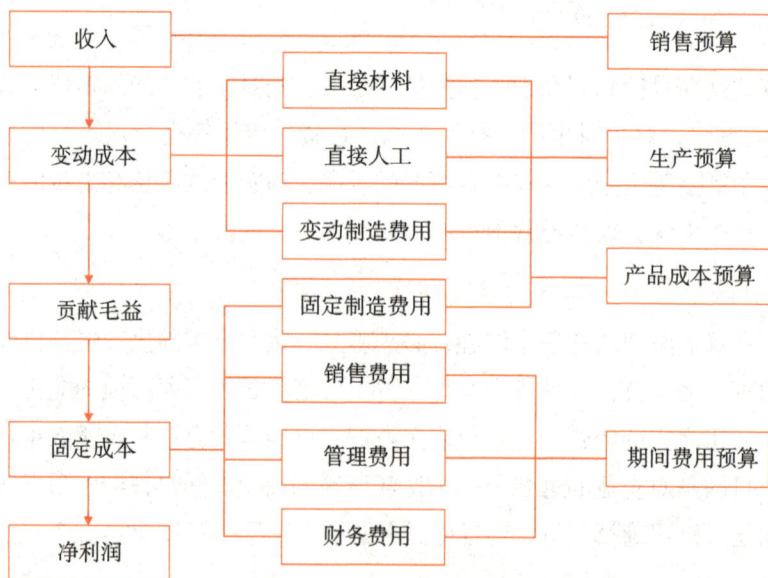

图3-3　经营预算体系的构成

3.2　销售预算

销售预算是指预算期内预算执行单位销售各种产品或者提供各种劳务可能实现的销售量或业务量及其收入的预算，它主要依据年度目标利润、预测的市场销量或劳务需求及提供的产品结构以及市场价格编制。

在现代市场经济条件下，很多企业是根据"以销定产"的方式进行经营活动的。因此，以销售预测为基础的销售预算是其他预算的起点，只有把销售预算做好，下一步的生产预算才有可靠的基础，从而进一步影响成本、费用及存货预算。同时，销售收入也是企业现金收入的主要来源，所以销售预测的准确程度对整个全面预算的科学性及合理性起着至关重要的作用。

销售预算是关于预算期内销售量和销售收入的规划，它是以销售为核心的预算管理模式下预算体系的起点。销售预算需要全体员工的参与，而高层管理人员、市场分析人员及财务人员在其中起着更为重要的作用，他们的专业知识和判断能力对销售预测的合理性有极大的影响。

3.2.1 销售预算的编制步骤与预测方法

1. 销售预算的编制步骤

（1）确定产品的市场定位。

（2）分析产品市场需求的特征。

（3）分析产品市场供给的特征。

（4）判断每种产品或产品组合能够取得的合理市场份额，或者说可能的销售量。

（5）以上述四项分析为基础，编制用销售量和价格表示的销售预算。

前三个步骤需要全体员工参与，但重要的分析定位工作和最终的结果还是需要市场分析人员和高层管理人员来做，第四和第五个步骤则主要由财务人员完成。因为第四和第五步已经到了销售预算的最终编制阶段，需要对信息进行集中分析和整理，这对专业知识的要求比较高。

2. 销售预算的编制流程

编制销售预算的一个关键环节是对预算期销售情况的预测，只有预测出比较合理的销售量，再辅以企业经过市场供需情况及竞争状态的分析，并结合长期战略确定的价格，才能得出一定期间的销售收入。销售预算的编制流程如图 3-4 所示。

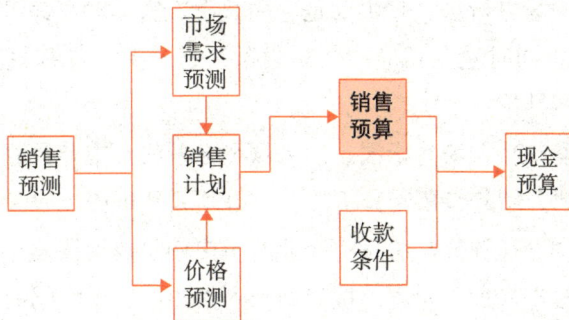

图 3-4　销售预算的编制流程

3. 销售预测的基本方法

销售预测的基本方法可以分为定性分析法和定量分析法两类。

（1）定性分析法

定性分析法又称非数量分析法。它主要是依靠预测人员丰富的实践经验和知识以及主观的分析判断能力，在考虑政治、经济形势、市场变化、经济政策、消费倾向等对经营活动的影响的前提下，对事物的性质和发展趋势进行预测和推测。

定性分析法又分为判断分析法和调查分析法两类。

①判断分析法是指销售人员根据直觉判断进行预估，然后由销售经理加以综合，从而做出企业总体销售预测的一种方法。

由于销售人员接近和了解市场，熟悉自己所负责区域的情况，因此用这种方法得出的预测数据比较接近实际。另外，采用这种方法，便于确定分配给各销售人员的销售任务，发挥其积极性，激励他们努力完成各自的销售任务。但是，由于受各种因素的影响，销售人员的预测也会出现偏差，往往需要修正。

②调查分析法是指通过对代表性客户消费意向的调查来了解市场需求的变化趋势，以此进行销售预测的一种方法。

企业的销售量取决于客户的消费意向，客户的消费意向是销售预测中最有价值的信息。如果企业通过调查可以了解预算期内客户的购买量，客户的财务状况和经营成果，客户的爱好、习惯和购买力的变化，客户购买本企业产品占其总需要量的比重以及选择供应商的标准，那么对销售预测将更有帮助。企业在调查时应当注意以下几点：

首先，选择的调查对象要具有普遍性和代表性，应能反映市场中不同阶层或行业的需求及购买需要；

其次，调查的方法一定要简便易行，使被调查对象愿意接受调查；

最后，对调查所取得的数据和资料要进行科学的分析，去伪存真、去粗取精。

只有这样，所获得的资料才具有真实性、代表性，才能作为预测的依据。

（2）定量分析法

定量分析法也称数量分析法。它主要是应用数学方法，对与销售有关的各种经济信息进行科学的加工处理，同时建立相应的数学模型，充分揭示各有关变量之间的规律性联系，并得出相应的预测结论。

定量分析法主要有趋势预测分析法、因果预测分析法、季节预测分析法和购买力指数法四种方法。下面主要介绍趋势预测分析法和因果预测分析法。

①趋势预测分析法。这种分析法是将企业的历史销售数据按发生时间的顺序排列，然后应用一定的数学方法进行加工处理，按时间数列找出销售随时间而发展变化的趋势，由此推断其未来发展趋势。

常用的趋势预测分析法有算术平均法、加权移动平均法、指数平滑法、回归分析法和二次曲线法等，其中指数平滑法应用较为广泛。

指数平滑法是加权移动平均法的一种特殊形式，它通过用加权平均因子 a 的幂对最近一期销售量（额）的预测值和该期的实际销售量（额）进行加权，以求得预算期销售量（额）的预测值。其计算公式如下：

$$S_t=aX_{t-1}+（1-a）S_{t-1}$$

公式中，S_t 表示第 t 期销售量（额）的预测值，X_{t-1} 表示第 $t-1$ 期的实际销售量（额），S_{t-1} 表示第 $t-1$ 期销售量（额）的预测值，a 表示指数平滑系数（$0 \leqslant a \leqslant 1$）。

[例 3-1] YS 公司为制造型企业，202× 年 2 月销售预测值为 60 万元，实际销售额为 65 万元，加权平均因子 a=0.90，请预测 YS 公司 202× 年 3 月的销售额。

销售预算额 =65×0.90+60×（1-0.90）=64.50（万元）。

②因果预测分析法。这种分析法是利用相关因素与产品销售之间的函数关系进行产品的销售预测。其中的相关因素是对产品销售起着决定性作用或与产品销售存在某种函数关系的因素。因果预测分析法最常用的方法是回归分析法，包括回归直线法和多元回归法等。

a. 回归直线法，也称一元线性回归分析法。它是按照数学上的最小二乘法来确定一条误差最小的能够反映变量 X 和 Y 之间函数关系的直线，以此预测 Y 的取值。其计算公式如下：

$$Y=a+bX$$

公式中，Y、X 分别表示因变量和自变量。

b. 多元线性回归法。在实际问题中，影响因变量的因素有很多，可能会用到两三个甚至更多的自变量。这时就需要进行多元回归分析，其计算公式如下：

$$Y=a+b_1X_1+b_2X_2+b_3X_3+\cdots+b_nX_n$$

公式中，Y 表示因变量；a 为常数；X_1、$X_2\cdots X_n$ 表示各自变量；b_1、$b_2\cdots b_n$ 表示每个 X 变动一个单位时，Y 的变动值。

[例 3-2] YS 公司为制造型企业，对 202× 年商品销售额 Y（万元）进行预测，选取了两个主要影响因素：一是促销费用 X_1；二是经营人员人数 X_2，具体数据见下表。当用二元线性回归法预测公司下一年度促销费用为 20 万元、经营人员增至 35 人时，将有多少销售额。

YS 公司 202× 年销售预算的相关数据

样本	Y	X_1	X_2
1	26	17	29
2	30	18	32
3	24	16	25
4	32	19	34
5	31	18	33
6	30	18	31
7	27	17	30
8	27	18	30

根据上述资料，YS 公司 202× 年的销售预算如下：

$Y_i=b_0+b_1X_{1i}+b_2X_{2i}+u_i$

根据最小二乘法（一般借助统计软件），可确定：

$b_0=-4.589$，$b_1=0.467$，$b_2=0.811$

代入前述公式可得：

$Y=-4.589+0.467X_1+0.811X_2$

将下一年度数据 X_1（促销费用）=20、X_2（经营人员）=35 代入得到：

$Y=33.14$，即下一年度销售预测额为 33.14 万元。

（3）定性分析法与定量分析法相结合

由于经济生活的复杂性，并非所有影响因素都可以通过定量进行分析，某些因素（如经济形势的变动、宏观环境的变化、市场前景的预测、消费倾向的变化）只有定性的特征；另外，定量分析本身也存在局限性，任何数学方法都不能概括所有复杂的经济变化情况。如果不结合预测期间的经济、市场及政策方面的变化情况，必然会导致预测结果脱离客观实际。所以，我们必须根据具体情况，把定量分析法与定性分析法结合起来使用，这样才能收到良好的效果。

3.2.2 销售预算的编制示例

销售预算的编制比较简单，我们以定性分析法为例，通过对销售数量和价格的预测进行销售收入预测及现金收入预测。主要涉及以下关系式：

销售收入 = 销售数量 × 销售价格

预计本期现金收入 = 本期销售收入 × 本期收回现金比例 + 上期销售收入 ×
上期销售收入中本期收回现金比例

[例 3-3] YS 公司为制造型企业，生产 A、B 两种产品。预算期（202× 年）A 产品四个季度的销售量分别为 100 件、102 件、105 件、108 件，销售价格为 2 000 元；B 产品四个季度的销售量分别为 70 件、75 件、80 件、85 件，销售价格为 5 000 元。每季度销售收入的 70% 于当季收到现金，其余 30% 于下一季度收到现金。期初应收账款余额为 150 000 元。

根据上述资料，YS 公司编制 202× 年度的销售预算表。

YS 公司 202× 年度销售预算表

金额单位：元

科目	产品项目	第一季度	第二季度	第三季度	第四季度	年度
预计 销售量	A	100	102	105	108	415
	B	70	75	80	85	310
预计 单位价格	A	2 000	2 000	2 000	2 000	2 000
	B	5 000	5 000	5 000	5 000	5 000
销售收入	A	200 000	204 000	210 000	216 000	830 000
	B	350 000	375 000	400 000	425 000	1 550 000
	小计	550 000	579 000	610 000	641 000	2 380 000
预计 现金收入	期初应收账款	150 000				150 000
	第一季度销售收入	385 000	165 000			550 000
	第二季度销售收入		405 300	173 700		579 000
	第三季度销售收入			427 000	183 000	610 000
	第四季度销售收入				448 700	448 700
现金收入合计		**535 000**	**570 300**	**600 700**	**631 700**	**2 337 700**

注：期末应收账款余额 =641 000 × 30%=192 300（元）。

3.3　生产预算

生产预算是从事工业生产的预算执行单位在预算期内所要达到的生产规模及其品种结构的预算。它在销售预算的基础上，依据各种产品的生产能力、各项材料和人工的消耗定额及其物价水平、期末存货状况编制。

生产预算是在销售预算的基础上，考虑期初、期末产品存货的需要而编制的生产量预算。对于多环节生产的产品，往往还需要编制每一环节的半成品预算。

如果产品没有市场，那么即使生产出来也只能是永远的"存货"。因此，在竞争激烈的市场环境下，企业要想保持竞争优势和获利能力，就要做到"以销定产"，通过多方面考察分析可能的销售量，然后根据分析结果组织生产，也就是根据销售预算来编制生产预算和其他预算。

生产预算可以揭示企业生产、销售和存货之间的协调关系，明确企业生产活动的总进程。但是，单纯的生产预算还不能充分揭示出具体的生产活动内容，必须进一步确定相关的直接材料、直接人工和制造费用预算。企业在编制这些预算之前，应先编制生产预算，然后根据生产预算编制相应的成本费用预算。生产预算的编制流程如图3-5所示。

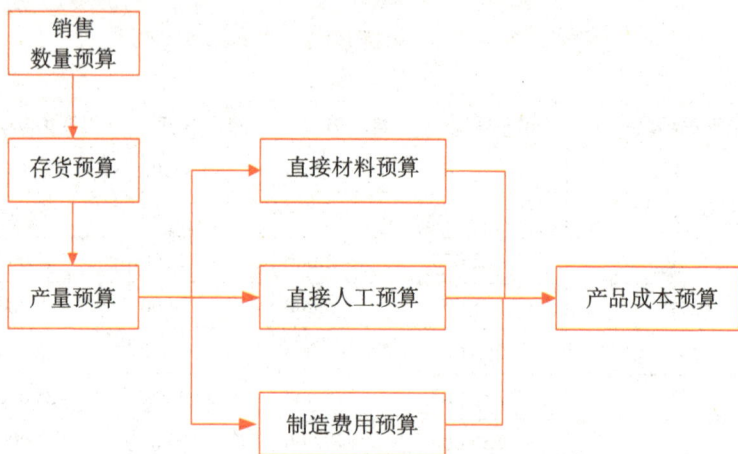

图3-5 生产预算的编制流程

3.3.1 产量预算

企业应生产出充足的产品来满足销售预算中预计的需要量，并保证年末预期正常的存货数量。当然，企业还要考虑本年的期末存货，也就是下一年（预算年度）的期初存货数量。产品产量预算主要由生产部门负责编制，编制流程如下。

（1）确定预算基础资料，主要确定预算期的销售数量和产品存货。

（2）计算产品产量，计算公式如下：

产品产量 = 销售数量 + 期末产品库存量 − 期初产品库存量

[例3-4]接[例3-3]，YS公司生产部门编制202×年产品产量预算，预计202×年的A产品年初、年末的产量分别为25件和30件，B产品年初、年末的产量分别为20件

和 24 件，并且各季度末存货量为下一季度销售量的 25%。

根据上述资料，YS 公司编制 202× 年度的产量预算表。

YS 公司 202× 年度产量预算表

单位：件

科目	产品项目	第一季度	第二季度	第三季度	第四季度	年度
预计销售量	A	100	102	105	108	415
	B	70	75	80	85	310
加：预计期末产成品存货	A	25.50	26.25	27	30	30
	B	18.75	20	21.25	24	24
减：预计期初产成品存货	A	25	25.50	26.25	27	25
	B	20	18.75	20	21.25	20
预计产量	A	100.50	102.75	105.75	111	420
	B	68.75	76.25	81.25	87.75	314

注：产量预算是全面预算中唯一以实物量反映的预算。企业以生产预算为基础，可编制直接材料预算、直接人工预算及制造费用预算等。

3.3.2 直接材料预算

直接材料在产品生产过程和最终的成本核算中占据重要地位，直接材料预算是以产量预算为基础编制的关于企业生产产品所需直接原材料的购买和投入、使用情况的预算。直接材料预算分为直接材料采购预算和直接材料采购现金支出预算两个步骤。

1. 直接材料采购预算

企业确定产品产量后，可以根据工艺流程和产品设计估算出需要的直接材料，当产品由多种原料共同生产而成时，应该先确定主要原料的使用量，然后根据主料和辅料的搭配比例计算出辅助材料的使用数量（本部分重点介绍主料使用量的预算）。一般来说，直接材料采购预算由生产部门负责编制。编制流程如下。

（1）确定生产预算的预计生产量。

（2）确定单位产品的直接材料消耗定额。

（3）确定计划期间的期初和期末材料结存数量。

（4）计算出直接材料预计采购数量，计算公式如下：

直接材料预计采购数量 = 预计产品生产量 × 单位产品的材料消耗定额 + 预计期末直接材料结存数量 － 预计期初直接材料结存数量

（5）确定直接材料的单价，计算总价。

2. 直接材料采购现金支出预算

直接材料采购现金支出预算是根据采购材料的付款条件，确定预计的现金支出。计算公式为：

预算期直接材料采购现金支出 = 该期采购材料现金支出 + 该期支付的前期应付账款

[例3-5] 接 [例3-4]，YS公司生产部门编制202×年直接材料X的预算，生产A、B单位产品分别需要直接材料X10千克、15千克，单价均为每千克50元。预算期内每季季末材料库存量占下季度生产需用量的20%，预算期初存货量为350千克，预算期末库存量为400千克。

每季材料采购在当季度付款70%，其余部分在下季度付款。预算期初的应付账款为35 000元。

根据上述资料，YS公司编制202×年度的直接材料X预算表以及材料采购现金支出预算表。

YS公司202×年度直接材料X预算表

科目	产品项目	第一季度	第二季度	第三季度	第四季度	年度
预计生产量（件）	A	100.50	102.75	105.75	111	420
	B	68.75	76.25	81.25	87.75	314
预计生产材料需要量（千克）	A	1 005	1 027.50	1 057.50	1 110	4 200
	B	1 031.25	1 143.75	1 218.75	1 316.25	4 710
	合计	2 036.25	2 171.25	2 276.25	2 426.25	8 910
加：期末材料库存（千克）	X	434.25	455.25	485.25	400	400
减：期初材料库存（千克）	X	350	434.25	455.25	485.25	350
预计材料需要量合计（千克）	X	2 120.50	2 192.25	2 306.25	2 341	8 960
直接材料计划单价（元/千克）	X	50.00	50.00	50.00	50.00	50.00
直接材料预算（元）	X	106 025.00	109 612.50	115 312.50	117 050.00	448 000.00

YS 公司 202× 年度材料采购现金支出预算表

单位：元

科目	金额	第一季度现金支出	第二季度现金支出	第三季度现金支出	第四季度现金支出
预算期初应付账款	35 000.00	35 000.00			
第一季度采购金额	106 025.00	74 217.50	31 807.50		
第二季度采购金额	109 612.50		76 728.75	32 883.75	
第三季度采购金额	115 312.50			80 718.75	34 593.75
第四季度采购金额	117 050.00				81 935.00
预算期末应付账款	35 115.00				
现金支出合计		109 217.50	108 536.25	113 602.50	116 528.75

3.3.3　直接人工预算

直接人工预算通常由生产部门编制。直接人工预算是用来确定预算期生产车间人工工时消耗水平、人工成本水平及相关因素的预算。直接人工预算与直接材料预算相同，都要从产品产量预算开始，按必需的产量倒推出达到这些产量所需要的工人工作时间，确定标准工作时间和成本。

直接人工预算的编制流程如下：

（1）确定预计的生产量；

（2）计算出单位产品的工时定额；

（3）计算单位工时的费率。

计算公式为：

直接人工预算 = 预计生产量 × 单位产品工时定额 × 单位工时的费率

[例 3-6] 接 [例 3-5]，YS 公司生产部门编制直接人工预算，该公司计划期间需要一个工种，其中单位 A 产品的直接人工工时定额为 30 小时，小时工资率为 13 元，单位 B 产品的直接人工工时定额为 50 小时，小时工资率为 15 元。

根据上述资料，YS 公司编制 202× 年度直接人工预算表。

YS 公司 202× 年度直接人工预算表

科目	产品项目	第一季度	第二季度	第三季度	第四季度	年度
预计生产量（件）	A	100.50	102.75	105.75	111	420
	B	68.75	76.25	81.25	87.75	314
单位产品工时定额（小时）	A	30	30	30	30	30
	B	50	50	50	50	50
直接人工工时	A	3 015	3 082.50	3 172.50	3 330	12 600
	B	3 437.50	3 812.50	4 062.50	4 387.50	15 700
	小计	6 452.50	6 895	7 235	7 717.50	28 300
小时工资率	A	13	13	13	13	13
	B	15	15	15	15	15
预计直接人工成本（元）	A	39 195.00	40 072.50	41 242.50	43 290.00	163 800.00
	B	51 562.50	57 187.50	60 937.50	65 812.50	235 500.00
	合计	90 757.50	97 260.00	102 180.00	109 102.50	399 300.00

3.3.4 制造费用预算

制造费用中的大部分费用不直接用于产品生产，而是间接用于产品生产，如车间辅助人员的工资、车间厂房的折旧费等。所以，制造费用预算就是除直接材料和直接人工以外的其他产品成本的预算，它主要由生产部门负责编制。

由于制造费用的发生并不明确，它是为了某一种产品而产生的，所以不能像直接材料、直接人工成本那样直接归集到相应获益的产品上，只能在一定期间内对制造费用加以汇总，然后按照一定的方法分配到相应的产品成本中。

根据成本性态，制造费用分为变动制造费用和固定制造费用。在一定期间内，变动制造费用随着产量的增加而增加，固定制造费用则保持不变。分解变动制造费用的方法主要有直接人工标准工时分配法、生产工人工资比例法、机器工时比例法、按年度计划分配率分配法等。这些方法虽然分配依据不同，但原理都基本相同。

1. 制造费用预算的编制流程

（1）将变动制造费用总额除以一定的分配标准总额，这个分配标准可以是生产总工时、工人工资总额等。

（2）根据预计生产量与单位产品的预算分配率，计算变动制造费用。其中：

$$预算变动制造费用分配率 = 变动制造费用 \div 分配标准总额$$

（3）将固定制造费用进行累加。通常以上一年度的数据为基础，经过适当调整形成当年的固定制造费用预算，也可以选择一定的分配标准进行分配。

以直接人工标准工时分配法为例，固定制造费用的分配可以采用如下公式：

固定制造费用分配率 = 预算固定制造费用 ÷ 直接人工工作小时总数

（4）计算产品应负担的制造费用。公式如下：

某产品应负担的制造费用 = 该产品耗用的直接人工工作时间 × 变动制造费用分配率 + 固定制造费用

2. 制造费用预期现金支出的编制

多数制造费用都需要通过现金支付，但机器设备等固定资产的折旧不需要现金支出，在计算时需要扣除。

预计需要现金支付的制造费用 = 预计制造费用 − 折旧费

[**例 3-7**] 接 [例 3-6]，根据成本性态的分解，YS 公司 202× 年变动制造费用和固定制造费用的预算资料如表 1 所示。其中，该企业变动制造费用按直接人工工时比例分配。固定制造费用中除折旧费之外均于当季度用现金支付。

根据上述资料，YS 公司编制的 202× 年度制造费用预算表和预计制造费用现金支出表如表 2、表 3 所示。

表 1　YS 公司 202× 年度制造费用资料汇总表

项目	明细项目	单位变动制造费用（元/小时）	年度固定制造费用（元）
变动制造费用	制造费用——试验检验费	1.50	
	制造费用——机物料消耗	1.30	
	制造费用——修理费	1.20	
	制造费用——水费	0.20	
	制造费用——电费	0.30	
	小计	4.5	
固定制造费用	制造费用——车间管理人员工资薪酬		100 000.00
	制造费用——劳动保护费		30 000.00
	制造费用——折旧费		50 000.00
	小计	6.36（180 000 ÷ 28 300）	180 000.00

表2 YS公司202×年度制造费用预算表

单位：元

项目	明细项目	产品项目	第一季度	第二季度	第三季度	第四季度	年度
变动制造费用	试验检验费	A	4 522.50	4 623.75	4 758.75	4 995.00	18 900.00
		B	5 156.25	5 718.75	6 093.75	6 581.25	23 550.00
	机物料消耗	A	3 919.50	4 007.25	4 124.25	4 329.00	16 380.00
		B	4 468.75	4 956.25	5 281.25	5 703.75	20 410.00
	修理费	A	3 618.00	3 699.00	3 807.00	3 996.00	15 120.00
		B	4 125.00	4 575.00	4 875.00	5 265.00	18 840.00
	水费	A	603.00	616.50	634.50	666.00	2 520.00
		B	687.50	762.50	812.50	877.50	3 140.00
	电费	A	904.50	924.75	951.75	999.00	3 780.00
		B	1 031.25	1 143.75	1 218.75	1 316.25	4 710.00
固定制造费用	车间管理人员工资薪酬	A	10 653.71*	10 892.23	11 210.25	11 766.78	44 522.97
		B	12 146.64	13 471.73	14 355.12	15 503.53	55 477.02
	劳动保护费	A	3 196.11	3 267.67	3 363.07	3 530.04	13 356.89
		B	3 643.99	4 041.52	4 306.54	4 651.06	16 643.11
	折旧费	A	5 326.86	5 446.11	5 605.12	5 883.39	22 261.48
		B	6 073.32	6 735.87	7 177.56	7 751.77	27 738.52
制造费用	合计	A	32 744.18	33 477.26	34 454.69	36 165.21	136 841.34
		B	37 332.70	41 405.37	44 120.47	47 650.11	170 508.65

注：*10 653.71=100 000（车间管理人员工资薪酬总额）÷28 300（直接人工工时总数）×3 015（A产品第一季度直接人工工时），其他固定制造费用的计算同理。

表3 YS公司202×年度预计制造费用现金支出表

单位：元

项目	产品项目	第一季度	第二季度	第三季度	第四季度	年度
制造费用	A	32 744.18	33 477.26	34 454.69	36 165.21	136 841.34
	B	37 332.70	41 405.37	44 120.47	47 650.11	170 508.65
折旧费	A	5 326.86	5 446.11	5 605.12	5 883.39	22 261.48
	B	6 073.32	6 735.87	7 177.56	7 751.77	27 738.52
现金支出	A	27 417.32	28 031.15	28 849.57	30 281.82	114 579.86
	B	31 259.38	34 669.50	36 942.91	39 898.34	142 770.13
	合计	58 676.70	62 700.65	65 792.48	70 180.16	257 349.99

3.4　产品成本预算

产品成本预算是通过对直接材料预算、直接人工预算和制造费用预算涉及的主要成本数据进行汇总，得出企业产品的总成本、各种产品各自的总成本和各种产品的单位成本。

企业完成生产预算编制后，虽然产品成本的各要素项目都清楚了，但还不能了解产品总体的成本情况和单位成本数额，无法从整个企业供、产、销的链条上把握企业的生产经营状况，所以成本预算的编制是非常重要的。一般来说，成本预算需要由财务部根据采购部、生产部、管理部等各相关部门各自的预算数据汇总整理而成。

3.4.1　产品成本预算的编制方法

企业在编制产品成本预算时，可以根据本企业所在行业的特点、企业规模及具体生产经营情况等因素，同时考虑企业成本核算方法，据此确定预算编制方法，如标准成本法、作业预算法等。

1. 标准成本法

标准成本法的应用是比较广泛的。标准成本法并不是一种单纯的成本计算方法，而是将成本计算和成本控制相结合，包括制定标准成本、计算和分析成本差异以及处理成本差异三个环节，它是一个完整的成本系统。根据标准成本所基于的环境不同，可以有三种不同状态的标准成本：理想标准成本、正常标准成本和现实标准成本。

（1）理想标准成本

理想标准成本是指以现有的生产经营条件处于最优状态为基础所确定的最低水平的成本。它通常依据理论上的生产要素耗用量、最理想的生产要素价格和可能实现的最高生产经营能力的利用程度来确定。但是，由于这种成本的制定太过于理想化，因此在实际中很难实现。

（2）正常标准成本

正常标准成本是根据正常的生产要素耗用水平、价格水平和正常情况下的生产经营能力的利用程度来制定的。企业制定正常标准成本时，应将过去较长时期实际成本的平均值剔除其中存在的生产经营活动的异常情况，并考虑未来的变动趋势。这种标准成本可以经过努力来实现，而且只要企业的生产技术和经营管理条件无较大变化，就不必修订。因此，对于企业来说，这种方法适合在经济形势比较稳定的条件下使用。

（3）现实标准成本

现实标准成本也被称为可达到的标准成本，是企业在现有的生产技术条件下，根据下一期最可能发生的生产要素耗用量、预计价格和预计的生产经营能力的利用程度而制定的。这种标准成本可以包括企业认为在短期内仍不能完全避免的某些不应有的低效率、失误和超量消耗，最适合在经济形势变化多端的情况下使用。

采用标准成本法编制预算，企业基本上是以现实标准成本为基础，考虑的条件是比较简化的，无明确的需要，没有必要进行复杂的分析。

2. 作业预算法

作业预算法是基于作业成本法的出现和逐渐成熟而产生的一种预算方法，目前在现代企业中正逐步被广泛应用，通常用于作业成本的预算方面。

作业预算也被称为作业基础预算，是确定企业在每一个部门的作业所发生的成本，明确作业之间的关系，并运用该信息在预算中规定每一项作业所允许的资源耗费量。作业基础预算也试图判断预算中各部分的执行状况，并说明预算差异的原因。作业基础预算与传统预算不同，作业基础预算是完成各种作业的成本预算，而传统预算是每一个职能部门或支出类别的成本预算。传统预算的编制重点在于成本的构成要素，如材料、人工、制造费用等，而作业基础预算强调完成各种作业的预计成本。企业将作业管理纳入预算过程可以大大提高作业成本的应用程度，作业基础预算可以明确驱动价值的要素，帮助企业创造价值。

作业预算中涉及的作业成本法的基本思路是作业消耗资源、产品消耗作业。具体来说，就是以作业为基础建立作业中心，进行资源归集，然后将各类成本汇总到制造中心，再根据成本动因将成本分配至成本对象。

作业预算（作业成本预算）就是把作业成本法应用于预算和控制，基本原则和作业成本法是相似的，是作业成本法的扩展和延伸。当企业生产经营的主要作业已经确定，预算中的成本也分派给了每项作业之后，与成本相关的成本动因也就可以确定了。在这个前提下，预算可以在每个成本动因的预算总成本和预算单位成本动因消耗成本的基础上编制出来。

3.4.2 产品成本预算的编制示例

产品成本预算的主要内容是产品的单位成本与总成本的预算，其中计算单位成本的预算数据来自生产预算中的直接材料预算、直接人工预算和制造费用预算。制造费用通常分为固定制造费用和变动制造费用。

产品成本的计算公式如下：

产品成本 = 直接材料 + 直接人工 + 制造费用

[例 3-8] YS 公司根据 202× 年度的销售预算、生产预算、直接材料预算、直接人工预算、制造费用预算编制产品成本预算表。

YS 公司 202× 年度产品成本预算表

金额单位：元

项目	A 单位产品成本			B 单位产品成本		
	单价	单位耗用量	金额	单价	单位耗用量	金额
直接材料	50.00	10	500.00	50.00	15	750.00
直接人工	13.00	30	390.00	15.00	50	750.00
变动制造费用	4.50	30	135.00	4.50	50	225.00
固定制造费用	6.36	30	190.80	6.36	50	318.00
总计			1 215.80			2 043.00

3.5 期间费用预算

这里的期间费用指的是除制造费用以外的企业日常销售和经营管理活动所发生的各项费用，所以期间费用预算主要包括销售费用预算、管理费用预算和财务费用预算。

销售费用预算不仅要反映预算期间预计的销售量所需要的相应费用支出，还要考虑营销费用，如做广告、开展促销活动等产生的费用。应该注意的是，类似广告、促销等活动与企业的战略目标应是密切相关的。为了在一个较长的时间内保持现有市场份额并且不断增长，相关市场推广的支出在战略预算中是必不可少的。

管理费用预算则源于管理层对现有组织活动的支持和对成本的预期。

财务费用预算主要来源于长短期借款利息、应付票据及贴现利息等。

3.5.1 销售费用预算

销售费用预算是针对企业用于组织产品销售而发生的各类费用的预算。按照成本性态，销售费用分为变动销售费用与固定销售费用。

变动销售费用是企业在销售产品过程中发生的与销售量成正比例变化的各项经费，如销售产品发生的包装费、运输费及装卸费等。

固定销售费用是企业在销售产品过程中发生的不随产品销售量的变化而变化的各类费用。这些费用在一段期间内保持不变，如销售场所机器设备的折旧费、保险费等，也包括某些因管理当局的短期经营决策而可能发生改变的费用，如广告费等。

企业应先预测变动销售费用，然后再预测固定销售费用。

[例3-9] 沿用 [例3-3] 的数据，以下是YS公司编制的202×年度销售费用预算表。

YS公司202×年度销售费用预算表

金额单位：元

项目	去年实际数	本年预算	第一季度	第二季度	第三季度	第四季度	年度
预计销售收入			550 000.00	579 000.00	610 000.00	641 000.00	2 380 000.00
变动销售费用							
销售佣金	0.315	0.315	173 250.00	182 385.00	192 150.00	201 915.00	752 750.00
运输费	0.25	0.25	137 500.00	144 750.00	152 500.00	160 250.00	595 000.00
包装费	0.05	0.05	27 500.00	28 950.00	30 500.00	32 050.00	119 000.00
小计	0.615	0.615	338 250.00	356 085.00	378 200.00	394 215.00	1 466 750.00
固定销售费用							
销售部门办公费	102 000.00	96 900.00	22 392.86	23 573.57	24 835.71	26 097.86	96 900.00
广告费	220 000.00	237 600.00	54 907.56	57 802.69	60 897.48	63 992.27	237 600.00
保险费	31 000.00	31 000.00	7 163.87	7 541.60	7 945.38	8 349.16	31 000.00
折旧费	16 000.00	16 000.00	3 697.48	3 892.44	4 100.84	4 309.24	16 000.00
其他	8 000.00	8 000.00	1 848.74	1 946.22	2 050.42	2 154.62	8 000.00
小计	377 000.00	389 500.00	90 010.50	94 756.51	99 829.83	104 903.15	389 500.00
销售费用合计			428 535.50	451 131.01	475 284.83	499 438.65	1 854 390.00
销售费用现金支出			424 838.03	447 238.58	471 183.99	495 129.41	1 838 390.00

注：（1）变动销售费用各项目预算以其所发生费用占销售收入比值为基础计算。例如：

第一季度销售佣金=第一季度销售收入×销售佣金占销售收入的比重=550 000.00×0.315=173 250.00（元）

（2）固定销售费用中保险费、折旧费、其他费用项目假定未发生改变，销售部门办公费、广告费随着企业经营决策的变化发生改变，如减少销售人员、增加广告投入等，需根据经营计划编制。

（3）各季度费用分配以季度销售收入占年度销售收入的比重为分配基础计算，例如：

第一季度销售部门办公费=第一季度销售收入占全年销售收入的比重×年度办公费

=550 000.00÷2 380 000.00×96 900.00=22 392.86（元）

（4）个别小计数据与单项累加数会有细微差异，这是因小数计算产生的误差。

3.5.2　管理费用预算

管理费用预算是因管理企业而发生的各类费用的预算。一般来说，其按项目反映全年预计水平。企业在编制管理费用预算时，通常需要编制管理费用现金支出预算，由于固定资产折旧费、无形资产摊销等项目不属于现金支出，因此应予以扣除。

管理费用预算通常以上年数为基础，分析各项目未来可能的变化，进行适当调整后编制。

[例 3-10] 以下为 YS 公司编制的 202× 年度管理费用预算表。

YS 公司 202× 年度管理费用预算表

单位：元

项目	去年实际数	本年预算
办公费	37 000.00	33 300.00
业务招待费	54 000.00	48 600.00
管理人员薪酬	76 259.00	72 446.05
差旅费	65 345.00	68 612.25
职工培训费	84 345.00	88 562.25
折旧费	12 674.00	12 674.00
无形资产摊销	24 178.00	24 178.00
其他	15 235.00	15 235.00
合计	369 036.00	363 607.60
管理费用现金支出	332 184.00	326 755.60
平均每季现金支付数	83 046.00	81 688.90

3.5.3　财务费用预算

财务费用预算主要是根据利息收入、支出以及票据贴现、汇兑损益等情况进行编制。其一般结合以前年度数据及本年预计资金筹集情况确定，包括结合资本预算、现金预算等进行编制。

[例 3-11] 以下为 YS 公司编制的 202× 年度财务费用预算表。

YS 公司 202× 年度财务费用预算表

单位：元

项目	去年实际数	本年预算
利息支出	239 100.22	247 000.33
其中：流动贷款利息支出		
长期借款利息支出		
其他利息支出	239 100.22	247 000.33
利息收入	−28 400.00	−22 500.00
银行手续费	8 100.00	6 100.00
汇兑损益		
其他		
合计	218 800.22	230 600.33

第 4 章

资本预算——
重要资金支出的预决策

4.1 资本预算概述

4.1.1 资本预算的概念

为提高企业的运营能力，扩大生产规模，除了日常生产经营，企业还要进行一些投资，以便获取更高的报酬，为未来发展创造空间。一般情况下，资本支出分为两类：一类是固定资产的购建、扩建、更新、改造或新产品研究开发等生产性资产的投资；另一类是购买其他公司股票、政府公债、公司债券和金融债券等金融性资产的投资。这里所说的投资，是指狭义的投资，即长期性的生产资产投资。

资本支出是和收益性支出相对的，它的受益期涉及未来多个会计期间。

资本预算是规划未来期间选择和评价长期资本投资活动（如固定资产的购建、扩建）的相关原则和方法步骤的预算。

4.1.2 资本预算的特点

固定资产投资会影响企业未来的发展。良好的资本预算可以促进企业的发展，增强企业的活力和竞争力；相反，不恰当的资本预算会使企业面临困境，甚至破产。因此，资本预算是非常重要的，企业要把握资本预算的特点，充分发挥其优势，把资本预算做好。资本预算一般有以下几个特点。

1. 周期长

资本支出的受益期涉及未来几个会计期间，决策一旦失误，将使企业蒙受巨大损失，不仅会浪费大量资金，更重要的是会影响企业的战略目标。

2. 资金量大

由于资本预算涉及固定资产、新产品投产和研发等项目，投入的资金量一般都很大。如果企业在固定资产上投资太大，就会造成投资过剩，从而导致资产收益率和获利能力下降；如果在固定资产上投资不足，则可能导致企业设备陈旧，生产量不足，丢失市场份额。

3. 时效性强

资本预算的支出及其所产生的报酬发生在不同时期，投资时需要一次性的大量资金投入，收益却分布在以后的较长时间内，因此需要考虑货币的时间价值。

4. 风险大

周期长、资金量大，这两个特点自然决定了资本支出的风险大。企业在编制资本预算时，要充分考虑各种不确定因素。

4.1.3　资本预算的作用

由于资本支出涉及的都是规模比较大的投资项目或者大量固定资产的购买，因此对企业当期的财务状况和未来期间的经营收益都有比较大的影响，同时也存在很大的风险，而编制资本预算的目的就是对这些项目进行事前、事中、事后的评价和控制。

1. 对重大资本支出进行事前评价和甄选

在执行资本支出项目之前，企业必须对项目可能产生的现金流入和现金流出进行评价，要充分考虑各投资项目的获利情况和风险程度，在企业可使用的一定资金总量，以及可以承受的风险程度的基础上，选择未来收益与风险程度相对称的一个或几个项目。资本预算可以概括总结这些评价和甄选情况，为管理人员提供资料。

2. 对预算执行过程进行跟踪和控制

有些资本支出可能不是一次性的，在项目执行过程中会出现许多意外情况，所以企业必须依照预算中制定的标准执行，适时考虑情况的变化，对项目进行控制，以保证项目的最终完成。

3. 对完成后的资本支出项目进行评价对比

资本支出项目完成后需要对其成功与否进行评价对比，这样资本预算中的数据就成了对比的基础。通过实际指标和预算指标的比较，可以为该项目的最后评定提供依据，同时为以后相关或类似的资本预算积累资料。

4.1.4　资本预算的步骤

资本预算是企业规划和控制的重点之一，也是全面预算系统中的重要组成部分。资本预算决策是以生产性资产为基础对长期投资方案的选择，即通常所指的长期投资决策。资本预算是一个综合性的工程，一般由以下几个步骤组成：

（1）确定决策目标；

（2）提出各种可选择的方案；

（3）估算各种投资方案预期的现金流量；

（4）估计预期现金流量的风险程度；

（5）根据择优标准，对各种投资方案进行比较选优；

（6）项目实施后，要不断进行评估和控制，做好事后审计工作。

资本预算是对上述步骤在未来期间做一个全面考虑，并把相应指标量化，供管理人员做出决策。在资本预算的编制过程中，一个有效的决策程序对企业来说是非常重要的，而大多数企业都会对资本预算进行层层考核，以保证决策准确无误。在编制资本预算时，其评价和专业水平需要到什么层次，是由企业的规模及资本支出的规模和甄选标准来决定的。资本支出量越大，需要甄选的层次越多，就越需要更专业、更规范的程序。

4.2 现金流量的估算

4.2.1 现金流量的概念

编制资本预算的基础是预测投资项目的现金流量，这也是资本预算决策最重要和最困难的环节。现金流量在投资项目决策中是指一个项目引起的企业现金支出和现金收入增加的数额。这里的"现金"是广义上的现金，它不仅包括各种货币资金，而且包括项目需要投入的、企业拥有的各种非货币资源的变现价值。项目现金流量的确定必须遵循实际现金流原则和相关原则。根据实际现金流原则，现金流必须按其实际发生的时间测量，即在此期间内实际收到或支出的现金；根据相关原则，其必须是与决策相关的现金流，即由于企业采纳投资项目而引起的现金流入和现金流出的变化，因此投资项目的现金流量是增量现金流量。

4.2.2 现金流量的构成

现金流量的构成有两种方式：一种是按现金流量的发生时间来分类；另一种是按现金的流入和流出来分类。资本预算决策中的现金流量是根据项目发生的时间顺序予以确认的，因为货币具有时间价值，这种方法有助于把同一时点上的现金流量统一折算，既容易理解，也便于计算。

1. 按现金流量的发生时间分类

按照项目的时间顺序，投资的现金流量可分为初始现金流量、经营现金流量、终结现金流量。其实，这里的现金流量计算的是每一时期的净现金流量。

（1）初始现金流量

初始现金流量即项目投资建设时发生的现金流量，又称初始投资。初始投资时发生的现金流量一般包括以下几项内容。

①流动资本垫支，指投资项目完成并投入使用而增加的流动资产减去增加的流动负债后的净额，即对原材料、在产品、产成品和货币资金等流动资产费用上的垫支。

②固定资产投资，包括购入和建造成本，以及运输和安装成本。

③原有实物资产的变价收入，主要是指更新固定资产时变卖原有资产所得的现金收入。

④机会成本，即由于某些实物资产（包括土地）用于某项投资而不能转为他用或出售所失去的收入。投资项目的机会成本在决策分析中应视为现金支出。

⑤其他投资费用，指与投资项目相关的谈判费、注册费、职工培训费、筹建组织结构支出费用以及一些相关的无形资产费用上的支出。

企业一般在对原有项目进行更新改造时，原有固定资产的变价收入是作为原始投资的减项的，因为在投资期发生的大多是现金流出。

原始投资一般发生在项目前期，较大的投资项目分几年投资，这样根据货币时间价值的财务原则，对分年投资的现金流出量就应该考虑货币时间价值。

（2）经营现金流量

经营现金流量（或营业现金流量）是指项目建成投入使用后的整个寿命期内，由于生产经营活动而发生的现金流入和现金流出量。企业在编制资本预算时，一般是按年计算经营净现金流量的，这里的现金流入是指营业现金收入，现金流出是指营业现金支出和缴纳的税金。企业年经营净现金流量与会计利润是有一定关系的，公式如下：

$$企业年经营净现金流量 = 年营业收入 - 年付现成本 - 所得税$$
$$= 年营业收入 -（年营业成本 - 折旧费）- 所得税$$
$$= 年营业收入 - 年营业成本 + 折旧费 - 所得税$$
$$=（年营业收入 - 年营业成本 - 所得税）+ 折旧费$$
$$= 年税后净利润 + 年折旧费$$

上述公式中的年税后净利润和年折旧费，均为与投资项目相关的税后净收益和折旧。在财务会计中，销售产品的成本包括每年的折旧费，但这笔折旧费并不是当期的现金开支，而是以前年度的支出在本期的摊销额，该费用会减少该年产生的实际净收益，所以在计算年净现金流量时，必须在每年税后净收益的基础上加上每年的折旧费，以真实地反映净现金流量的情况。

（3）终结现金流量

终结现金流量是指投资项目完结时所发生的现金流量。项目寿命期末，除了计算最后一年的经营净现金流量，还要计算期末回收现金流量。期末回收现金流量是指项目寿命期结束时发生的各项现金回收，主要包括固定资产的残值收入或变价收入、初始营运资本的回收额、停止使用的土地变价收入、与资产出售和处理有关的税收变化等。

2. 按现金的流入 / 流出分类

按照现金的流入 / 流出，现金流量可分为现金流入量、现金流出量以及净现金流量。

（1）现金流入量

现金流入量（CI）是指某项目在投资与具体实施过程中所能获得的全部现金流入，通常包括项目投产后每年的经营现金收入，固定资产出售、报废或转让的收入及项目结束时垫支流动资金的回收额等。

（2）现金流出量

现金流出量（CO）是指投资项目实施过程中的全部现金支出，包括初始固定资产投资、项目运营期间除折旧以外的全部运营成本费用与税金。

（3）净现金流量

净现金流量（NCF）是指在一定期间内现金流入量与现金流出量的差额，通常以年为单位，称为"年净现金流量"。

同时要注意，资本预算中的现金流量与财务会计现金流量表中的现金流量是不同的。在资本预算中，现金流量仅指由某一项长期投资方案引起的在未来一定时期内预计发生的现金流入量与现金流出量。

4.2.3 采用现金流量作为项目评价基础的原因

资本预算要求以实际支出和收到的现金流量作为项目评价的基础，而不采用会计利润作为评价依据，主要有以下几点原因。

1. 现金流量考虑了货币的时间价值因素

由于投资项目是长期的，不同的发生时间具有不同的价值，因此要做出科学合理的资本预算，必须考虑货币时间价值，这就要求企业在做资本预算时明确每笔预期收入和支出款项的具体发生时间。而会计利润的确定是以权责发生制为基础的，没有考虑现金收入和支出的时间，所以不用考虑货币时间价值。现金流量的确定依据是收付实现制，考虑了货币时间价值，即不同时间点上的等量现金收入和支出具有不同的价值。因此，以现金流量为基础评价投资项目更为科学合理。

2. 现金流量考虑了投资的实际效果

会计利润的计算是以权责发生制为基础的，其收入和费用不一定实际收到和支出，很多都只是"应计项目"，而不是实际现金流量，用其评价投资项目的实际效果会有不利影响。现金流量则是实际流入或流出企业的现金数额。

3. 现金流量可使资本预算更客观

会计利润在各年的分布受到折旧计提方法、存货计价、费用摊派等会计政策和方法选择等主观因素的影响，而现金流量的确定不受这些主观因素的影响，从而保证了项目评价基础的客观性。

这里要注意一点，尽管有这么多关于会计利润和现金流量的优劣比较，但两者并不是互斥的，资本预算中的现金流量的确定可以以会计利润为基础进行相应的调整。

4.2.4 现金流量计算示例

[例 4-1] 为提高企业的生产能力，YS 公司准备购入一条生产线，现有 A、B 两个方案可供选择。A、B 两个方案的生产线的使用寿命都为 5 年，折旧方法都采用直线折旧法，所得税税率均为 20%，其他数据情况可见下表（B 方案的年修理费从第二年开始，每年递增0.50 万元）。

A、B 两个方案资料表

单位：万元

方案	初始投资	投产前垫付的营运资金	每年销售收入	第 1 年付现成本	付现成本每年递增额	设备残值	设备使用寿命
A	32.00	0	22.00	9.00	0	0	5 年
B	37.00	5.00	25.00	10.00	0.50	2.00	5 年

（1）计算两个方案的年折旧额

A 方案年折旧额 =（32-0）÷5=6.40（万元）

B 方案年折旧额 =（37-2）÷5=7（万元）

（2）计算两个方案的经营现金流量

需要说明的是，在现金流量的计算中，为了简化计算，一般都假定各年投资在年初一次进行，把各年经营现金流量看作是各年年末一次发生，把终结现金流量看作是最后一年年末发生。

用来购置设备的初始投资相当于项目的初始现金流量，设备残值相当于项目的终结现金流量。为得到两个方案的全部现金流量，需先计算出各个方案的净现金流量，具体如下表所示。

A、B 投资方案经营净现金流量计算表

单位：万元

年限	销售收入	付现成本	折旧费	税前利润	所得税	税后净利润	经营净现金流量	销售收入	付现成本	折旧费	税前利润	所得税	税后净利润	经营净现金流量
	A 方案							B 方案						
第 1 年	22.00	9.00	6.40	6.60	1.32	5.28	11.68	25.00	10.00	7.00	8.00	1.60	6.40	13.40
第 2 年	22.00	9.00	6.40	6.60	1.32	5.28	11.68	25.00	10.50	7.00	7.50	1.50	6.00	13.00
第 3 年	22.00	9.00	6.40	6.60	1.32	5.28	11.68	25.00	11.00	7.00	7.00	1.40	5.60	12.60
第 4 年	22.00	9.00	6.40	6.60	1.32	5.28	11.68	25.00	11.50	7.00	6.50	1.30	5.20	12.20
第 5 年	22.00	9.00	6.40	6.60	1.32	5.28	11.68	25.00	12.00	7.00	6.00	1.20	4.80	11.80

（3）计算两个方案的全部净现金流量

结合初始现金流量和终结现金流量计算 A、B 两个方案的全部净现金流量，如下表所示。

A、B 方案净现金流量计算表

单位：万元

年限	固定资产投资	经营净现金流量	净现金流量合计	固定资产投资	营运资金垫支	经营净现金流量	固定资产残值	营运资金收回	净现金流量合计
	A 方案			B 方案					
第 0 年	-32.00		-32.00	-37.00	-5.00				-42.00
第 1 年		11.68	11.68			13.40			13.40
第 2 年		11.68	11.68			13.00			13.00
第 3 年		11.68	11.68			12.60			12.60
第 4 年		11.68	11.68			12.20			12.20
第 5 年		11.68	11.68			11.80	2.00	5.00	18.80

4.2.5 现金流量估算应注意的问题

1. 换算成税后现金流量

为了具有统一的比较基础，现金流量应该建立在税后的基础上，因此所有预期的现金流量都应该换算成税后现金流量。

2. 增量现金流量

在评估一个投资项目时，我们所关心的仅仅是由于这个投资项目引起的现金流入、流出量，即因接受或拒绝该项目企业总现金流量所发生的变动，也称增量现金流量。资本预算的现金流量应该是增量现金流量。注意，只有那些由于采纳某个项目引起的现金收入和现金支出的增加额，才是该项目的相关现金流入和现金流出。

为了正确估算投资方案的增量现金流量，我们应该注意以下问题。

（1）对企业原有产品或部门的影响

企业投资项目的选择不能脱离企业全局规划，必须充分考虑项目投入运营后可能对其他部门产生的影响——是会抢占其他部门产品的原有市场，还是会与其他部门相得益彰，从而使企业整体效应得到较以前更大程度的发挥。因此，对于企业来说，在决策时需要考虑的是某项目的进行与否会对现金流量产生什么影响，也就是说要考虑增量现金流量。例如，一个企业准备推广的一种新产品会对企业现有产品形成竞争，企业在进行是否推广该产品的决策时，仅仅考虑该产品的预计销售额产生的现金流量是不够的，还必须把新产品推广可能引起现有产品销量的减少也作为相关成本予以考虑，这样就会减少新产品的预计销售额或者现金流量。比较合理的方法是把两种产品看作一个整体，采用增量分析法，分析整体的增量净现金流量。

（2）净营运资本变化的影响

所谓净营运资本变化，是指流动资产增量与流动负债增量之间的差额。一方面，企业通过投资能够扩大生产规模，而生产的扩大则会引起存货的增加，相应地，企业的销售额也会增加，从而使应收账款也增加，为了满足存货和应收账款的增加，企业必须筹措新的资金；另一方面，由于企业业务量的增加，应付账款和其他应计负债也会随之增加，这就会降低企业从外部筹集资金的实际需要量。如果企业新投资项目的建立会使流动资产的增量大于流动负债的增量，那么意味着企业需要追加对流动资产的投资，需要筹集更多的资金，也就意味着净营运资本的增加。

（3）机会成本

所谓机会成本，是指在若干备选方案中由于选取某一方案而放弃其他方案所失去的最大经济利益。机会成本不是企业的实际支出，在会计账簿上也没有反映，但它属于决策相关成本，应在资本预算时予以考虑。机会成本关系到企业做出的决策站在经济学角度是否真正合理有效，是否充分利用了企业的现有资源。例如，某企业有一栋闲置的厂房，现在将成为投资项目的一部分，企业原本打算将其出售，可得税后净收益 400 万元。这种情况下，这 400 万元就成为新的投资项目的机会成本，是要作为现金支出减少该项目的现金流量的。

（4）沉没成本

沉没成本是指在过去已经发生而现在无法收回，或不能得到补偿的成本。这种成本不是增量现金流量，不影响将来的成本，与投资项目无关，属于与决策无关的成本。

（5）要区分相关成本和不相关成本

相关成本是指与特定决策有关的、在分析评价时必须加以考虑的成本，如机会成本、未来成本等。与此相反的是，与特定决策无关的、在分析评价时不需要加以考虑的成本是非相关成本，如沉没成本等。

3. 通货膨胀

在通货膨胀条件下，企业进行资本预算决策时必须要考虑通货膨胀对投资项目的影响。一种简单又实用的方法是，企业在对投资项目估算现金流量时，要对产品销售价格和成本费用项目估计一个通货膨胀率，从而在对现金流量的估计中反映出通货膨胀的影响，以确保资本预算决策的正确性。

4.3 资本支出决策指标——非贴现现金流量

在资本支出决策过程中，通常依据是否考虑了时间价值（分为非贴现现金流量和贴现现金流量），并据此设计和应用不同的决策指标及方法进行决策。

非贴现现金流量指标是指不考虑时间价值，把不同时间的货币收支看成是等效的各种指标。这类指标主要有投资回收期（PP）和平均报酬率（ARR）。

4.3.1 投资回收期

投资回收期是指投资引起的现金流入累计到与投资额相等时所需要的时间，即收回初始投资所需要的时间。投资回收期一般以年为单位，回收年限越短，方案越有利。一般原则上不超过 1/2 项目经营期，但具体还需结合企业与行业情况以及相关要求进行决策。

投资回收期的计算有以下两种情况。

1. 年经营净现金流量相等

当年经营净现金流量相等时，投资回收期的计算公式如下：

$$投资回收期 = 原始投资额 \div 年经营净现金流量$$

[例 4-2] 根据 [例 4-1] 的数据，A 方案属于年经营净现金流量相等的情况，可依据上述公式计算 A 方案的投资回收期。

A 方案的投资回收期 =32÷11.68=2.74（年）

该方案投资回收期为 2.74 年，略高于 1/2 项目经营期。该方案原则上不可行，决策时需要结合企业的具体情况做出判断。

2. 年经营净现金流量不相等

在这种情况下，需要逐年对未收回现金流量情况进行判断，以确定回收期。

［例4-3］根据［例4-1］的数据，B 方案属于年经营净现金流量不相等的情况。为便于说明问题，假设 C 方案其他情况与 B 方案完全相同，只是初始投资时的净现金流量为 -30 万元。此时 C 方案投资回收期的计算如下。

C 方案净现金流量表

单位：万元

项目经营期（年）	0	1	2	3	4	5
净现金流量	-30.00	13.40	13.00	12.60	12.20	18.80
累计未收回现金流量	-30.00	-16.60	-3.60	9.00	21.20	40.00

上表中，C 方案第 2 年的累计未收回现金流量小于零，第 3 年的累计未收回现金流量大于零，投资回收期为 2.29（2+3.60÷12.60）年。由于投资回收期 2.29 年小于 1/2 项目经营期，因此 C 方案原则上可行，决策时还需要结合企业的具体情况做出判断。

4.3.2 平均报酬率

平均报酬率是指投资项目寿命周期内平均的年投资报酬率，也称平均投资报酬率，可通过以下公式计算：

平均报酬率 = 年平均净现金流量 ÷ 原始投资额 ×100%

［例4-4］根据［例4-1］的数据，可计算出 A、B 两个方案的平均报酬率。

A 方案的平均报酬率 =11.68÷32×100%=36.50%

B 方案的平均报酬率 =（13.40+13+12.60+12.20+18.80）÷5÷42×100%=33.33%

A 方案中的平均报酬率高于 B 方案，如果受到资金量的限制只能选择一个方案，则应该选择 A 方案。但如果企业资金充足，那么应该事先设定一个可接受的平均报酬率，或者说企业要求达到的平均报酬率，只要高于平均报酬率的方案都可入选。

平均报酬率的计算比较简单，也容易理解，但它与投资回收期相同，都没有考虑货币时间价值的影响，忽略了风险因素，将未来年份的现金流量与目前年份的现金流量视作价值相同，这可能会导致企业做出错误决策。

4.4 资本支出决策指标——贴现现金流量

贴现现金流量指标是指考虑了资金时间价值的决策指标，主要指标有净现值、现值指数和内含报酬率。

4.4.1 净现值

1.含义

净现值（NPV）指的是投资项目投入使用后的净现金流量，按资本成本或企业要求达到的报酬率折算为现值，减去初始投资后的余额。其计算公式如下：

$$NPV= \sum NCF_t / (1+k)^t - C$$

公式中，NPV 表示净现值；NCF_t 表示第 t 年的净现金流量；$1/(1+k)^t$ 为复利现值系数，通常用复利现值系数（P/F，i，n）替代，查复利现值系数表可得；t（同复利现值系数中的 n）为计算的年份数；k（同复利现值系数中的 i）表示贴现率（资金成本或企业要求的报酬率）；C 表示初始投资额。

如果每年的 NCF_t 相等，以上公式还可以替换为：

$$NPV=A \times (P/A，i，n) - C$$

公式中，A 表示每年相等的净现金流量；（P/A，i，n）表示年金现值系数，通常查年金现值系数表可得；n 为计算的年份数；i 表示贴现率；C 表示初始投资额。

2.计算过程

第 1 步，计算项目每年的经营净现金流量。

第 2 步，计算未来报酬的总现值。这时需要注意，如果每年的经营净现金流量相等，则按年金法折现；如果每年的经营净现金流量不相等，则先对每年的净现金流量分别折现后再加总。这样计算出经营净现金流量的现值之后，再将终结现金流量折现，二者之和即为未来报酬的总现值。

第 3 步，计算净现值。

［例 4-5］如果 YS 公司的资金成本为 6%，根据［例 4-1］的数据，分别计算 A、B 两个方案的净现值。

（1）A方案的净现值

（单位：万元）

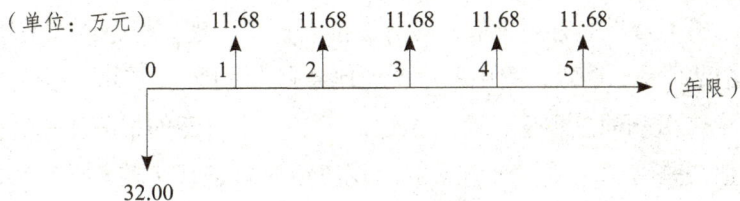

A 方案现金流量图

因为 A 方案每年的经营净现金流量相等，所以可以按照年金法折现。

A 方案的净现值 = 11.68 ×（P/A，6%，5）-32.00= 11.68 × 4.21-32.00=17.17（万元）

（2）B方案的净现值

（单位：万元）

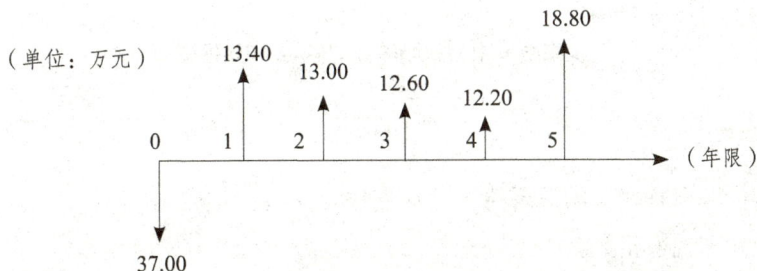

B 方案现金流量图

B 方案每年的净现金流量不相等，因此需要按照复利现值的方法分别计算每年的净现金流量的现值，然后求出项目计算期内折现的净现金流量的代数和。

B 方案的净现值 =13.40 ×（P/F，6%，1）+13.00 ×（P/F，6%，2）+12.60 ×（P/F，6%，3）+

12.20 ×（P/F，6%，4）+18.80 ×（P/F，6%，5）-（37.00+5.00）

=13.40 × 0.94+13 × 0.89+12.60 × 0.84+12.20 × 0.79+18.80 × 0.75-42.00

=16.49（万元）

3. 决策规则

当只有一个备选方案，在决定其实行与否时，净现值为正则方案可行，净现值为负则方案不可行。

当有多个备选方案，需择优采纳时，应选择净现值最大的方案。

例 4-5 中有两个备选方案，A 方案的净现值大于 B 方案，所以应选择 A 方案。

4. 优缺点

净现值法考虑了货币的时间价值，对方案的评价更合理。但企业在使用净现值法时，需要先确定一个贴现率，确定过程中不可避免地会有人为因素的影响，这在一定程度上难以客观地得出未来报酬的总现值，而且无法揭示各方案自身的报酬比率究竟是多少。另外，由于净现值法是对两个或多个方案的净现值绝对数进行比较，没有考虑初始投资大小、回收期限长短等因素，因此难以真实反映方案的获利能力。

4.4.2　现值指数

1. 含义

现值指数（PI）是投资项目未来报酬的总现值与初始投资额的现值之比，其计算公式如下：

$$现值指数 = 未来报酬的总现值 \div 初始投资额$$

2. 计算过程

第 1 步，计算未来报酬的总现值（计算方法与净现值相同）。

第 2 步，计算现值指数。

[例 4-6] 根据 [例 4-5] 的数据，计算 A、B 两个方案的现值指数。计算过程中，未来报酬的总现值依据净现值的计算原理，直接用净现值（NPV）加上初始投资额的方式计算获得。

（1）A 方案的现值指数

A 方案的现值指数 =（17.17+32.00）÷32.00=1.54

（2）B 方案的现值指数

B 方案的现值指数 =（16.49+42.00）÷42.00=1.39

3. 决策规则

当只有一个备选方案，在决定其实行与否时，现值指数等于或大于 1 则方案可行，反之则方案不可行。

当有多个备选方案，需择优采纳时，应选择现值指数超过 1 最多的方案。

例 4-6 中有两个备选方案，A 方案的现值指数超过 1 最多，所以应选择 A 方案。

4. 优缺点

现值指数的优点是考虑了货币的时间价值，并且是相对数，克服了净现值的部分缺点，对方案的评价更客观，有利于在初始投资额不同的方案之间进行对比。

现值指数的缺点与净现值有相同之处，也无法避免人为因素的影响，无法揭示各方案自身的报酬比率究竟是多少。另外，现值指数的经济含义不易理解。

4.4.3 内含报酬率

1. 含义

内含报酬率（IRR）又称内部报酬率，是指使投资项目的净现值等于零时的贴现率。内含报酬率实际上反映了投资项目的真实报酬。其计算公式如下：

$$NCF_t / (1+IRR)^t = 0$$

2. 计算过程

内含报酬率的计算分以下两种情况。

（1）年经营净现金流量相同

第 1 步：计算年金现值系数。

年金现值系数 = 初始投资额 ÷ 每年经营净现金流量

第 2 步：查年金现值系数表，在相同的期数内，找出与上述年金现值系数相邻近的较大和较小的两个贴现率。

第 3 步：根据上述两个邻近贴现率和已求得的年金现值系数，采用插值法计算该投资方案的内含报酬率。

[例 4-7]A 方案每年经营净现金流量相等，可以采用插值法，相关数据同［例 4-1］至［例 4-6］。

A 方案的年金现值系数 =32.00÷11.68=2.74

查年金现值系数表，五年期间与 2.74 相近的年金现值系数为 2.745 和 2.689，各自对应的报酬率分别为 24% 和 25%，所以 A 方案的内含报酬率为 24%~25%。利用插值法计算得到：

$$A 方案的内含报酬率 = 24\% + \frac{2.745-2.74}{2.745-2.689} \times (25\%-24\%) = 24.09\%$$

（2）年经营净现金流量不相同

第 1 步：先估计一个贴现率，并按此贴现率计算净现值。如果净现值为正数，则表示预估的贴现率小于该项目的实际内含报酬率，应提高贴现率再测算；如果计算出的净现值为负数，则表明预估的贴现率大于该方案的实际内含报酬率，应降低贴现率再测算。经过如此反复测算，找到净现值由正到负并且比较接近于零的两个贴现率。

第2步：根据上述两个邻近的贴现率，用插值法计算实际内含报酬率。

[例4-8]B方案的年经营净现金流量不相等，需要反复测算贴现率，相关数据同[例4-1]至[例4-6]。

B方案内含报酬率的测算见下表。

B方案内含报酬率测算表

单位：万元

测试次数	估计贴现率	净现值
1	6%	16.49
2	10%	10.25
3	15%	4.21
4	20%	-1.22

当估计贴现率为15%时，净现值为4.21万元，大于零；当估计贴现率为20%时，净现值为-1.22万元，小于零。因此，利用插值法计算出的B方案的内含报酬率为：

$$B方案内含报酬率 = 15\% + (20\%-15\%)\frac{4.21}{4.21+1.22} = 18.88\%$$

3. 决策规则

当只有一个备选方案，在决定其实行与否时，如果内含报酬率大于或等于企业的资本成本或必要报酬率，则方案可行；反之则方案不可行。

当有多个备选方案，需择优采纳时，应选择内含报酬率超过资本成本或必要报酬率最多的方案。

上述两个备选方案，若YS公司的资本成本为10%，则B方案的内含报酬率超过10%更多，所以应选择A方案。

4. 优缺点

内含报酬率的优点是考虑了货币时间价值，而且可以揭示各方案自身的报酬率究竟是多少，克服了净现值和现值指数的部分缺点。但是，内含报酬率最明显的一个缺点是其计算过程比较复杂，尤其是对年经营净现金流量不相等的项目，需要多次测算。

第 5 章

筹资预算——
资金来源的筹划

5.1 筹资预算概述

5.1.1 筹资预算的含义

筹资是指通过增量的方式筹措权益资本与债务资金，它表现为表内资金来源总量的增加。筹资活动主要体现在可运用的"活性"资金的增加上。这种活性具体表现在表内可运用的资金来源总量的增加。现在，许多企业存在相当数量的表外筹资来源（不纳入资产负债表的筹资），对此本书不涉及。

筹资预算是企业在预算期内需要新借入的长短期借款，经批准发行的债券以及对原有借款、债券还本付息的预算。它主要依据企业有关资金需求的决策资料、发行债券的审批文件、期初借款余额及利率等编制。企业经批准发行股票、配股和增发股票，应当根据股票发行计划、配股计划和增发股票计划等资料单独编制预算。股票发行费用也应当在筹资预算中分项做出安排。

筹资预算主要应解决以下问题：

（1）何时筹资，筹资额有多大；

（2）筹资方式如何确定；

（3）筹资成本与投资收益如何配比。

需要注意的是，筹资预算具有一定的被动属性。对于非金融企业而言，生产经营活动和投资活动决定了筹资活动，基本不存在单纯的为筹资而筹资的行为。

5.1.2 筹资预测的意义和目的

筹资预测是指估计企业未来的筹资需求。因此，从这个意义上说，筹资预测也是企业筹资预算的内容。

筹资预测是企业筹资计划的前提，筹资预测是为筹资决策服务的，而筹资计划则是筹资决策的具体化。企业对外提供产品和服务，必须要以一定的资产为基础。销售增加就是要相应地增加流动资产，有时为了扩大生产能力，还要增加固定资产。为取得扩大销售所需增加的资金，企业需要筹措资金。这些资金一部分来自保留盈余，即内部积累；另一部分通过外部筹资取得。一般情况下，当销售增长率较高时，即使是获利良好的企业，保留盈余也不能满足资金的需要，也必须对外筹资。而企业进行对外筹资，必须预先对自身的财务情况有深入的了解，预先知道自己的财务需求，同时做出筹资预算，否则资金周转可能会出现问题。

筹资预测有助于改善投资决策，根据销售发展前景估计出的筹资需求不一定总能满足企业的实际需求，这时就要根据筹资量来安排企业的生产、销售以及有关的投资活动，从而使企业的财务活动建立在可行的基础上。

5.1.3 筹资预测的步骤

1. 销售预测

财务预测的起点是销售预测。销售预测不是财务管理的职能，但它是财务预测的基础。在整个全面预算体系中，销售预算是基础。除了生产经营预算、资本预算以销售预算为基础外，筹资预算也是以销售预算为基础的。因此，销售预测的质量对企业财务预测乃至筹资预测具有很大影响。如果实际销售情况超出预算很多，那么企业根据先前的销售预测制定的筹资预算所筹集的资金量就不能满足企业生产经营和投资的需要，这不仅会使企业失去盈利机会和市场份额，而且很可能会使企业失去良好的投资机会。相反，销售预测过高，企业据此筹集了过多的资金，会造成企业资产积压和资金闲置，带来很高的机会成本，资产周转率下降，导致权益收益率下降，股价下跌。

2. 估计所需要的资产

资产是销售量的函数，可以根据历史数据得出该函数关系，然后根据销售预测结果的预计销售量预测所需资产总量。同时，某些流动负债也是销售量的函数，也就可以预测销售增长所带来的负债的自发增长。负债的自发增长可以减少外部筹资的数额。

3. 估计收入、费用和保留盈余

假设收入和费用是销售量的函数，可以根据销售量预测值估计收入和费用，并确定净收益。净收益和企业股利支付率共同决定了企业保留盈余所能提供的内部筹资额。

4. 估计所需外部筹资额

根据预计资产总量减去已有的资金来源、负债的自发增长和内部提供的资金来源，便可得出外部筹资额的需求量。

5.2 资金需要量的预测方法

企业的资金需要量是筹集资金的数量依据，也是制定关于筹资活动具体程序的前提条件，因此必须采用科学的方法合理地预测，以确定资金需要量。

科学合理地确定企业的资金需要量是筹资预算最基本的原则和基础。因此，企业在编制筹资预算时，要根据销售预算中的预测结果，进一步对需要筹集资金的数额进行预测。资金需要量的预测方法有很多，如定性预测法、趋势预测法、销售百分比法以及回归分析法（也称资金习性法）等。本书主要介绍两种较常用的方法：销售百分比法和回归分析法。

资金需要量的预测应基于下面两个恒等式：

$$资产 = 负债 + 所有者权益$$
$$资产增量 = 负债增量 + 所有者权益增量$$

5.2.1　销售百分比法

销售百分比法是根据销售收入与资产负债表和利润表项目之间的比例关系，预测各项目资金需要量，进而确定外部筹资额的方法。首先，假设收入、费用、资产、负债等资产负债表项目和利润表项目与销售收入之间存在稳定的百分比关系；其次，根据销售预算的结果预计销售额，并根据相应的百分比关系预计资产、负债和所有者权益；最后，利用会计等式确定筹资需求。这是一种简单实用的预测财务报表科目的方法。

销售百分比法的具体计算方法有两种：一是根据预计销售收入总额来预计资产、负债、所有者权益的总额，据此确定筹资需求；二是根据预计销售收入的增加额来预测资产、负债、所有者权益的增加额，然后确定筹资需求。

1. 根据销售收入总额确定筹资需求

（1）计算预计资产负债表中各敏感性项目分别占销售收入的比重。所谓敏感性项目，是指随销售额的变动不断变动的项目。其中，敏感性资产包括现金、应收账款、应收票据、存货、固定资产净值等，使用固定资产净值指标是假定折旧产生的现金即用于更新资产；敏感性负债包括应付账款、应付费用等。短期借款、长期借款、实收资本和留存收益等为非敏感性项目。资产负债项目占销售额的百分比也可以根据以前若干年度的平均数确定。

（2）计算预计敏感资产和负债，公式如下：

$$预计敏感资产（负债）= 预计销售额 \times 各项目销售百分比$$

此公式中资产和负债应是并列的。

（3）预计留存收益增加额。留存收益是企业内部筹资来源，只要企业有盈利并且没有全部用来支付股利，留存收益就会使股东权益自然增长。留存收益可以满足或部分满足企业的筹资需求，从而减少外部筹资额度。留存收益的多少取决于企业净利润的多少和股利支付率的高低。

$$留存收益增加 = 预计销售额 \times 销售净利率 \times（1 - 股利支付率）$$

（4）计算外部筹资需求，公式如下：

$$外部筹资需求 = 预计敏感总资产 - 预计敏感总负债 - 预计股东权益$$

2. 根据销售增加量确定筹资需求

这种方法在本质上与销售总额法是一样的，只不过计算方式不同。

（1）同销售总额法的第一步一样，先计算资产负债表中各敏感性项目分别占销售收入的比重。

（2）根据产品销售收入预计增量计算各敏感性项目的预计增量。

（3）根据资金平衡原理确定资金需要总量，公式如下：

$$资金需要总量 = 资金占用增量 - 资金来源增量$$
$$= 敏感资产增量 - 敏感负债增量$$

（4）确定企业留存收益增加额，公式如下：

$$留存收益增加额 = 内部筹资额 = 预计销售收入额 \times 销售净利率 \times（1 - 股利支付率）$$

（5）确定外部筹资需求量。企业外部筹资需求量等于销售增加引起的资金需求总量减去内部积累资金。即：

$$企业外部筹资需求量 = 敏感性资产增量 - 敏感性负债增量 - 留存收益增加额$$

通常用公式表示为：

$$企业外部筹资需求量 = 资产增加 - 负债自然增加 - 留存收益增加$$
$$=（资产销售百分比 \times 新增销售额 - 负债销售百分比 \times 新增销售额）-$$
$$预计销售净利率 \times 预计销售额 \times（1 - 股利支付率）$$

3. 应考虑的变动因素

这里假定用销售百分比法预测的年度非敏感性项目、敏感性项目及其与销售的百分比基本与基年保持不变。在实际中，非敏感性项目、敏感性项目及其与销售的百分比很有可能会变动，具体表现为非敏感性资产、非敏感性负债项目的构成及其数量的增减变动，敏感性资产、敏感性负债项目的构成及其与销售百分比的增减变动。这些变动对资金需要总量和追加外部筹资额都会产生一定的影响，必须相应地做出调整。

4. 销售百分比法的优缺点

销售百分比法的优点主要在于能为财务管理提供短期的预计财务报表，以适应外部筹资的需要，并且易于使用。这种方法的缺点在于，若有关固定比率的假定不真实，以此为依据进行预测就会导致错误的结论。因此，当与销售有关的因素发生变动时，企业必须进行相应的调整。

5. 销售百分比法举例

[**例 5-1**] YS 公司 202× 年的销售收入为 300 万元。假定下一年度企业的经营情况与上年基本相同，生产能力不变，根据市场情况，预计下一年度销售收入将提高到 450 万元。假定下一年度预计净利润为 60 万元，若公司 30% 的利润被留用，要求预测下一年度的全部资金需要量。

1. YS 公司 202× 年资产负债表

YS 公司 202× 年资产负债表（简表）

单位：万元

资产	金额	负债和所有者权益	金额
货币资金	24	短期借款	75
应收票据及应收账款	27	应付票据及应付账款	21
预付账款	18	应交税费	12
存货	48	非流动负债	89
固定资产	425	实收资本	330
		留存收益	15
资产总额	542	负债和所有者权益总额	542

2. YS 公司下一年度预计资产负债表

根据上表中的数据，YS 公司可以求出各敏感性项目占销售收入的比重，并编制下一年度预计资产负债表。

YS 公司下一年度预计资产负债表（简表）

单位：万元

项目	占销售收入的比重（%）	预计数	项目	占销售收入的比重（%）	预计数
货币资金	8	36.00	短期借款	–	75.00
应收票据及应收账款	9	40.50	应付票据及应付账款	7	31.50
预付账款	6	27.00	应交税费	4	18.00
存货	16	72.00	非流动负债	–	89.00
固定资产净值	–	425.00	实收资本	–	330.00
			留存收益	–	15.00
敏感资产增量		58.50	敏感负债增量		16.50
合计		600.50	合计		558.50

3. 计算外部筹资需求

（1）根据销售收入总额确定外部筹资需求

外部筹资需求 = 预计总资产 – 预计总负债 – 预计股东权益

$$= 600.50 - （75+31.5+18+89）-（330+15+60×30\%）=24（万元）$$

或

$$= 600.50 - 558.50 - 60×30\%=24（万元）$$

注：60×30% 为预计留用利润增加额，单独计算。

（2）根据销售收入增加量确定外部筹资需求

外部筹资需求 = 敏感资产增量 – 敏感负债增量 – 预计股东权益增量

$$=58.50-16.50-60×30\%=24（万元）$$

5.2.2　线性回归分析法

线性回归分析法是根据变量的大量实际观察数据，寻求隐藏在偶然性后面的统计规律，以确定和分析变量之间相互关系的一种数理统计方法。将线性回归分析法应用在企业财务管理中，须假定资金需要量与业务量之间存在线性关系，建立数学模型，然后根据有关历史资料，用回归直线方程确定参数，预测资金需要量。在这一过程中，企业先按资金需要量与业务量之间的关系对资金进行分类，然后据此做出相关预测，因此又常被称为资金习性预测法。

所谓资金习性，是指资金的变动同产品产销数量变动之间的依存关系。按照资金与产销量之间的变动依存关系，可以把资金分为固定资金、变动资金和半变动资金三种。在管理会计中有成本习性这一概念，根据成本习性，可以将成本分为固定成本、变动成本、混合成本。将两者联系起来考虑，其本质是一致的，有助于我们对资金习性的理解。

所谓**固定资金**，是指在一定的产销范围内，不随产销量变动而变动的资金，一般包括为维持营业而占用的最低数额的现金，原材料的保险储备，必要的产成品或商品储备，以及企业的厂房、机器设备等固定资产占用的资金。

所谓**变动资金**，是指随着产销量变动而成正比例变动的资金，一般包括直接构成产成品实体的原材料、外购部件以及最低储备以外的现金、存货、应收账款等占用的资金。

所谓**半变动资金**，是指虽然受产量变化影响，但不成比例变动的资金，如一些辅助材料占用的资金。通过一定的方法，可以把半变动资金分解为变动资金和固定资金。

资金习性预测法就是对资金习性进行分析，将其分为变动资金和固定资金，然后根据资金与产销量之间的数量关系来建立数学模型，同时采用回归分析法，根据历史资料预测资金需要量。

预测的基本模型是：

$$Y=a+bX$$

公式中，Y 为资金需要量，a 为固定资金，b 为单位产销量所需要的变动资金，X 为产销量。采用这种方法的关键是计算出 a 和 b，进而建立回归分析方程，然后预测资金需要量。

$$a=\left(\sum Y-b\sum X\right)/n$$
$$b=\left(n\sum XY-\sum X\sum Y\right)/\left[n\sum X^2-\left(\sum X\right)^2\right]$$

资金习性预测法包括总额法和分项预测法。

1. 总额法

总额法就是按照企业历史上占用资金总额与产销量的关系，把资金分为变动资金和固定资金两部分，然后结合预测期的产量来预测资金需要量。

[**例 5-2**] 某公司 2011 年至 2018 年的产销量与资金需要量如下表所示。假设 2019 年产销量为 35 万件，试预测 2019 年资金需要量。

2011 年至 2018 年产销量与资金需要量表

年份	2011	2012	2013	2014	2015	2016	2017	2018
产销量（万件）	15	18	20	23	25	27.50	28	30
资金需要量（万元）	20	22	24	26	28	30	32	34

根据 2011 年至 2018 年产销量与资金需要量表计算整理出如下数据。

资金需要量预测的相关数据

年份	产销量 X（万件）	资金需要量 Y（万元）	XY	X^2
2011	15	20	300	225
2012	18	22	396	324
2013	20	24	480	400
2014	23	26	598	529
2015	25	28	700	625
2016	27.50	30	825	756.25
2017	28	32	896	784
2018	30	34	1 020	900
$n=8$	$\sum X=186.50$	$\sum Y=216$	$\sum XY=5\ 215$	$\sum X^2=4\ 543.25$

根据上表数据，可以得到如下公式：

$a=（216-186.50b）\div 8$

$b=（8\times 5\ 215-186.50\times 216）\div（8\times 4\ 543.25-186.50^2）$

可以求得 $a=5.599$，$b=0.918$。即固定资金总额为 5.599 万元，单位产销量所需要的变动资金为 0.918 万元。资金需要量与产销量的关系为：

$Y=5.599+0.918X$

将 2019 年预计产销量 35 万件代入上式，可以得出该公司 2019 年资金需要量为 37.73（5.599+35×0.918）万元。

2. 分项预测法

分项预测法就是根据各资金占用项目（如现金、存货、应收账款、固定资产）同销售收入之间的关系，把各项目的资金分为变动资金和固定资金两部分，然后汇总求出企业变动资金总额和固定资金总额，再据此预计资金需要量。

3. 注意事项

资金习性预测法利用资金需要量与产销量之间的数学关系进行预测，是一种比较科学合理的预测方法。使用资金习性预测法必须要注意以下问题：

（1）资金需要量与产销量之间存在线性关系的假设应该符合实际情况；

（2）确定 a、b 的数值，回归分析模型应该利用预测年度前连续若干年的历史资料，至少要有三年以上的数据记录；

（3）在模型分析时应该考虑价格等因素的变化。

第6章

财务预算——
综合预算结果的展现

6.1　财务预算概述

企业完成经营预算、资本预算、筹资预算编制后，就可以进入全面预算体系中的财务预算编制环节了，即总预算的编制。企业财务预算是在预测和决策的基础上，围绕企业战略目标，对一定时期内企业资金取得和投放、各项收入和支出、企业经营成果及其分配等资金运动所做的具体安排。

财务预算应当围绕企业的战略要求和发展规划，以业务预算、资本预算为基础，以经营利润为目标，以现金流为核心进行编制，并主要以财务报表的形式予以充分反映。企业财务预算一般按年度编制，业务预算、资本预算、筹资预算分季度和月份落实。

6.1.1　财务预算的作用

财务预算主要是由财务部门根据各职能部门提交的各项经营预算和资本预算资料来编制的。各种业务预算和资本预算最终都反映在财务预算中，即财务预算是各项经营预算、资本预算和筹资预算的汇总。它主要以现金预算、预计资产负债表和预计利润表等形式反映，这也是它被称为"总预算"的原因。与之相对应，其他预算被称为"分预算"。"总预算"对企业有着非常重要的作用，它可以将企业生产、销售、采购等部门的预算归为一个整体，为企业最高管理者的决策提供依据，同时也可以作为企业总体经营业绩的评价标准。总预算的作用具体体现在以下几方面。

1. 为企业管理者提供管理决策依据

各部门预算只反映企业中各部门的决策情况，企业最高管理者在做出企业总体重大决策时，必须全面且细致地了解本企业未来期间的财务状况、经营成果和现金收支情况，财务预算就为最高管理者提供了这些数据资料。

2. 为企业总体业绩的评价制定标准

大到一个企业，小到员工个人，都需要对自己在一定期间内的表现做出总结，评价任务完成情况的好坏。财务预算可以作为企业的业绩评价标准，因为它考虑了企业的总体情况、历史数据和未来发展，是对企业预算期间经营情况比较客观的预测。而且，财务预算采用的形式与企业的实际年度报告形式相似，便于对比分析实际经营情况的优劣。

3. 将企业各部门分散的预算归为一个整体

通过汇总各部门的数据，可以使企业各业务和职能部门单个的、分开的预算成为整个企业的总体预算，从各部门的角度上升到整个企业的角度，立足于全局。同时，财务预算把各业务预算、部门预算中的各项目数据又重新调整顺序，使企业的整体概念更突出、更明确。

6.1.2　财务预算的编制原则与依据

1. 财务预算的编制原则

（1）坚持效益优先原则，实行总量平衡，进行全面预算管理。

（2）坚持积极稳健原则，确保以收定支，加强财务风险控制。

（3）坚持权责对等原则，确保切实可行，围绕经营战略实施。

2. 财务预算的编制依据

企业编制财务预算应当按照先经营预算、资本预算、筹资预算，后财务预算的流程进行，并按照各预算执行单位所承担经济业务的类型及其责任权限，编制不同形式的财务预算。经营预算是反映预算期内企业可能形成现金收付的生产经营活动（或营业活动）的预算，一般包括销售或营业预算、生产预算、制造费用预算、产品成本预算、营业成本预算、采购预算、期间费用预算等，企业可根据实际情况具体编制。资本预算是企业在预算期内进行资本性投资活动的预算，主要包括固定资产投资预算、权益性资本投资预算和债券投资预算。筹资预算是企业在预算期内需要新借入的长短期借款、经批准发行的债券以及对原有借款、债券还本付息的预算，主要依据企业有关资金需求决策资料、发行债券审批文件、期初借款余额及利率等编制。企业经批准发行股票、配股和增发股票，应当根据股票发行计划、配股计划和增发股票计划等资料单独编制预算。股票发行费用也应当在筹资预算中分项做出安排。

6.2　现金预算

6.2.1　现金预算的概念

现金预算是按照现金流量表中主要项目编制的反映企业预算期内一切现金收支及其结果的预算。这里所说的现金，包括库存现金、银行存款和其他货币资金。现金预算是企业财务预算体系的核心。

现金预算是以经营预算、资本预算和筹资预算为基础的，是所有有关现金收支预算的汇总。它综合反映了企业在预算期内现金流转的预计情况，主要作为企业资金头寸调控管理的依据。现金预算通常包括现金收入，现金支出，现金多余和不足，现金的筹集和使用四个部分。

现金流量状况如何，不仅直接关系到企业的获利和竞争能力，而且对企业财务风险状况的大小具有决定性的影响。因此，企业财务部门编制现金预算的主要目的是合理处理企业现金收支业务，保证有足够的现金满足企业的经营需要，并且要适时合理地调度资金，对多余现金加以有效利用，保证企业资金的正常流转。

1. 现金收入

现金收入包括期初的现金结余数和预算期内预计发生的现金收入，如企业预算期内预计的现销收入、应收款项回收额、应收票据到期兑现额和票据贴现净额等。

2. 现金支出

现金支出是指预算期内预计发生的现金支出，如采购原材料支付货款，支付工资，支付部分制造费用，支付销售费用、管理费用及财务费用，偿付应付款项，缴纳税金，购买设备和支付股利等。

3. 现金多余和不足

在企业预算期内，现金收支相抵后的余额，若为收大于支，则现金多余，除了可以用来偿还银行借款，还可以用来投资，如购买各种有价证券；若为收小于支，则现金不足，需要设法筹集资金。

4. 现金的筹集和使用

企业在预算期内若资金不足，可向银行借款或发放债券，以筹集资金。

6.2.2 现金预算的作用

1. 便于企业管理者预计预算期内现金多余或不足情况

通过编制现金预算，企业可以预计现金多余或不足出现的时间和金额，采取相应的应对措施，防患于未然。现金不足，即现金周转出现困难，付现难给企业带来的不利可想而知；而现金多余闲置在企业，容易被管理者浪费在奢侈品的购置上，而不进行高收益的投资，从而给企业带来很高的机会成本。而且，从企业并购理论来看，大量的现金多余还可能引起企业被并购的危险。这种并购都是为了获得企业的现金，而不是出于改善企业经营的目的，若企业想对付这种恶意收购，成本是很高的。因此，加强现金预算的管理是很重要的。

2. 可以预计企业在未来时期对到期债务的直接偿付能力

企业的负债需要用现金来偿还，如果不能合理预计未来时期企业的现金短缺情况，那么很可能会出现到期无法清偿债务的危机，这可能会引起债权人的诉讼，对企业的信誉产生不良影响，甚至会导致企业破产。现金预算的编制能在一定程度上解决这个问题。

3.可以作为改进其他预算的依据

现金预算是有关预算的总结，能够反映出整个企业的现金流动情况，企业据此可以对相关部门的现金使用情况提出改进意见。例如，在编制现金预算的过程中，若发现现金短缺，可以建议销售部门重新安排销售计划，或者建议采购部门推迟材料采购计划，以增加现金收入，减少现金支出。

6.2.3　现金预算的编制原则

企业编制现金预算应遵循的基本原则可用下面的公式来表示：

期末现金余额 = 期初现金余额 + 现金收入 - 现金支出

现金预算一般都要显示每一季度的期初、期末现金余额，企业在编制现金预算时，对期初、期末余额的处理可能会有两种情况。

（1）企业对每一季度的期末余额没有具体要求，以预算的数额为标准，将每一季度的期末余额结转为下一季度的期初余额。这种情况下，就需要根据季度依次编制预算，而第四季度的期末余额就是预算年度的期末余额。

（2）有些企业为了保证生产经营的安全，会对每一季度的期末余额，也就是下一季度的期初余额有一定的要求，这样就可以同时编制四个季度的预算。如果预算中某一个季度的期末现金余额没有达到要求，那么需要通过上述等式把企业要求的期末余额与实际期末余额的差额补齐。

6.2.4　编制现金预算需要注意的问题

1.权责发生制与收付实现制

会计在确认和计量时遵循权责发生制，但现金预算的编制应遵循收付实现制，即以实际收到现金的时间确认现金收入，以实际支付现金的时间确认现金支出。

2.保证基础预算的合理性

现金预算提供的是一种预测值，现金预算编制表中提供的所有数据也都是预测值，因此，要保证现金预算的准确合理，前面的基础预算也必须合理。如果前面某一项目的实际发生额与预算出现差异，那么预计的现金结余或不足也就不准确，从而无法做出正确的投资或筹资决策。

3.现金预算包括的项目

在编制现金预算时，相关人员不需要考虑某项目是利润表项目还是资产负债表项目，也不需要考虑其经济性质，只要是与现金流量有关的项目，都应该包括在现金预算里。

4. 以期中为基准编制现金预算

如果企业在一个预算期内的现金流入和现金流出发生的时间不一致，就有可能高估或者低估筹资需求量。这时，一般以期中为基准编制现金预算更为合适。

5. 确定目标现金余额

企业之所以会根据现金溢余或者短缺进行投资或者筹资，是为了保持一个合理的现金持有量。当企业预计的现金余额与最佳目标现金持有量之间不一致时，可采用筹资或归还借款或投资有价证券等策略来实现目标现金持有量。每个企业都应该有一个目标现金余额，这样既能保证企业生产经营的需要，又能使企业获得最大收益，这也是现金管理的另一个内容——确定目标现金余额。无论企业采用什么方式确定最佳现金持有量，都必须根据自身经营的季节性特点和经营规模的变动及时进行调整。

[例 6-1] 沿用前面章节 YS 公司的相关数据，以下为 YS 公司编制的现金预算表。表中①②数据为直接给出。

YS 公司现金预算表

单位：元

项目	本年预算
期初现金余额	1 200 345.02
加：本期销售收入现金余额	2 337 700.00
本期可供使用现金	3 538 045.02
减：本期现金支出	3 718 924.67
其中：直接材料	116 528.75
直接人工	399 300.00
制造费用	257 349.99
管理费用	326 755.60
销售费用	1 838 390.00
财务费用	230 600.33
所得税①	50 000.00
资本支出②	500 000.00
现金多余或不足	−180 879.65
外部筹资或还款	240 000.00
现金余额	59 120.35

6.3 预计财务报表

预计财务报表作为全面预算管控的重要工具，包括预计利润表、预计资产负债表和预计现金流量表。预计财务报表是控制企业资金、成本和利润总量的重要手段，可以从总体上管控企业一定时期内的经营状况。

企业编制预计财务报表，应先以销售预算的销售收入为起点，以现金流量的平衡为条件，最终通过预计利润表、预计资产负债表和预计现金流量表，对企业的经营成果及财务状况进行全面预估，借此清晰地看到经营期末的结果。

相关人员在编制企业的预计财务报表，即总预算前要做好以下准备工作：

（1）完成企业销售、生产、采购、人工、成本、费用、现金、投资等所有预算的编制工作；

（2）确定基准财务报表，一般是上年度的财务报表；

（3）确定报表各数据的取值，包括哪些需要调整，哪些保持不变；

（4）确定数据间的联系。

6.3.1 预计利润表

预计利润表用于综合反映企业整个预算期间经营管理活动的财务成果、必须履行的纳税义务以及基于观察留存收益可帮助企业解决的筹资来源。编制预计利润表是财务预算中的一个重要环节，也是编制预计资产负债表的基础。

1. 利润与现金流量的区别

前面现金预算编制的部分已有说明，现金预算是基于收付实现制的。"利润"与"现金"不同，利润是在权责发生制的基础上确定收入和支出，也就是基于企业在经济实质上已经获得了收取现金的权利，或在已经承担了支付现金义务的时点上对收入和支出加以确认。这个时点与实际收到或支付现金的时间很可能是不同的。这种时间差就造成了利润和现金流量的不同。

另外，利润表中包含非现金项目，最典型的例子就是折旧和坏账准备。

2. 预计利润表的数据来源

构成预计利润表的收支项目主要来自两个方面：一是企业生产经营管理活动的收支；二是企业财务活动的收支。

企业编制预计利润表时，有关生产经营管理活动的收支数据可以直接取自各项经营预算；有关企业财务活动的收支数据，除了在经营预算中体现，还涉及资本预算。

企业在进行生产经营活动的同时，若还从事金融投资活动、进行证券投资等，则会给企业带来相应的投资收益或投资损失。有关的财务活动在形成现金流出与现金流入的同时，必然还会产生相关的财务费用，包括利息及各项财务管理费用。

6.3.2　预计资产负债表

预计资产负债表是用于反映预算期期末企业资产占用总额、分布结构及负债与所有者权益等资金来源状况的预算报表，是为企业在预算期末预计财务状况而编制的预算。

预计资产负债表以预算期期初的资产负债表为依据，考虑预算期的情况，根据预算期各项预算中的有关数据进行调整。它也被称为全面预算方案收尾试算平衡表，编制时需要充分考虑预计利润表、预计现金流量表的相关数据对资产、负债、所有者权益期初数的影响。预计资产负债表用来测试整个预算方案的编制数据是否连续、系统、完整。如果预计资产负债表最后的资产、负债、所有者权益能平衡，说明全面预算方案编制工作完整、规范。

6.3.3　预计现金流量表

现金流量预算是以经营活动、投资活动、筹资活动产生的现金流入及流出反映企业预算期现金流动的方向、规模和结构，以现金流入、流出量反映企业的支付能力和偿债能力。通过编制预计现金流量表，企业可以合理地安排、处理现金收支及资金调度业务，保证企业现金正常流转及相对平衡。

相关人员在编制预计现金流量表时，应以企业期初现金的结存额为基点，充分考虑预算期间的现金收入，预计期末的合理现金结存额，确定预算期间的现金支出。期初现金结存数据来源于预计资产负债表中货币资金的期初数（上年数）。

6.3.4　预计财务报表间的勾稽关系

利用预计财务报表间的勾稽关系，企业可以检验报表编制数据是否完整、系统、合理。在预计财务报表编制完成后，企业应做出进一步检验。例如，预计资产负债表中的"货币资金"应与预计现金流量表中的"期末现金及现金等价物余额"相等；预计利润表中的"净利润"应与预计资产负债表中的期初、期末"未分配利润"等数据之间有着相应的勾稽关系；预计资产负债表中的投资项目应与预计利润表中的"投资收益"、预计现金流量表中的"投资活动产生的现金流量"相互印证等。

第 7 章

全面预算编制过程实例——
从销售预算到财务报表预算

全面预算的编制包含了经营预算、资本预算、筹资预算及财务预算。经营预算包含了销售预算、直接材料预算、直接人工预算、制造费用预算、产品成本预算及期间费用预算，各预算中都应包含现金收入预算与支出预算；资本预算是对长期资产项目的投资支出进行预算；筹资预算则是对日常经营所需资金及资金的获得情况进行筹划和预算；财务预算包含了三张报表（现金预算表、预计利润表和预计资产负债表）的编制。

本章以某水泥企业（ZH公司）为例，对预算编制过程进行介绍。本章涉及全面预算的绝大部分内容，但受水泥企业具体经营特点的影响（如水泥生产受到环保部门错峰生产计划的限制），以及篇幅所限，案例中未将全部预算内容都逐一列示，如财务预算、筹资预算、现金流量表预算等；同时对部分数据未全部列示其计算过程，采用了直接给出数据的方式。

（一）历史沿革

ZH公司是水泥行业具有百年历史的龙头企业，也是政府重点扶持的一家大型工业企业；由ZH公司为主发起人，联合A公司、B公司、C公司和D研究院为主体整体改制设立而成。JY会计师事务所有限责任公司以001号验资报告对出资进行了验证。ZH公司于2001年5月1日取得中华人民共和国国家工商行政管理总局颁发的企业法人营业执照，公司设立时的股本为人民币3 000万元。

截至2021年12月31日，ZH公司股本构成如表7-1所示。

表7-1　ZH公司股本构成

股东名称	持股比例（%）
A公司	20
B公司	30
C公司	40
D研究院	10
合计	**100**

（二）主营业务

ZH公司主要经营水泥、水泥设备、水泥包装制品的制造与销售业务。公司拥有国内先进的质量保证体系，在水泥行业率先通过了ISO 9 001和ISO 14 000体系认证。公司所有水泥产品均为国家免检产品。

ZH公司具有极强的技术与管理优势，投产建成3 500吨/天水泥生产线，在建设工期、工程质量、资金投入、项目管理及设备国产化等方面均创造了国内最佳，得到了国内外专家的高度赞赏，公司所有在建、拟建项目，全部符合国家的产业政策，为政府所支持。

（三）行业背景

从全国范围来看，水泥产能过剩是水泥行业近年需要面对的主要问题。政府表示通过错峰生产和行业自律，目前水泥产能过剩的问题已经得到了一定的缓解，但这也导致了水泥价格的上升。错峰生产成为中长期措施，省工信委与环保厅共同发布通知，要求在全省水泥行业推行每年不少于 55 天的错峰生产，主要是在农历新年、高温天气及污染较高的时期。这说明错峰生产已逐渐成为管理部门的长期措施，以维持健康的行业供应。

7.1 销售预算

销售预算包括产品的名称、销售量、单价、销售额等项目。在生产经营多种产品的企业中，为了避免销售预算过于繁杂，一般不会把所有产品的有关数据全都详细地反映在预算中，而是列示全年及各季度的销售总额，并对几种主要产品分别编制销售预算表，将其附在销售预算之后，数量较少、销售额较低的产品则予以省略。

为方便编制现金预算，在销售预算中，一般还附有预计现金收入表，预计现金收入数应为预计本期销售收入中应收到的款项。

［例 7-1］表 7-2 为 ZH 公司 2022 年度的销售预算表。水泥销售一般采用预收款项的形式，仅对部分供应商企业采用应收款项的形式。ZH 公司每月销售收入的 90% 为当月收到现金，其余 10% 于下个月收到现金。

7.2 生产预算

销售预算确定后，即可根据计划期的销售量制定生产预算。一般情况下，企业都会备有一定数量的存货以应付临时需要，这就导致每期生产数量与当期的销售量不一定相等。本期生产数量的计算公式如下：

本期生产数量 = 本期销售量 + 期末产成品存货数量 - 期初产成品存货数量

［例 7-2］表 7-3 为 ZH 公司 2022 年度的生产产量预算表，表 7-4 为 ZH 公司 2022 年度的生产产能预算表。在生产预算中，期末产成品存货数量通常以下期计划销售数量为基础计算得出，但在实际生产中，一般还需要考虑安全库存量，以备有新增客户或者项目出现；期初产成品存货数量等于上期期末产成品存货数量。

表 7-2　ZH 公司 2022 年度销售预算表

项目	1月	2月	3月	4月	5月	6月	7月	8月	9月	10月	11月	12月	累计
水泥总销量（万吨）①	0.05	0	0.17	1.52	5.00	4.00	5.00	4.30	5.15	4.99	4.96	1.16	36.30
32.5#水泥	0.03		0.14	0.97	2.50	1.00	1.50	1.20	1.96	1.50	1.26	1.02	13.08
42.5#水泥	0.02		0.03	0.55	2.50	3.00	3.50	3.10	3.19	3.49	3.70	0.14	23.22
售价（元/吨）													
32.5#水泥	213.50		191.90	190.47	197.50	192.91	194.89	194.43	189.27	197.98	191.31	190.23	
42.5#水泥	242.38		230.85	235.43	234.54	234.01	235.18	236.69	241.86	238.92	237.14	235.58	
单位成本（元/吨）	8.69		29.54	264.15	868.9	695.12	868.9	747.25	894.97	867.16	861.95	201.58	173.78②
销售收入（万元）　32.5#水泥	6.41		26.87	184.76	493.75	192.91	292.34	233.32	370.97	296.97	241.05	194.03	2 533.38
42.5#水泥	4.85		6.93	129.49	586.35	702.03	823.13	733.74	771.53	833.83	877.42	32.98	5 502.28
小计	11.26		33.80	314.25	1 080.10	894.94	1 115.47	967.06	1 142.50	1 130.80	1 118.47	227.01	8 035.66
预计现金收入（万元）③	10.13	1.13	30.42	286.22	1 003.51	913.46	1 093.41	981.90	1 125.00	1 131.97	1 119.70	316.15	8 013.00

注：①水泥总销量及售价依据市场情况获得。

②单位成本 173.78 万元的计算过程参见表 7-10。不同型号的水泥成本有所不同，为简化计算，统一按综合成本 173.78 计算，不做区分。

③预计现金收入＝主营业务收入×当月现金回收比率。例如，一月预计现金收入＝11.26×90%=10.13（万元），其他同理。

表 7-3 ZH公司2022年度生产产量预算表

单位：万吨

项目	1月	2月	3月	4月	5月	6月	7月	8月	9月	10月	11月	12月	累计
*水泥产量				2.16	4.95	5.07	5.26	5.04	4.78	5.02	4.54		36.82
32.5＃水泥				1.28	2.45	1.96	1.76	1.94	1.61	1.50	1.12		13.62
42.5＃水泥				0.88	2.50	3.11	3.50	3.10	3.17	3.52	3.42		23.20
水泥总销量	0.05		0.17	1.52	5.00	4.00	5.00	4.30	5.15	4.99	4.96	1.16	36.30
32.5＃销量	0.03		0.14	0.97	2.50	1.00	1.50	1.20	1.96	1.50	1.26	1.02	13.08
42.5＃销量	0.02		0.03	0.55	2.50	3.00	3.50	3.10	3.19	3.49	3.70	0.14	23.22

注：* 水泥产量按季度计算：第二季度15.08万吨，第三季度12.18万吨，第四季度9.56万吨。

说明：假设2021年末存货数量为1.46万吨，2022年第一季度末未生产，销售0.22（0.05+0.17）万吨，则第一季度末存货量为1.24万吨；第二季度预计销售量为10.52（1.52+5+4）万吨，假设计划第二季度末安全全库存量为下一季度销量的20%，约2.90万吨，则第二季度生产量为12.18（10.52+2.90-1.24）万吨。

另：为简化计算，第三、第四季度数据直接给出。

表 7-4 ZH公司2022年度生产产能预算表

水泥磨产能产量情况表

磨机	水泥磨型号	台时产量（吨/小时）	年生产能力（万吨）	2022年检修计划（天）											
				1月	2月	3月	4月	5月	6月	7月	8月	9月	10月	11月	12月
水泥磨	3.2*13	120	60	2	2	0	3	5	3	4	3	3	2	3	4
合计			60	2	2	0	3	5	3	4	3	3	2	3	4
水泥产量			36.82				2.16	4.95	5.07	5.26	5.04	4.78	5.02	4.54	0
产能利用率														61%（36.82÷60×100%）	

7.3 直接材料预算

编制直接材料预算的主要依据是计划期产成品生产数量，以及单位产品直接材料耗用量和直接材料单位价格。直接材料预算总成本的计算公式为：

直接材料预算总成本 = 直接材料单位价格 ×（计划期产成品生产数量 × 单位产品直接材料耗用量）

同产成品一样，本期直接材料购买数量可以利用下列公式计算得出：

本期购买材料数量 = 本期生产耗用材料数量 + 期末材料存货数量 - 期初材料存货数量

为便于编制企业财务预算，直接材料预算中一般附有预计现金支出表，以反映在各期间为本期购买直接材料支出的现金数。假设每月材料采购中 90% 为本月支付，10% 为下月支付。

[例 7-3] ZH 公司 2022 年度的直接材料成本预算如表 7-5 所示，直接材料采购预算如表 7-6 所示。为简化计算，在直接材料预算中，不再区分不同水泥型号，以及具体材料类别，按整体数量统一计算。

表 7-5 ZH 公司 2022 年度直接材料成本预算表

金额单位：元

预计水泥年产量（吨）：368 200 ①						
成本项目	单位	实际价格②	单位消耗量③	消耗量④=①×③	预算总成本⑤=②×④	预算单位成本⑥=②×③
1. 熟料	吨	162.32	0.64	235 648	38 250 383.36	103.88
2. 铁渣	吨			0	0	0
3. 灰渣	吨	58.57	0.13	47 866	2 803 511.62	7.61
4. 碎石	吨	41.86	0.03	11 046	462 385.56	1.26
5. 石膏	吨	105.23	0.03	11 046	1 162 370.58	3.16
6. 助磨剂	千克	3.11	1.19	438 158	1 362 671.38	3.70
7. 钢球	千克	5.91	0.12	44 184	261 127.44	0.71
8. 粉状石灰石	吨			0	0	0
9. 矿渣	吨	69.72	0.02	7 364	513 418.08	1.39
10. 矿粉	吨	168.94	0.09	33 138	5 598 333.72	15.20
小计			2.25		50 414 201.74	136.92

注：水泥预算单位成本小计 =50 414 201.74÷368 200=136.92（元），与单项累加数 136.91 的差异是因小数计算产生的误差。

表 7-6　ZH 公司 2022 年直接材料采购预算表

金额单位：万元

项目	1月	2月	3月	4月	5月	6月	7月	8月	9月	10月	11月	12月	累计
水泥产量（万吨）				2.16	4.95	5.07	5.26	5.04	4.78	5.02	4.54	—	36.82
采购成本①				295.75②	677.75	694.18	720.20	690.08	654.48	687.34	621.62		5 041.40
月预计现金支出				266.18	639.55	692.54	717.60	693.09	658.03	684.06	628.19	62.16	5 041.40
季度（万吨）		第一季度			第二季度			第三季度			第四季度		全年
季度采购量（按产量计算）			0			12.18			15.08			9.56	36.82
预计现金支出			0			1 598.27			2 068.72			1 374.41	5 041.40

注：①不区分水泥型号及材料具体类别，简化计算。

②4 月采购成本 =2.16×136.92=295.75（万元），其他同理。

③假设材料采购全部于当月支付现金。

7.4 直接人工预算

直接人工预算也是根据生产预算编制的，用于对计划期内直接生产工人的人工耗费进行规划，以便合理安排人员，满足生产需要。

编制直接人工预算的主要依据是单位产品直接人工工时耗用量、生产量和单位工资率。

[**例 7-4**] ZH 公司 2022 年度的直接人工预算如表 7-7 所示，直接人工支出现金预算如表 7-8 所示。

表 7-7　ZH 公司 2022 年度直接人工预算表

单位：元

预计水泥年产量（吨）：368 200 ①			
项目	单位人工工时耗用量 （小时 / 吨）②	单位工资率 （元 / 工时）③	直接人工成本 ④＝① × ② × ③
一、工资、奖金、津贴和补贴	3.68	0.54	731 687.04
二、职工福利费			0
三、社会保险费	3.68	0.30	406 492.80
其中，1. 医疗保险费	3.68	0.16	216 796.16
2. 基本养老保险费	3.68	0.12	162 597.12
3. 失业保险费	3.68	0.01	13 549.76
4. 工伤保险费	3.68	0.01	13 549.76
5. 生育保险费			
四、住房公积金	3.68	0.08	108 398.08
五、工会经费	3.68	0.01	13 549.76
六、职工教育经费	3.68	0.01	13 549.76
七、辞退福利及内退补偿			
八、短期利润分享计划（预估）			363 900.00
合计			1 637 577.44
单位人工成本			4.45

表 7-8　ZH 公司 2022 年度直接人工支出现金预算表

单位: 元

项目	第一季度	第二季度	第三季度	第四季度	合计
直接人工预算		541 708.13	670 686.25	425 183.06	1 637 577.44
预计现金支出		541 708.13	670 686.25	425 183.06	1 637 577.44

注:(1)通常人工支出全部为现金支出;

(2)第二季度预计现金支出为 541 708.13(1 637 577.44 ÷ 368 200 × 12.18 × 10 000)元,其中 12.18 为第一季度产量(见表 7-3),第三、第四季度预计现金支出的计算同理。

7.5　制造费用预算

制造费用预算也是根据生产预算编制的,是对生产成本中除直接人工费用和直接材料费用外的其他生产费用的规划。编制制造费用预算的主要依据是计划期预计生产量、制造费用标准耗用量和标准价格。

企业在编制制造费用预算时,应先根据制造费用的成本习性将其划分为变动制造费用和固定制造费用,然后分别编制预算。对于变动制造费用,应预先确定各费用项目的单位标准耗用额(单位工时变动制造费用耗用率或单位产品变动制造费用耗用率),用单位标准耗用额乘以计划期生产量或预计工时耗用量,就可得出各项变动制造费用的预算额,加总后求出变动制造费用预算总额。各项变动制造费用单位标准耗用额之和即为变动制造费用分配率,根据变动制造费用分配率和各季度的预计产量可将全年的变动制造费用分配到各个季度。固定制造费用在企业生产能力一定的情况下是固定不变的,因此企业在制定其预算时,应根据计划期所需生产能力水平并结合以往经验确定,但为了编制产品成本预算,仍应计算出固定制造费用分配率。混合制造费用则应先分解为变动制造费用和固定制造费用,然后将其分别列入预算中的变动费用和固定费用部分。

为了便于编制现金预算,制造费用预算中也应包括预计现金支出额。在计算支出金额时,应该注意的是折旧费虽然包括在固定制造费用中,但并没有带来计划期的现金支付,因此应从制造费用额中扣除(下例中略)。

[例 7-5] ZH 公司 2022 年度的制造费用预算及现金支出预计情况如表 7-9 所示。本例中暂未区分固定制造费用和变动制造费用。

表 7-9　ZH 公司 2022 年度制造费用预算及现金支出预计情况

单位：元

预计水泥年产量（吨）：368 200						
项目	第一季度	第二季度	第三季度	第四季度	全年合计	单位标准耗用额②
1. 职工薪酬①		136 416.00	168 896.00	107 072.00	412 384.00	1.12
2. 福利费		1 218.00	1 508.00	956.00	3 682.00	0.01
3. 劳动保护费		4 872.00	6 032.00	3 824.00	14 728.00	0.04
4. 保险费		0	0	0	0	0
5. 折旧费	283 422.15	283 422.15	283 422.15	283 422.15	1 133 688.60	3.08
6. 通信费		0	0	0	0	0
7. 修理费		29 232.00	36 192.00	22 944.00	88 368.00	0.24
8. 差旅费		6 090.00	7 540.00	4 780.00	18 410.00	0.05
9. 办公费		1 218.00	1 508.00	956.00	3 682.00	0.01
10. 水电费		3 654.00	4 524.00	2 868.00	11 046.00	0.03
11. 低值易耗品摊销		1 218.00	1 508.00	956.00	3 682.00	0.01
12. 业务招待费		8 526.00	10 556.00	6 692.00	25 774.00	0.07
13. 会务费		25 578.00	31 668.00	20 076.00	77 322.00	0.21
14. 其他		918 372.00	1 137 032.00	720 824.00	2 776 228.00	7.54
合计	283 422.15	1 419 816.15	1 690 386.15	1 175 370.15	4 568 994.60	12.41
预计现金支出③		1 135 176.00	1 405 456.00	890 992.00	3 431 624.00	

注：①季度制造费用预算 = 单位标准耗用额 × 季度计划产量。例如，第二季度制造费用中职工薪酬预算 = 1.12 × 12.18 × 10 000 = 136 416.00（元）。

②单位标准耗用额依据上一年度值获得。

③预计现金支出为全部支出减去折旧费与低值易耗品摊销。例如，第二季度的预计现金支出 = 1 419 816.15−283 422.15−1 218.00 = 1 135 176.00（元）。

7.6　产品成本预算

企业根据前述几项预算可以编制出产品成本预算。编制产品成本预算的目的，一是确定预计利润表中销货成本的数据；二是确定预计资产负债表中期末产成品存货的价值。在产品成本预算中，期末产成品存货成本部分也可以单独编制预算。

［例 7-6］ZH 公司 2022 年度水泥综合成本预算如表 7-10 所示。

表 7-10 ZH 公司 2022 年度水泥综合成本预算表

金额单位：元

预计水泥年产量（吨）：368 200						
成本项目	单位	实际价格	单位消耗量	消耗量	预算总成本	单位预算成本
一、直接材料					50 414 201.74	136.92
1. 熟料	吨	162.32	0.64	235 648	38 250 383.36	103.88
2. 铁渣	吨			0	0	0
3. 灰渣	吨	58.57	0.13	47 866	2 803 511.62	7.61
4. 碎石	吨	41.86	0.03	11 046	462 385.56	1.26
5. 石膏	吨	105.23	0.03	11 046	1 162 370.58	3.16
6. 助磨剂	千克	3.11	1.19	438 158	1 362 671.38	3.70
7. 钢球	千克	5.91	0.12	44 184	261 127.44	0.71
8. 粉状石灰石	吨			0	0	0
9. 矿渣	吨	69.72	0.02	7 364	513 418.08	1.39
10. 矿粉	吨	168.94	0.09	33 138	5 598 333.72	15.20
二、动力①	度	0.59	33.90	12 481 980	7 364 368.20	20.00
三、直接人工					1 637 577.44	4.45
四、制造费用					4 568 994.60	12.41
1. 职工薪酬					412 384.00	1.12
2. 福利费					3 682.00	0.01
3. 劳动保护费					14 728.00	0.04
4. 保险费					0	0
5. 折旧费					1 133 688.60	3.08
6. 通信费						0
7. 修理费					88 368.00	0.24
8. 差旅费					18 410.00	0.05
9. 办公费					3 682.00	0.01
10. 水电费					11 046.00	0.03
11. 低值易耗品摊销					3 682.00	0.01
12. 业务招待费					25 774.00	0.07
13. 会务费					77 322.00	0.21
14. 其他					2 776 228.00	7.54
产成品成本合计					63 985 141.98	173.78 ②
产成品最低售价③						196.37

注：①动力数据中的实际价格与单位消耗量依据上年获得。

②产成品单位预算成本 =63 985 141.98÷368 200=173.78（元）

③产成品最低售价 =173.78×（1+13%）=196.37（元）

特别说明：此处成本与最低售价为简化计算，不区分 32.5# 与 42.5# 水泥型号。实际上，这两类产品的成本与售价均有所不同，按不同产品型号计算的实际售价与成本参见表 7-2。

7.7　销售费用及管理费用预算

销售费用及管理费用预算是对计划期内发生的生产成本以外的一系列其他费用的预算。

其中，销售费用预算是对为实现销售预算而需要支出的费用所做的预算，它以销售预算为基础，在制定时应对过去发生的销售费用进行细致分析，并运用本量利分析等方法分析销售收入、销售利润与销售费用之间的关系，以合理安排销售费用，使之得到最有效的使用。

企业在编制销售费用预算时，应区分变动费用与固定费用：对于变动费用，可以根据销售量在各季度之间分配；在固定资产和无形资产无大变动的前提下，固定费用一般为固定资产折旧费和无形资产摊销费，可以按四个季度平均分配，或列入实际支付的季度。

管理费用预算是对企业运营过程中需要支出的管理费用所做的预算。企业在编制管理费用预算时，应以过去发生的实际支出为参考，结合分析未来企业的业务及变化情况，努力做到使费用支出更合理、更有效。

如果销售费用及管理费用预算包括的项目太多，也可以分别编制预算。

[例7-7] ZH公司2022年度的销售费用预算和管理费用预算分别如表7-11、表7-12所示。

表7-11　ZH公司2022年度销售费用预算表

单位：万元

项目	上一年度①	2022年第一季度	2022年第二季度	2022年第三季度	2022年第四季度	2022年度总预算额②	增减率③＝（②－①）÷①
工资薪酬	52.08	0.29	13.68	18.79	14.44	47.20	−9.37%
劳动保护费	1.19		0.98			0.98	−17.65%
折旧费	72.46	18.14	18.14	18.14	18.14	72.56	0.14%
包装费	96.18	0.64	30.72	42.19	32.44	105.99	10.20%
装卸费	26.31	0.18	8.42	11.56	8.89	29.05	10.41%
广告宣传费	2.77					0	
销售提成	0.25		0.22	0.36		0.58	132%
通信费	0.7	0.03	0.16	0.22	0.18	0.59	−15.71%
修理费	3.28		1.08		0.88	1.96	−40.24%

（续表）

项目	上一年度①	2022年第一季度	2022年第二季度	2022年第三季度	2022年第四季度	2022年度总预算额②	增减率③＝（②－①）÷①
差旅费	6.79	0.30	1.8	1.14	1.65	4.89	−27.98%
办公费	1.21	0.11	0.31	0.41	0.14	0.97	−19.83%
水电费	24.70	5.76	9.21	8.18	8.79	31.94	29.31%
业务招待费	3.72	0.93	2.30		2.55	5.78	55.38%
低值易耗品摊销	0.92		0.16	0.15	0.18	0.49	−46.74%
散装水泥专项资金	4.12				3.00	3.00	−27.18%
合计	296.68	26.38	87.18	101.14	91.28	305.98	3.13%
预计现金支出		8.24	68.88	82.85	72.96	232.93	

注：（1）工资薪酬、包装费、装卸费等项目依据上年的单位费用率乘以各季度预计销量（见表7-2）获得，折旧费以上年为基础四个季度分摊，其他依据上年情况进行适当调整。

（2）上年销售费用相关项目的单位费用率为：工资薪酬1.30、包装费2.92、装卸费0.80。

（3）根据本章表7-2计算可得，2022年度水泥四个季度的预计销量分别为：0.22万吨、10.52万吨、14.45万吨、11.11万吨。

（4）以销售费用中2022年第一季度的工资薪酬数为例，计算方法为：1.30×0.22＝0.29（万元）。

（5）预计现金支出为销售费用预算减去折旧费及低值易耗品摊销。

表7-12　ZH公司2022年度管理费用预算表

单位：万元

项目	上一年度①	2022年第一季度	2022年第二季度	2022年第三季度	2022年第四季度	2022年度总预算额②	增减率③＝（②－①）÷①
工资薪酬	162.78	61.46	43.09	46.12	41.92	192.59	18.31%
劳动保护费	23.75		4.50	5.12	4.96	14.58	−38.61%
折旧费	98.46	33.85	34.85	36.85	39.85	145.40	47.67%
保险费	22.06	4.30	4.21	4.76	4.45	17.72	−19.67%
工会经费	25.45	6.91	4.60	4.85	4.42	20.78	−18.35%
劳动保险费	76.80	21.18	18.10	18.14	20.07	77.49	0.90%
诉讼费	27.18				10.00	10.00	−63.21%
无形资产摊销	134.32	33.58	33.58	33.58	33.58	134.32	
物业费	74.04	20.72			58.97	79.69	7.63%

（续表）

项目	上一年度①	2022年第一季度	2022年第二季度	2022年第三季度	2022年第四季度	2022年度总预算额②	增减率③＝（②－①）÷①
散装水泥专项资金	6.40						
矿产资源补偿费	12.10	0.80	3.20	3.60	3.40	11.00	−9.09%
通信费	21.52	6.38	4.80	4.00	4.12	19.30	−10.32%
修理费	8.91			1.05	2.05	3.10	−65.21%
差旅费	9.87	2.16	2.09	1.70	1.65	7.60	−23.00%
办公费	5.34	0.69	1.18	0.92	1.41	4.20	−21.35%
水电费	12.11	6.10	3.66	2.90	2.44	15.10	24.69%
业务招待费	8.17	1.64	0.99	5.70	2.17	10.50	28.52%
聘请中介机构费用	1.08				1.43	1.43	32.41%
咨询费	6.50	5.00				5.00	−23.08%
宣传费	0.06				0.06	0.06	
绿化费	3.00						
业务经费	3.10	4.51			2.20	6.71	116.45%
合计	743.01	209.29	158.85	169.29	239.14	776.57	4.52%
预计现金支出		141.86	90.42	98.86	165.71	496.85	

注：（1）2022年度预算数以上一年各季度数据为基础，依据业务及变化情况进行适当调整得到。

（2）预计现金支出为管理费用预算减去折旧费及无形资产摊销。

7.8　资本支出预算

资本支出预算是规划未来期间选择和评价长期资本投资活动（如固定资产的购建、扩建）的相关原则和方法步骤的预算。简要来说，成功的资本投资应该遵循以下步骤：

（1）投资意向和提案的产生；

（2）估计战略、市场和技术因素，预计现金流量；

（3）评价现金流量；

（4）在可接受标准基础上选择项目；

（5）执行计划；

（6）在投资项目的现金流量和经济状况被接受以后，不断重新评价或进行事后审计。

因此，资本支出预算就是对上述步骤在未来期间做一个全面考虑，并把相应指标量化，供管理人员进行决策。企业资本支出预算编制时的评价和专业水平需要到什么层次，是由企业的规模以及资本支出的规模和甄选标准决定的。资本支出量越大，需要进行的甄选层次就越多。分公司的经理人员有权决定本公司内部中等规模的投资项目，更高级别的管理人员有权决定更大规模的投资项目。企业与企业之间的投资提案甄选管理程序各不相同，集权和分权的企业之间，紧凑型和松散型管理的企业之间，各级管理人员的决策权力都有很大的区别。

[例 7-8] 假设 ZH 公司年度资本预算分为设备购置、技术改造、基建支出，共计金额 540.83 万元，分四个季度付款，其预算编制如表 7-13 所示。

表 7-13   ZH 公司 2022 年度资本支出预算表

单位：万元

序号	项目	第一季度	第二季度	第三季度	第四季度	金额	备注
一、	设备购置	2.80	0.85			3.65	
1	旋风预热器	1.20				1.20	公开招标：由 A 公司供应并负责安装
2	蓖式冷却器	1.60	0.85			2.45	公开招标：由 B 公司供应并负责安装
二、	技术改造	40.00	36.00	163.18	36.00	275.18	
1	立窑卸料系统节能改造	40.00	36.00	95.18		171.18	由生产技术部承接，工期计划为 6 个月
2	熟料库顶平拉链技改			68.00	36.00	104.00	由生产技术部承接，工期计划为 3 个月
三、	基建支出	34.00	54.00	79.00	95.00	262.00	
	一区生产厂房建设	34.00	54.00	79.00	95.00	262.00	由工程部承接，工期计划为 1 年
	合计	76.80	90.85	242.18	131.00	540.83	
	预计现金支出	76.80	90.85	242.18	131.00	540.83	

注：假设全部资本支出均于当期用现金支付。

7.9   现金预算表

现金预算是将前面述及的各项预算中的数据综合在一起，以反映计划现金收支及筹措、运用情况。现金预算包括四个部分：现金收入、现金支出、现金多余或不足及资金融通。

现金收入包括计划期的期初现金余额及计划期内的预计现金收入，计划期内的预计现金收入数据主要来源于销售预算。

现金支出指在计划期内付出的全部现金，包括用现金支付的材料采购费用、直接人工费用、制造费用、销售费用、管理费用、固定资产购置费用及所得税支出和股利的发放等。其部分数据来源于前面的各项预算。

现金预算是企业预算的一个重要部分。为了对现金收支进行有效的控制，企业应尽可能缩短现金预算的编制期间。大多数企业按月或按季编制现金预算，有些则按周甚至按天编制。

本书采用简化处理方式，仅列示年度现金预算，其依据为前述月度、季度预算相关数据。

[例7-9] ZH公司2022年度的综合现金预算如表7-14所示。

表7-14　ZH公司2022年度综合现金预算表

水泥企业指标名称	计量单位	指标值
设计年产能	万吨	60
产能利用率	%	0.61
产量	万吨	36.82
销量	万吨	36.30
价格	元/吨	
主营业务收入①	万元	8 035.66
主营业务成本②	万元	6 308.21
吨成本	元/吨	173.78
综合毛利率③=（①-②）÷①	%	21.50
销售费用④	万元	305.98
管理费用⑤	万元	776.57
财务费用⑥	万元	27.56
税金等其他项目支出⑦	万元	51.18
利润总额⑧=①-②-④-⑤-⑥-⑦	万元	566.16
所得税费用⑨=⑧×25%	万元	141.54

（续表）

水泥企业指标名称	计量单位	指标值
净利润	万元	424.71
现金收入	万元	8 013.00
现金支出	万元	7 039.21
现金溢余	万元	2 666.94

注：产能利用率来自表 7-4，产量来自表 7-3，销量、主营业务收入、主营业务成本来自表 7-2，吨成本来自表 7-10，销售费用来自表 7-11，管理费用来自表 7-12，财务费用、税金等其他项目支出参照上年给出，现金收入来自表 7-2。

现金支出 =5 041.40（直接材料采购预算，见表 7-6）+163.76（直接人工预算，见表 7-8）+343.16（制造费用预算，见表 7-9）+232.93（销售费用预算，见表 7-11）+496.85（管理费用预算，见表 7-12）+540.83（资本支出预算，见表 7-13）+27.56（财务费用）+51.18（税金等其他项目支出）+141.54（所得税费用）=7 039.21（万元）

现金溢余 =1 693.15（期初现金，见表 7-16 中货币资金上年数）+8 013.00（现金收入）–7 039.21（现金支出）=2 666.94（万元）

7.10　预计利润表

预计利润表是整个预算体系的重要组成部分，我们从中可以了解企业的预计利润水平，并将其当作衡量企业实际表现的参照标准。预计利润表的格式与实际的利润表相同，只是数据来源于上述各项具体预算而不是实际。

[例 7-10] ZH 公司 2022 年度的预计利润表如表 7-15 所示。

表 7-15　预计利润表

编制单位：ZH 公司　　　　　　　　　2022 年度　　　　　　　　　单位：万元

项目	行次	上年数	本年预算数	增减率
一、营业收入	1	7 542.28	8 035.66	6.54%
减：营业成本	2	5 974.17	6 308.21	5.59%
税金及附加	3	36.68	51.18	39.53%
销售费用	4	296.68	305.98	3.13%
管理费用	5	743.02	776.57	4.52%
研发费用	6	13.00	11	-15.38%
财务费用	7	27.29	27.56	0.99%

（续表）

项目	行次	上年数	本年预算数	增减率
其中：利息费用	8	27.29	27.56	
利息收入	9			
加：其他收益	10			
投资收益（损失以"-"号填列）	11			
其中：对联营企业和合营企业的投资收益	12			
以摊余成本计量的金融资产终止确认收益（损失以"-"填列）	13			
净敞口套期收益（损失以"-"号填列）	14			
公允价值变动收益（损失以"-"号填列）	15			
信用减值损失（损失以"-"号填列）	16			
资产减值损失（损失以"-"号填列）	17			
资产处置收益（损失以"-"号填列）	18			
二、营业利润（亏损以"-"号填列）	**19**	**451.44**	**555.16**	**22.98%**
加：营业外收入	20	81.13	32.97	-59.36%
减：营业外支出	21	18.15		
三、利润总额（亏损总额以"-"号填列）	**22**	**514.42**	**588.13**	**14.33%**
减：所得税费用	23	128.61	141.54	10.05%
四、净利润（净亏损以"-"号填列）	**24**	**385.81**	**446.59**	**15.75%**
（一）持续经营净利润（净亏损以"-"号填列）	25			
（二）终止经营净利润（净亏损以"-"号填列）	26			
五、其他综合收益的税后净额	27			
（一）不能重分类进损益的其他综合收益	28			
1.重新计量设定受益计划变动额	29			
2.权益法下不能转损益的其他综合收益	30			
3.其他权益工具投资公允价值变动	31			
4.企业自身信用风险公允价值变动	32			
……				
（二）将重分类进损益的其他综合收益	33			
1.权益法下可转损益的其他综合收益	34			
2.其他债券投资公允价值变动	35			
3.金融资产重分类计入其他综合收益的金额	36			
4.其他债权投资信用减值准备	37			
5.现金流量套期储备	38			

（续表）

项目	行次	上年数	本年预算数	增减率
6.外币财务报表折算差额	39			
……				
六、综合收益总额	**40**			
七、每股收益：	**41**			
（一）基本每股收益	42			
（二）稀释每股收益	43			

7.11　预计资产负债表

　　预计资产负债表的内容、格式与实际的资产负债表相同，但反映的是预计计划期末的财务状况。预计资产负债表是根据计划期的销售预算、生产预算等具体预算，对期初资产负债表进行适当调整而编制的。

　　[例 7-11] ZH 公司根据上年数以及前述项目预算结果编制 2022 年度预计资产负债表，编制结果如表 7-16 所示。

7.12　预计现金流量表

　　预计现金流量表通常在销售、生产、材料、人工、期间费用预算及利润表、资产负债表等相关数据基础上编制。预计现金流量表的编制方法主要有直接法（直接分析填列各项目的现金流入、流出数）和间接法（以净利润为基础，调整非现金交易），实务中，企业通常采用直接法编制预计现金流量表。

　　[例 7-12] ZH 公司 2022 年度预计现金流量表的编制结果如表 7-17 所示。

表7-16 ZH公司2022年度预计资产负债表

编制单位：ZH公司　　　　　　　　2022年度　　　　　　　　单位：万元

资产	行次	上年数	本年预算数	增减率	负债和所有者权益（或股东权益）	行次	上年数	本年预算数	增减率
流动资产：					**流动负债：**				
货币资金	1	1 693.15	2 666.94	57.51%	短期借款	35	20.22		
交易性金融资产	2				交易性金融负债	36			
衍生金融资产	3				衍生金融负债	37	14.40		-100%
应收票据	4				应付票据	38			
应收账款	5	801.82	829.52	3.45%	应付账款	39	115.63	176.71	52.82%
应收款项融资	6				预收款项	40	995.82	884.14	-11.21%
预付账款	7				合同负债	41			
其他应收款	8	477.37	120.83	-74.69%	应付职工薪酬	42	267.91	280.81	4.82%
存货	9	368.91	459.28	24.50%	应交税费	43	565.78	432.17	-23.62%
合同资产	10				其他应付款	44	571.38	1 012.64	77.23%
持有待售资产	11				持有待售负债	45			
一年内到期的非流动资产	12				一年内到期的非流动负债	46			
其他流动资产	13				其他流动负债	47	11.20		-100.00%
流动资产合计	14	3 341.25	4 076.57	22.01%	流动负债合计	48	2 562.34	2 786.47	8.75%
非流动资产：					**非流动负债：**				
债权投资	15				长期借款	49	1 100.00	1 200.00	9.09%
其他债权投资	16				应付债券	50			
长期应收款	17				其中：优先股	51			

（续表）

资产	行次	上年数	本年预算数	增减率
长期股权投资	18			
其他权益工具投资	19			
其他非流动金融资产	20			
投资性房地产	21			
固定资产	22	4 158.38	4 367.88	5.04%
在建工程	23	115.43		-100.00%
生产性生物资产	24			
油气资产	25			
使用权资产	26			
无形资产	27	1 162.64	1 028.32	-11.55%
开发支出	28			
商誉	29	138.85	138.85	
长期待摊费用	30			
递延所得税资产	31	373.64	373.64	
其他非流动资产	32			
非流动资产合计	33	5 948.94	5 908.69	-0.68%

负债和所有者权益（或股东权益）	行次	上年数	本年预算数	增减率
永续债	52			
租赁负债	53		100.00	
长期应付款	54			
预计负债	55		100.00	
递延收益	56			
递延所得税负债	57			
其他非流动负债	58			
非流动负债合计	59	1 100.00	1 400.00	27.27%
负债合计	60	3 662.34	4 186.47	14.31%
所有者权益（或股东权益）：				
实收资本（或股本）	61	4 000.00	4 000.00	
其他权益工具	62			
其中：优先股	63			
永续债	64			
资本公积	65	81.42	120.00	47.38%
减：库存股	66			
其他综合收益	67			
专项储备	68			

（续表）

负债和所有者权益（或股东权益）	行次	上年数	本年预算数	增减率
盈余公积	69	1 000.00	920.00	-8.00%
未分配利润	70	546.43	758.79	38.86%
所有者权益（或股东权益）合计	71	5 627.85	5 798.79	3.04%
负债和所有者权益（或股东权益）总计	72	9 290.19	9 985.26	7.48%

资产	行次	上年数	本年预算数	增减率
资产总计	34	9 290.19	9 985.26	7.48%

注：(1) 货币资金本年预算数＝现金溢余（见表7-14）＝2 666.94（万元）

假设期初应收账款均未收回，则：

应收账款＝期初应收账款＋本年应收账款增加数＝801.82+277.01×10%=829.52（万元）

存货＝上年存货＋本年存货增加数=368.91+（36.82-36.30）×10%=459.28（万元）

(2) 固定资产本年预算数＝上年数＋资本性支出－折旧=4 158.38+540.83-（113.37+72.56+145.40）=4 367.88

(3) 无形资产本年预算数＝上年数－摊销数（见表7-12）=1 162.64-134.32=1 028.32（万元）

(4) 未分配利润本年预算数＝上年数＋净利润（见表7-14）×50%=546.43+424.71×50%=758.79（万元）（假设50%利润留存，其余分配）

(5) 其他本年预算数均为在上年数据基础上调整或估算得出。

表 7-17 ZH公司 2022 年度预计现金流量表

编制单位：ZH 公司　　2022 年度　　单位：万元

项目	行次	本期金额	上期金额⑨	增减率
一、经营活动产生的现金流量：				
销售商品、提供劳务收到的现金	1	8 013.00 ①	6 056.78	32.30%
收到的税费返还	2			
收到其他与经营活动有关的现金	3	8 013.00	6 056.78	32.30%
经营活动现金流入小计	4	8 013.00	6 056.78	32.30%
购买商品、接受劳务支付的现金	5	5 041.40 ②	4 030.46	25.08%
支付给职工以及为职工支付的现金	6	444.79 ③	387.67	14.73%
支付的各项税费	7	192.72 ④	198.45	-2.87%
支付其他与经营活动有关的现金	8	791.91 ⑤	580.21	36.49%
经营活动现金流出小计	9	6 470.82	5 196.79	24.52%
经营活动产生的现金流量净额	10	1 542.18	859.99	79.33%
二、投资活动产生的现金流量：				
收回投资收到的现金	11			
取得投资收益收到的现金	12			
处置固定资产、无形资产和其他长期资产收回的现金净额	13			
处置子公司及其他营业单位收到的现金净额	14		20.01	-100.00%
收到其他与投资活动有关的现金	15			
投资活动现金流入小计	16		20.01	-100.00%

（续表）

项目	行次	本期金额	上期金额⑨	增减率
购建固定资产、无形资产和其他长期资产支付的现金	17	540.83⑥	320.55	68.72%
投资支付的现金	18			
取得子公司及其他营业单位支付的现金净额	19			
支付其他与投资活动有关的现金	20			
投资活动现金流出小计	21	540.83	320.55	68.72%
投资活动产生的现金流量净额	22	-540.83	-300.54	79.95%
三、筹资活动产生的现金流量：				
吸收投资收到的现金	23			
取得借款收到的现金	24		200	-100.00%
收到其他与筹资活动有关的现金	25			
筹资活动现金流入小计	26		200	-100.00%
偿还债务支付的现金	27		200	-100.00%
分配股利、利润或偿付利息支付的现金	28			
支付其他与筹资活动有关的现金	29	27.56⑦	27.56	0
筹资活动现金流出小计	30	27.56	227.56	-87.89%
筹资活动产生的现金流量净额	31	-27.56	-27.56	0
四、汇率变动对现金及现金等价物的影响	32			
五、现金及现金等价物净增加额	33	973.79	531.89	83.08%

（续表）

项目	行次	本期金额	上期金额⑨	增减率
加：期初现金及现金等价物余额	34	1 693.15⑧	1 161.26	45.80%
六、期末现金及现金等价物余额	35	2 666.94	1 693.15	57.51%

注：①依据表 7-2 销售预算中的"预计现金收入"得出。

②依据表 7-6 直接材料采购预算中的"预计现金支出"得出。

③依据表 7-8 直接人工预算中的"预计现金支出"，以及表 7-9 制造费用预算、表 7-11 销售费用预算、表 7-12 管理费用预算中的"工资薪酬"计算得出，即 163.76+41.24+47.20+192.59=444.79（万元）。

④依据表 7-14 综合现金预算中的"税金等其他项目支出"及"所得税费用"计算得出，即 51.18+141.54=192.72（万元）。

⑤依据表 7-9 制造费用预算、表 7-11 销售费用预算、表 7-12 管理费用预算总额中扣除"工资薪酬"金额计算得出，即（343.16-41.24）+（232.93-47.20）+（496.85-192.59）=791.91（万元）。

⑥依据表 7-13 资本支出预算中的"预计现金支出"得出。

⑦依据表 7-14 综合现金预算中的"财务费用"得出。

⑧依据表上年数得出，见表 7-16 预计资产负债表中的"货币资金"上年数。

⑨上期金额依据上年实际数得出。

第 8 章

全面预算执行中的控制与调整——需要修正的预算

8.1 全面预算的执行

8.1.1 全面预算执行的准备

企业在编制完全面预算进入执行环节前，还需要做好准备工作，按步骤实施，确保预算的有序执行以及预算体系良好运转。

1. 预算的审查通过

预算要经过专门的全面预算管理委员会或由董事会授权的机构审查通过后方可执行。

全面预算管理委员会作为企业预算体系的最高管理机构，需要承担审查财务预算、主要业务预算合理性和整体利益协调性的责任。全面预算管理委员会应在考虑企业整体战略规划和愿景目标的基础上，对年度主要预算进行认真讨论与分析，肯定企业主要预算中数据的合理性，并批准执行。如果预算不合理或与企业的整体利益有相悖的地方，全面预算管理委员会应要求相关的业务或职能部门进行修改，否则不予批准执行。

2. 预算的分解下达

（1）分解

年度预算经过全面预算管理委员会批准后，需按具体的时间段进一步分解。企业可以在日常的生产经营中随时将实际情况与预算做对比，寻找差异，解决问题。各预算执行单位要将预算指标层层分解，从横向和纵向落实到内部各部门、各单位、各环节和各岗位，形成全方位的预算执行责任体系，保证预算目标的实现。

（2）下达

在将预算分解之后，企业要针对不同部门下达各自的预算。通常，企业完整的总预算仅限于分发给企业高级管理人员以及经高级管理人员授权的其他人员。分送给部门主管及中层管理人员的预算则不需要是完整的总预算，但要保证跟他们的权利和职责有关的预算和该部分的分解预算都能传送到位。

需要特别注意的是，预算的分发下达具有保密性。一般来说，企业可以将各预算连续编号，并保留分发对象的编号记录，在年度终了时收回并集中销毁。

（3）预算的讲解

企业员工必须充分了解预算编制的依据和原理，明确自己在预算执行中的任务，这样才能保证预算执行到位。

原则上，预算编制应全员参与，但在实际操作中，预算的关键性步骤都是由管理人员和专业人员完成的，企业中的一般员工对预算的理解并不一定完全准确，甚至还可能出现抵触情绪。因此，企业对预算进行说明讲解是非常必要的。预算分发下达后，应以部门、团队为单位，举行一系列的预算说明会议，专门讲解企业总体预算计划以及本部门、本团队的任务，使每个员工都能找到自己的位置。

8.1.2　全面预算执行的组织设置

从经济学角度看，作为经济人，人具有利己主义特性，这可能会导致市场中出现道德风险和逆向选择等现象。克服这两种风险的方式之一就是要有一个好的制度安排。事实上，只要有人群活动的地方，为了完成某项工作，就必须建立责任机制，即明确有关人员的责任，同时给予其相应的权利，并对责任的履行情况进行考核与奖惩。

企业是一个经济组织，追求利润是其根本目标之一（关于企业的目标，理论界有多种观点，尽管理论界对将利润最大化作为企业目标提出批评，但无论如何，利润最大化是企业目标的重要反映）。企业要想实现利润最大化，需要各部门、各单位的共同努力。

企业活动是一种有组织的活动，是一个较为复杂的运行系统。要想保证企业活动的有序进行，企业就必须建立责任系统，即划分责任单位，建立责任中心，明确各责任中心的职责与权利，并对各责任中心进行考核。划分责任中心有利于提高经营者的积极性和主动性，也有利于提高目标管理、预算管理等制度的实施效率，从而有利于企业目标的实现。

责任中心是指承担一定经济责任，并拥有相应管理权限和享受相应利益的企业内部责任单位的统称。它是企业内部成本、利润、投资、收入和费用的发生单位，这些内部单位被要求完成特定的职责，其责任人则被赋予一定的权力，以便对该责任区域进行有效的控制。责任中心具有层次性，一个大的责任中心由若干个小的责任中心构成。所谓责任中心，可能是某个人，也可能是一个班组、一个车间、一个部门，或是分公司、事业部，甚至是整个企业。

责任中心根据不同的控制范围和责任对象的特点，可分为利润中心、收入中心、费用中心、成本中心和投资中心五类。

1. 利润中心

利润中心是责任人对其责任区域内的成本和收入均要负责的责任中心。利润中心的责任人既能控制其成本，又能控制其收入，但不能控制投资活动。利润中心在企业中处于较高层级，同时具有生产和销售职能，有独立的、经常性的收入来源，不仅可以决定生产什么产品、生产多少、生产资源在不同产品之间如何分配，还可以决定产品的销售价格、制定销售政策。因此，与成本中心相比，利润中心具有更大的自主经营权。

（1）利润中心的类型

利润中心可以是自然形成的，也可以是人为设定的。

①自然利润中心。自然利润中心一般直接向企业外部市场销售产品、提供劳务，以获取利润。例如，同时兼负生产和对外销售任务的分厂可以作为一个自然利润中心；某公司采用事业部制，每个事业部均有销售、生产和采购的职能，具有很大的独立性，那么这些事业部就是自然利润中心。

②人为利润中心。人为利润中心是通过将产品或劳务按照确定的内部转移价格"销售"给本企业生产部门或销售部门，以获取收入而形成的。从这个意义上说，任何一个成本中心均可通过对其产品确定一个内部价格而成为人为利润中心。例如，某车间生产出的半成品以厂内价格转移到后序车间继续加工，该车间即可被视为人为利润中心；企业的供水、供电部门按厂内价格向其他部门供水、供电，亦可作为人为利润中心。

何为内部转移价格

内部转移价格是指企业内部各责任中心之间因转移中间产品或相互提供劳务而发生内部结算，以及进行内部责任结转所使用的计价标准。

在责任会计体系中，企业内部的每一个责任中心都是作为相对独立的商品生产经营者存在的，为了分清经济责任，各责任中心之间的经济往来应当按照等价交换的原则实行"商品交换"。

1. 内部转移价格的应用

内部转移价格主要应用于内部交易结算和内部责任结转。

（1）内部交易结算：指在发生内部交易业务的前提下，由接受产品或劳务服务的责任中心向提供产品或劳务服务的责任中心支付报酬而引起的一种结算行为。

（2）内部责任结转：指在生产经营过程中，对于因不同原因造成的各种经济损失，由承担损失的责任中心对实际发生或发现损失的责任中心进行损失赔偿的账务处理过程。

2. 内部转移价格的方法

（1）成本法，主要分为以下几类。

实际全部成本法：指将转出部门的制造成本与部分营销费用作为转移价格的基础，转至其他部门。

标准成本法：以标准成本为价格基础。

变动成本法：以变动成本为价格基础。

成本加成法：成本加成是指将实际成本加上一个成数，例如，成本是100元，加上10%的成数，即为110元。成本加成法的关键在于成数的设定。

（2）市价法。从理论上讲，采用市价是比较公平的一种办法，在实际操作时应遵循以下准则：

①当转出部门以市价或低于市价提供产品或劳务时，转入部门有购买的义务；

②当转拨价格高于市价时，转入部门有自市场购入的权利；

③转出部门有权只将产品或劳务销售给外部顾客。

（3）协议价格法。这需要双方协商一致，达成协议。但有时难免会产生冲突，如果双方僵持不下，那么最终要请公司总经理进行仲裁。

（2）建立利润中心的条件

并不是所有的企业都能够建立利润中心，也不是所有的利润中心都能够为企业带来效益。企业要建立利润中心，必须具备一些条件，主要有图8-1所示的五大类。

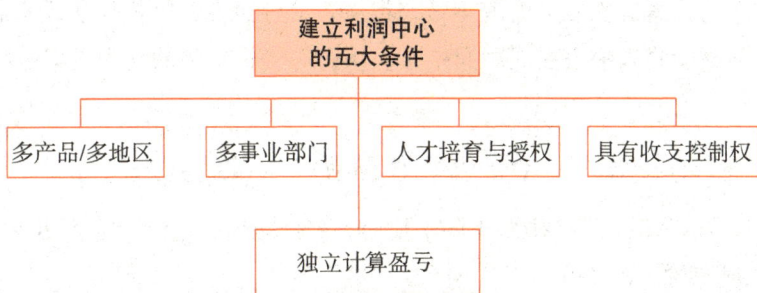

图 8-1　建立利润中心的五大条件

利润中心一般应具有相对独立的经营管理权，即能够自主决定本利润中心的产品品种、产品产量、作业方法、人员调配和资金使用等。但利润中心提供的产品或劳务主要在企业内部转移，很少对外销售。

利润中心就其利润向上级负责，实际上也是对其成本和收入负责。成本包括利润中心本身的可控成本及其下属成本中心的责任成本。

（3）利润中心常用的考核指标

利润中心常用的考核指标主要有：

①边际贡献（销售收入－变动成本）；

②部门利润。

上述考核指标具有四种表现形式：部门边际贡献、部门经理边际贡献、部门贡献及企业税前利润。

2. 收入中心

收入中心是指负有销售收入和销售费用责任的销售部门/销售公司/销售单位，以及相应的管理责任人。收入中心是对收入负责的责任中心，其特点是只对收入承担经济责任，不对成本负责，因此对收入中心只考核其收入实现情况。此类责任中心一般是创造收入的部门。

收入中心的管理责任人对本单位的整体产品销售活动负责。管理责任人具有决策权，其决策能够影响决定本单位销售收入和销售费用的主要因素，包括销售量、销售折扣、销售回款、销售人员佣金等。管理责任人以销售收入和销售费用为决策准则。

确定收入中心的目的是组织营销活动。典型的收入中心通常是从生产部门取得产成品，并负责销售和分配的部门，如企业所属的销售分公司或销售部。若收入中心有制定价格的权力，则该中心的管理者就要对获取的毛收益负责；若收入中心无制定价格的权力，则该中心的管理者只需对实际销售量和销售结构负责。收入中心不仅追求销售收入最大化，更重要的是追求边际贡献最大化，因此在考核收入中心业绩的指标中，应包括某种产品的边际成本等。随着分配、营销和销售活动中作业成本法的逐渐采用，销售部门应把销售成本和对每个消费者提供服务的成本考虑进去，这样企业就能用作业成本制度把履行营销活动和销售活动的收入中心变成利润中心，从而对销售部门的利润贡献加以评估。

收入中心的基本控制目标与控制方法

一般情况下，企业通常把特定财务期间内的销售收入、销售回款和销售费用作为收入中心的基本控制目标。基本控制方法主要包括以下几种。

1. 控制企业销售目标的实现

（1）核查各收入中心的分目标与企业整体的销售目标是否一致。

（2）检查各收入中心是否了解并掌握了市场行情，是否为实现销售分目标制定了切实可行的推销措施，包括推销策略、推销手段、推销方法、推销技术及推销力量等。

2. 控制销售收入的资金回收

销售过程是企业的成品资金向货币资金转化的过程，对货款回收的控制要求主要有：

（1）各收入中心对货款的回收必须建有完善的控制制度，包括对销售人员制定明确的收款责任制度，对已过付款期限的客户制定催款制度；

（2）货款回收要列入各收入中心的考核范围，将收入中心各销售人员的个人利益与货款的回收情况有效地结合起来进行考核；

（3）收入中心与财务部门应建立有效的联系，以及时了解并掌握货款的回收情况。

3. 控制坏账的发生

（1）每项销售业务都要签订销售合同，并在合同中对有关的付款条款做出明确的陈述。

（2）在发生销售业务时，特别是与新客户初次发生重要交易时，必须详细了解客户的信用情况、财务状况、付款能力和经营情况等，以预测货款的安全性和及时回收的可能性。

---

3. 费用中心

费用中心是指仅对费用发生额负责的责任中心。它是用货币量衡量投入或费用的责任中心，而产出却不用货币量衡量。费用中心主要以控制经营费用为主，涉及管理部、行政部等部门的顾问和人事费用预算支出，其目的是在支出预算内为相关部门提供最佳的服务。该中心最大的优点是既可以控制费用，又可以提供最佳的服务质量；其缺点是不易衡量绩效。

费用中心主要有两种类型：固定费用中心和随机费用中心。

（1）固定费用是指那些有必要理由的正常支出，如工厂中的直接费用、材料费用、设备及零配件支出等。

（2）随机费用也称管理费，其合理的限度是管理者在一定条件下做出的判断。

如果费用中心的费用绝大部分是固定费用，那么它是一个固定费用中心；如果绝大部分是管理费用，那么它是随机费用中心。

费用中心管理责任人对本单位涉及的有关期间费用负责。费用中心管理责任人具有决策权，其决策能够影响本单位期间费用的主要因素，包括各项管理费用、财务费用的明细项。管理责任人以管理费用、财务费用为决策依据。

4. 成本中心

成本中心是指责任人只对其责任区域内发生的成本负责的责任中心。成本中心是成本发生的单位，一般没有收入或仅有无规律的少量收入，其责任人可以对成本的发生进行控制，但不能控制收入与投资。成本中心只需对成本负责，无需对利润情况和投资效果承担责任。对成本中心的考核主要针对其成本和费用，例如，一个只负责生产产品或生产其他车间所需要的半成品的生产车间可以作为成本中心，因为它不具备销售职能，其产品只是交付销售部门销售或提供给其他车间继续加工，一般不能形成货币收入，对该车间只能考核其成本的发生情况。

（1）成本中心与费用中心的比较

成本中心主要负责对具体的产品以及生产产品所需各种要素的投入量进行合理预估。例如，生产某种零件的班组、生产某种产品的车间等，都可以作为标准成本中心，因为其产出数量可以明确计量，对所生产的产品可以判定原材料、直接人工、间接制造费用等的相应标准。

费用中心是指那些工作成果不是明确的实物，无法有效计量或投入与产出之间没有密切联系的成本中心。一般来说，行政管理、科研开发、广告宣传等服务性部门应列为费用中心。费用中心的实际成本可以准确计算，但却难以根据其投入与产出的数量来判定其支出是否有效、工作成绩是优是劣，因此也就不容易对无效开支进行有效控制。

曾经有一种分类方法，即将成本中心分成标准成本中心和费用中心。现在，随着企业管理水平与要求的不断提高，以及管理的不断精细化，企业通常会将费用中心分立为一个独立的责任中心进行管理。

（2）成本中心的分类

成本中心可以划分为两类：基本成本中心与复合成本中心。基本成本中心是最基层的成本中心，它没有下属成本中心，不能进一步分解。复合成本中心则下设若干个下属成本中心，并对其下属成本中心发生的成本负责。

例如，某公司的车间可以作为一个复合成本中心，下面的班组可以作为下一级复合成本中心，班组中的个人即为基本成本中心。成本中心划分示例如图8-2所示。

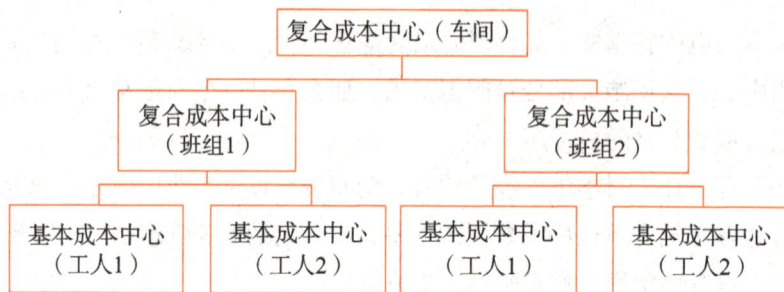

图8-2　成本中心划分示例

（3）考核指标

成本中心的主要考核指标是责任成本。

责任成本与传统的产品成本有所不同。产品成本以产品为成本计算对象，而责任成本则以责任中心为成本计算对象，凡应由某责任中心负责的成本，都应计为该责任中心的责任成本。

在计算责任成本时，应先区分可控成本与不可控成本。可控成本是指在特定时期内，特定责任中心的责任人可以直接控制其发生的那部分成本。成本可控与否要针对特定的时期和特定的责任人，离开这两个条件就会失去实际意义。例如，一项成本对于甲成本中心来说是不可控成本，但却可能是乙成本中心的可控成本。

成本中心只能对其可控成本产生影响，对不可控成本的发生却无能为力，因此在计算责任成本时只计算可控成本。基本成本中心的责任成本就是其可控成本之和，复合成本中心的责任成本则是其可控成本与其下属成本中心的责任成本之和。从企业整体来看，各个责任中心的可控成本之和即为整个企业的总成本。划分责任中心等于将企业的总成本进行分解，由各有关责任中心分别控制，各司其职，以保证整个企业的成本控制得到具体的落实。

各成本中心责任成本的认定必须采用合理的标准。有些成本虽然在某个成本中心发生，但却是由其他成本中心的活动产生的，因此应该将其列为引起该成本发生的成本中心的责任成本。例如，由于采购部门购入的原材料质量不合格，造成生产部门生产成本增加，这部分成本就应视为采购部门的责任成本；由于甲车间产品不合格而使乙车间出现废品，这种情况下造成的损失应作为甲车间的责任成本。

（4）成本分类

我们应注意区分可控成本与不可控成本、直接成本与间接成本、固定成本与变动成本，具体如表8-1所示。

表8-1 成本分类

区分依据	分类	举例（以车间为中心）	备注
成本可控与否	可控成本	原材料 生产工人工资 水电费（本车间生产用）	可控与否是相对于 不同中心而言的
	不可控成本	车间主任的工资 外购部件 水电费（外部分配来的）	
成本与产品的关系	直接成本	原材料 生产工人工资	是否直接与某种 产品相关
	间接成本	机器折旧 水电费（本车间生产用）	
成本与数量的关系	固定成本	机器折旧（按使用年限）	是否与数量变动 直接相关
	变动成本	原材料 生产工人工资	

一般情况下，成本中心的直接成本和变动成本大多是可控成本，间接成本和固定成本大多是不可控成本，但这种联系并不是绝对的。例如，将某车间作为一个成本中心，车间主任的工资是该成本中心的直接成本，但却是不可控成本；所使用的外购部件是变动成本，但也是不可控成本；从供水与供电车间转来的水、电成本是间接成本，但由于成本中心可以控制自己的用水、用电数量，该项成本可根据耗用数量计算分配，因此这部分成本应作为可控成本。

5. 投资中心

投资中心是责任人对其责任区域内的成本、收入及投资均要负责的责任中心。它比利润中心层次更高，投资中心拥有投资决策权（包括决定投资规模和投资类型等）和经营决策权（包括制定价格、确定产品和生产方法等短期经营决策权）。投资中心的责任人既能控制责任中心的成本和收入，也能控制所掌握的资产。企业本身就可以作为一个投资中心，如大型集团所属的子公司、分公司、事业部等。

（1）考核指标

投资中心通常以其所使用的有形资产和财务资产的水平作为业绩计量标准，典型投资中心的业绩计量标准是投资报酬率和经济增加值。主要考核指标及计算公式如下：

$$投资报酬率（ROI）=利润 \div 投资额 \times 100\%$$

$$剩余收益=利润-投资额 \times 预期最低投资报酬率$$

$$现金回收率=经营活动净现金流量 \div 投资额 \times 100\%$$

$$经济增加值（EVA）=税后营业净利润-资本总成本$$

（2）投资中心与利润中心的联系及区别

投资中心与利润中心联系紧密。投资中心必然是利润中心，但利润中心并不都是投资中心。利润中心没有投资决策权，需要在企业确定投资方向后组织具体的经营；而投资中心则具有投资决策权，能够相对独立地运用其所掌握的资金，有权购置和处理固定资产，扩大或削减生产能力。

各投资中心的资产与权益必须明确划分，共同发生的成本应该按照合理的标准在各中心之间分配，这样才能准确计算和正确估价各投资中心的效益，分清责任，充分发挥财务控制的作用。

利润中心是在分权思想下出现的。分权思想下的公司结构主要有事业部结构和控股公司结构，而投资中心的确定和利润中心的分权背景一样，在不同的公司结构下有不同的确定方式。根据事业部结构和控股公司结构的不同特点，投资中心的确定方式如图8-3所示。

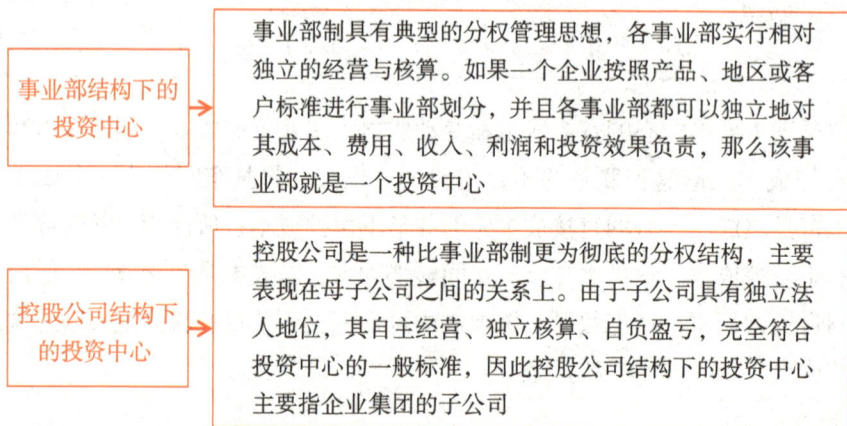

事业部结构下的投资中心 →	事业部制具有典型的分权管理思想，各事业部实行相对独立的经营与核算。如果一个企业按照产品、地区或客户标准进行事业部划分，并且各事业部都可以独立地对其成本、费用、收入、利润和投资效果负责，那么该事业部就是一个投资中心
控股公司结构下的投资中心 →	控股公司是一种比事业部制更为彻底的分权结构，主要表现在母子公司之间的关系上。由于子公司具有独立法人地位，其自主经营、独立核算、自负盈亏，完全符合投资中心的一般标准，因此控股公司结构下的投资中心主要指企业集团的子公司

图8-3　投资中心的确定方式

什么是经济增加值

经济增加值也称经济利润、经济附加值，是一定时期内企业税后营业净利润与投入资本的资金成本的差额。其中，资本成本既包括债务资本的成本，也包括股本资本的成本。

经济增加值是一种企业绩效财务评价方法。从算术角度来说，经济增加值等于税后经营利润减去债务和股本成本，是所有成本被扣除后的剩余收入。经济增加值是对真正"经济"利润的评价，或者说，它是表示净营运利润与投资者用同样资本投资其他风险相近的有价证券的最低回报相比，超出或低于后者的量值。如果经济增加值为正，那么表明公司获得的收益高于为获得此项收益而投入的资本成本，即公司为股东创造了新价值；相反，如果经济增加值为负，那么表明股东的财富在减少。

经济增加值和会计利润有很大的不同。经济增加值是公司扣除了包括股权在内的所有资本成本之后的沉淀利润，而会计利润没有扣除资本成本。股权资本是有成本的，例如，持股人投资 A 公司的同时也就放弃了该资本投资其他公司的机会。投资者如果投资与 A 公司相同风险的其他公司，所应得到的回报就是 A 公司的股权资本成本。股权资本成本是机会成本，而非会计成本。

6. 责任中心的比较

责任中心的比较如表 8-2 所示。

表 8-2　责任中心的比较

责任中心分类	管理范围	形式举例	考核指标
利润中心	收入、成本、费用	车间 供水、供电部门	边际贡献 部门利润
收入中心	收入	销售部	销售收入 销售费用
费用中心	费用	厂部 财务部	管理费用 财务费用
成本中心	成本（可控）	车间—仓库—工人 管理部门—管理人员	直接材料 工人工资
投资中心	收入、成本、费用、利润	子公司 事业部	投资报酬率、剩余收益、 现金回收率、经济增加值

8.1.3　全面预算执行的保障体系

企业全面预算编制完成后，下一阶段的重点在于执行与运用，相关部门及责任人要保证全面预算中的各项计划及政策执行到位。全面预算的规划与编制，需要企业投入大量的人力与时间，但全面预算毕竟属于书面作业，若不能付诸实施，则属徒劳无功，必将前功尽弃。因此，全面预算在执行过程中必须有相应的预算保障体系，以使企业自上而下都能按照统一的行为规则开展财务预算活动。全面预算执行的保障体系至少应包括恰当的企业愿景描述、良好的企业文化氛围和健全的全面预算管理制度体系等。

1. 恰当的企业愿景描述

企业必须有经营宗旨与使命的明确界定。也就是说，必须明确本企业目前的经营性质，以及未来的发展目标。企业必须对一切资源做出长远规划，如果缺少目标，各项资源将如一盘散沙，经营活动很可能陷入被动。因此只有明确界定了经营宗旨和使命，企业才能制定出明确的目标。经营宗旨和使命是企业确定策略、计划及工作配置的基础。企业愿景描述与分析通常借助 SWOT 分析法进行，如图 8-4 所示。

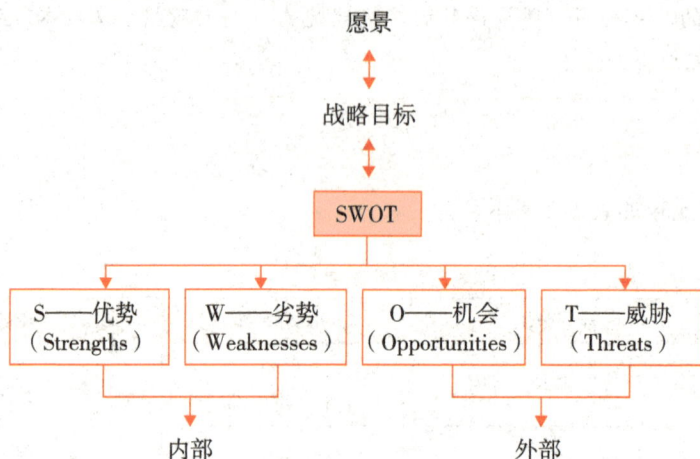

图 8-4　借助 SWOT 分析法描述企业愿景

2. 良好的企业文化氛围

企业文化是在企业生产、组织运行中，由于部门和员工之间的沟通协作，在潜移默化之间逐渐形成的一种普遍的行为规则和信条。良好的企业文化可以发挥巨大的感染力、凝聚力和向心力的作用，使全体员工都能围绕实现企业的目标而努力。良好的企业文化氛围的一大优势是可以调动全员参与，使全体员工都能主动参与预算的编制与控制，为更好地实施全面预算管理献计献策。此外，在某种程度上，良好的企业文化也可以减少因管理者和企业员工之间的矛盾所带来的负面影响，从而有利于企业做出改善管理的决策。

3. 健全的全面预算管理制度体系

全面预算管理制度体系是全面预算管理工作的"根本大法"，对全面预算的实行起着指导、约束和控制作用。

8.1.4　全面预算执行的事中监督

全面预算执行的事中监督是对全面预算管理执行过程的监督。如果只有预算的制定，缺乏预算的有效监督和控制，整个企业的运作就会跟预算脱轨，预算就失去了意义。预算监督是一种连续性、经常性的经济监督。企业的各项经营活动总是连续不断地发生，企业实施全面预算管理和实现企业目标的过程也是连续不断进行的。为了使企业所有经营活动都置于全面预算管理体系之中，就需要对企业的经济活动及其预算执行过程连续地进行预算监督。预算监督的连续性、经常性，一方面要求企业不断地、及时地提供全面预算执行情况的信息，另一方面要求全面预算监督的结果要及时反馈到企业各部门，作为其改进管理工作的依据。

全面预算既是企业的目标，也是一种行为准则。企业每一个部门的每一项活动，对企业目标的实现都具有积极或消极的影响。而预算是评价每个部门、每个管理者业绩的重要依据。因此，在日常的经营活动中，企业的全面预算管理机构（全面预算管理委员会、财务部等）都会将经营活动同企业的预算目标相联系，并且随时根据预算目标对预算的执行情况进行监督，并就全面预算执行报告中的重大事项或有关特定问题组织调查，定期向企业总经理、董事会提交执行情况报告。企业全面预算管理系统在建立与运行过程中，需要预算组织的有效监督与评价，以有效地发挥其职能作用。

预算执行的事中监督主要包括以下几个方面的内容。

1. 监督预算的贯彻执行情况

（1）预算是否落实

预算方案经全面预算管理委员会审批下达后，要采取必要的手段加以贯彻落实。这时预算监督的重点是：各部门是否采取了相应的落实措施，责任预算与总预算是否协调，是否有擅自改变预算的行为。如果发现预算落实不到位，应及时纠正。

（2）预算执行是否全面

按照预算目标全面考核、检查责任单位的各项经济活动，判断是否全面完成预算任务，如发现预算执行不够全面，应及时督促有关责任单位加以纠正。

（3）执行是否均衡

企业各部门应合理控制采购、生产和销售的进度，均衡地完成预算各项要求。预算监督的重点是，按月考核各部门完成预算的均衡率，分析预算执行实绩与平均完成程度的偏离系数，判断各部门执行预算的均衡情况。若发现均衡率很差，则应提醒相关方加以改正。

2. 监督预算执行中出现的问题和解决问题的途径

企业在执行预算过程中，由于主观和客观的原因，经常会出现一些矛盾和背离预算的现象。对此，企业应及时发现问题并解决问题。预算监督要先检查产生矛盾和问题的原因，分析是由企业或部门违反预算要求、各部门间相互不协调，或管理不善、决策失误等主观原因造成的，还是由协作企业不履行合同、国家政策调整、市场环境发生变化、自然灾害等客观原因造成的。对于前一种情况，企业应追究责任，限期改正；对于后一种情况，企业应督促相关部门采取应对措施。问题解决后，预算监督应重点检查解决问题的途径是否合理，一旦发现有不正当的行为（如擅自改变预算标准，以牺牲整体利益或长远利益来实现部门预算目标），要责令并监督相关部门及时改正。

3. 监督预算的调整

预算在必要时可以调整，但不能随意进行。预算监督要检查调整预算的理由是否充分，有无隐瞒、虚报、造假的行为；检查调整预算的幅度是否恰当，有无故意夸大困难、缩小潜力、抬高限额预算指标的行为；检查调整预算的时间是否适宜，有无故意造成未完成预算指标的事实，从而迫使企业主管部门允许在年底修改预算的行为。

4. 监督预算的完成情况

预算期结束时，监督部门要对预算完成结果进行全面考察和综合评价，全面检查预算指标的完成情况。对完成预算的部门和个人，要予以奖励；对没有完成预算的部门或个人，则要追究责任，提出批评或予以惩罚。

在企业实施全面预算管理的过程中，预算的事中监督对预算管理起着非常重要的作用，有利于保证预算方案的全面实施；有利于减少信息不对称现象的发生，增加管理的透明度；有助于遏制滥用职权等管理腐败现象的发生，保证相关利益者的利益。需要注意的是，企业预算的事中监督应突破单一的企业财务监督，与建立贯穿企业各责任主体的激励和约束机制相配合，以科学的经济核算为手段，以加强企业全面预算管理系统的建立为基点，进行全面的经济监督。

企业应当建立全面预算执行报告制度，要求各预算执行单位定期报告预算的执行情况。对于预算执行中发生的新情况、新问题，以及出现偏差较大的重大项目，企业预算管理部门和全面预算管理委员会应当责成有关预算执行单位查找原因，提出改进经营管理的措施和建议。企业预算管理部门应当利用财务报表等手段监控预算的执行情况，及时向预算执行单位、企业预算管理委员会提供预算的执行进度、执行差异及其对企业预算目标的影响等信息，促进企业完成预算目标。

8.1.5　全面预算执行报告的形式与要求

1. 全面预算执行报告的基本形式

全面预算执行报告是对各责任中心执行预算情况的系统概括和总结。全面预算执行报告可采用定期书面报告、临时书面报告、例会和临时碰头会等形式。

临时书面报告和临时碰头会主要在发生突发性、非常性事件时采用，通常是一经发生，随时报告，及时解决。例如，因发生超出预算标准控制以外的事项而引发超预算的使用情况等。其指导思想是抓住要害、关注重点。

例会则应根据企业的具体情况做出制度安排。为了保证预算目标的顺利实现，各级预算责任单位应定期召开预算例会，目的是对照全面预算执行报告，及时总结预算执行情况，计算、分析预算差异及其原因，提出改进措施。例会的制度安排应根据预算反馈制度的频率而定，主要分为每周例会、每月例会、每季例会。根据需要，企业还可以增加每日例会、每旬例会、半月例会等。每日例会可设置为相关部门及成员的碰头会；每旬例会及半月例会可设置为各级各自召开的生产经营分析会。例会的主要内容应向下传达至基层部门，向上进行汇总分析，提交预算专职部门或全面预算管理委员会。

全面预算执行报告的基本形式

一、企业经营预算执行环境分析

详细分析企业所处的内外部经营环境、行业动态变化情况，重点说明预算前提条件的变化和发展趋势。

二、主要经济指标的执行情况分析

（一）主要行业业务量指标预算执行分析

这部分分析内容包括预算完成情况，同比环比趋势情况以及预算执行与时间进度差异分析。

（二）效益指标预算执行分析

1. 营业收入、营业成本预算执行情况分析，及其与时间进度差异原因说明。

2. 成本费用指标预算控制情况。

（1）销售费用预算执行情况分析，及其与时间进度差异原因说明。

（2）管理费用预算执行情况分析，及其与时间进度差异原因说明。重点说明非薪酬付现管理费用预算执行情况，以及重点费用预算控制情况。

（3）财务费用预算执行情况分析，及其与时间进度差异原因说明。重点说明利率变化及融资借款额变动影响。

3. 利润总额预算执行情况分析，及其与时间进度差异原因说明。

三、投资、融资预算完成情况分析

（一）年度投资、融资预算执行总体情况。

（二）重大投资项目预算执行情况，说明预算执行差异原因。

（三）重大融资项目情况说明。

四、薪酬预算执行情况分析及差异说明

对薪酬、工资及人员预算执行情况及差异进行分析说明。

五、预算执行存在的问题及全年预测

重点说明全年预测与年度预算差异原因及保障措施。

---

2. 全面预算执行报告的基本要求

由于各责任中心是按层级设置的，因此预算反馈报告也应自下而上，从最基层的成本中心逐级向上报送，直至最高预算管理机构。在每一层级的反馈报告中，除基层只有本身的可控成本费用说明外，其他层级都应说明本身的可控成本和下属责任中心转来的责任成本，这样就形成了一条连锁责任链。

需要指出的是，预算反馈报告的内容与格式应与预算编制表格相对应，反馈的频率视具体情况而定。目前，普遍实行的具有代表性的是月报、季报和年报。月报的反馈重点是各相关责任项目的预算执行过程，因此应着重列示其各时期的累计发生额占预算额的百分比，以便企业动态掌握预算的执行情况，使预算反馈报告更好地服务于预算控制职能。在季报或年报中，应重点反映各时期的预算执行结果，以便企业考评预算责任单位的业绩。

8.1.6　全面预算仲裁制度

在实施全面预算管理的过程中，各预算执行主体之间难免会产生一些权、责、利方面的纠纷，因而要求企业组织一定的机构和人员，对这些纠纷进行裁决，这就是所谓的内部仲裁。内部仲裁制度是实现预算控制职能的必要保障，它主要包括内部仲裁机构的设置和内部仲裁原则两方面内容。

内部仲裁机构是负责调解和裁决各预算执行主体之间经济纠纷的权力机构，它必须具有权威性。内部仲裁机构由企业全面预算管理委员会负责，其人员通常由单位高层决策人员组成。

内部仲裁程序分调解和裁决两个阶段。当责任中心之间发生纠纷时，先由内部仲裁机构进行调解，调解成功则由纠纷双方根据协议自行解决；若调解无效，则进行裁决，并强制执行。

内部仲裁具有严肃性和权威性，为了分清经济责任，维护单位的整体利益，内部仲裁必须坚持以下原则。

（1）公正原则。各预算执行主体均是单位内部的责任实体，只有依靠它们的共向努力，才能实现单位的经营目标。所以，内部仲裁必须一视同仁、不偏不倚，不能因为某部门重要或其效益较好而偏向它。

（2）整体利益高于局部利益原则。局部利益与整体利益在大多数情况下是一致的，但有时两者也存在冲突。无论何时，局部利益均应以整体利益为重，决不允许为了局部利益而牺牲整体利益的事情发生。

（3）群策群力原则。内部纠纷源于内部，依靠群众的智慧和力量，深入实际调查研究，有利于纠纷的顺利解决。

8.2　全面预算的控制

8.2.1　全面预算控制的目的和基本要素

1. 控制的主要目的

预算作业程序包括预算规划、预算编制、预算执行和预算控制，其中预算控制的主要目的在于：

（1）确认作业最终的结果与既定的预算目标相符（事后控制）；

（2）随时提供信息，便于及时修正错误（事中控制）。

控制行为必须详加规划，否则容易缺乏方向，最终徒劳无功。

一般可将预算控制分为两类，即管理控制与作业控制。管理控制是指管理者确保资源的取得及有效运用，以达成企业目标的过程，也就是研究工作执行、控制计划，以期相互沟通、协调，共同达成企业目标；而作业控制是有效地完成既定任务的过程。作业控制与管理控制的主要区别在于前者不需要太多的管理判断，只要按照既定规则进行即可，而后者则需要进行管理判断。

2. 控制的基本要素

控制的基本要素有：

（1）订立的标准或比较基础；

（2）实际与标准或比较基础的比较，即衡量绩效；

（3）采取纠正行动，即进行差异分析。

这三项基本要素看似简单，但在实际运用中问题却很多。例如，何时衡量绩效，绩效评估的指标是什么，由谁来负责绩效评估，评估结果向谁汇报，如何使评估工作快速、正确、合理……最重要的是，标准如何制定，标准是否合理。这些都是控制程序必须解决的问题。

8.2.2　全面预算监控的范围和主体

如果只有全面预算编制而没有全面预算监控，那么只是一个管理的开环，无法保证企业管理目标的实现。在全面预算执行过程中，由于种种原因，实际执行情况难免与事先的预算发生偏离。为了纠正这种偏离，保证企业按照既定的预算目标运行，对预算执行的过程进行日常监督与控制便是必不可少的；否则预算就会流于形式，失去控制力。

1. 全面预算监控的范围

全面预算监控的范围十分广泛，主要可以从以下几个层面来实施：

第一，从预算的内容来看，全面预算监控范围应当包括投资活动预算的监控、融资活动预算的监控、营业活动预算的监控、现金流量预算的监控、财务状况预算的监控和经营成果预算的监控；

第二，从预算的管理环节来看，全面预算监控范围应包括所有管理环节的监控，从预算的编制、执行、调整到预算的考评和奖惩，各个环节都需要实施监控；

第三，从预算实施的部门来看，全面预算监控范围应包括企业的各责任中心和各职能部门。

2. 全面预算监控的主体

全面预算监控的主体是全面预算监控的组织者和实施者，是实施预算监控职能的机构。由于预算监控的范围涉及企业各个环节、各个部门及每一位成员，因此预算监控应该是全面的、系统的。有效的监控应借助各部门、各成员的共同努力，应是预算执行者的自我监控和相互监控的结合。

在实施全面预算的企业里，期望通过设置一个机构来完成全部预算监控工作是不切实际的。预算的监控主体不应是单一的，而应建立多层次的预算监控主体，最高层次的预算监控主体当然是全面预算管理委员会。对于企业预算的执行情况，全面预算管理委员会作为最高的监控主体，应行使其监控职责。第二层次的监控主体是企业的各级部门，这是按照逐级负责制原则，由上级对下级的预算执行情况进行逐级监控。这样一来，企业的预算目标就可以逐级往下渗透到生产经营的每一个过程、每一个环节、每一个岗位，确保预算目标的实现。在整个监控体系中，处于中间层面的各部门既是上级监控主体的监控对象，又是下级部门的监控主体。

全面预算监控主体的职责主要有以下几点：

第一，检查各责任单位预算执行情况，对不符合预算要求的费用，一律不得随意开支；

第二，对责任单位因环境变化或其他原因导致的预算调整方案进行审核，并报上级监控主体或企业预算管理委员会批准；

第三，收集有关已执行预算的责任单位的运行情况，为下一个预算期间提供制定依据。

8.2.3　全面预算监控的程序和原则

1. 全面预算监控的程序

在企业全面预算管理实践中，内外部因素变化会使各项预算在执行过程中不可避免地受到影响。为了解和检查预算期间正在发生的各项经营收入和费用支出的情况，以及密切关注那些可能会发生的意外情况，企业必须以预算目标为标准进行严格的监控，并建立一套能够严格监控预算执行的程序，保证将支出类的项目严格控制在预算之内，完成收入类项目预算，使现金流动满足企业日常和长期发展的需要。

一个完整的预算监控程序，应当是从预算目标的确定开始的，包括确定预算目标并编制预算，责任落实，业绩报告与差异分析，业绩考评与奖惩措施等，这是一个系统化的过程。

（1）确定预算目标并编制预算

确定预算目标是建立全面预算控制系统的基本原则之一，设置预算目标应该注重企业的长期价值和竞争优势。确定预算目标是预算编制的基本依据，也是预算控制的起点。企业总的全面预算目标居于最高的统驭地位，它指明了预算期间企业发展的目标与大方向，以及必须达到的竞争水平等。如果预算目标不明确，将会在很大程度上影响预算编制的合理性、执行的可控性和考评的准确性。确定预算目标后，责任中心应采用合理的编制程序和方法编制各项具体的预算。

（2）责任落实

预算分解的过程也就是落实责任的过程，即将企业的总预算目标按照预算责任体系，逐级分解到各责任单位，直至具体责任人。落实预算责任的工作是否顺利，很大程度上取决于企业预算组织结构的合理性、责任层次与责任界限的清晰性。而责任预算及其目标的有效实施，必须依赖具有激励与约束功能的各项责任业绩标准的控制。

（3）业绩报告与差异分析

业绩报告能够反映责任中心甚至企业整体截至某一个时点全面预算执行的进度与运行状态。首先，可以从中发现预算执行的实际效果及其存在的问题、问题出现的环节、偏离预算目标的程度以及对企业整体预算目标的影响等；其次，针对不同环节进行差异分析，查找差异产生的原因，从而保证企业预算目标的实现。

（4）业绩考评与奖惩措施

通过业绩考评，首先，企业可以掌握预算的运行情况以及存在的问题，从而为协调各责任单位之间的矛盾、纠正偏差提供思路；其次，可以确定各责任单位和责任人责任目标的实现水平，以及不同责任单位或责任人对企业整体预算目标的贡献差异，进而为以后兑现奖惩提供依据。奖优罚劣是预算控制具有激励与约束功能的策源地。一个预算期满，企业必须对各层次责任预算执行的成绩与缺陷、经验与教训、优劣差距及其原因等进行全面、系统的总结与评价。总结环节实际上发挥着一种承前启后的作用，同时也标志着下一预算控制循环的开始。

2. 全面预算监控的原则

（1）适时控制原则

适时控制是指能够及时发现并及时纠正预算活动的偏差。企业预算管理过程中产生的偏差，只有及时采取措施进行纠正，才能避免偏差的扩大，防止不利影响的扩散。及时纠偏要求管理者能够及时掌握反映偏差及其严重程度的信息。但是，最为理想的方法是在偏差发生之前就能够对可能出现的问题进行预测。为此，企业可以通过建立预算预警系统来实现适时预算控制。

（2）适度控制原则

适度控制是指控制的范围、程度和频度要恰到好处。控制具有正、负两种效应。正效应是指通过预算控制，可以避免或及时纠正企业预算执行中出现的偏差，有利于预算目标的实现；负效应则是指预算控制可能会给被控制者带来某种不愉快，甚至影响被控制者的积极性。同时，预算控制也会发生控制费用。这就决定了企业在进行预算控制时，应当遵循适度控制的原则，在控制的范围、程度和频度上进行合理的安排。控制的范围过小、程度过低、频度过少，都可能会造成活动的失控，不会取得较好的控制效果；反之，控制的范围过大、程度过高、频度过多，都会使控制费用大幅增加，甚至引起被控制者的不满，影响其积极性，这对实现预算目标是很不利的。

（3）重点控制原则

全面预算管理工作的内容极为庞杂，企业没有必要事无巨细地进行全面控制。在实施全面预算管理时，选择关键控制点进行重点控制是非常重要的控制原则。这样一来，既能节约控制费用，又能将精力用于重要事项的控制，提高控制的效果。在预算管理控制中，常用的重点控制方法有 ABC 控制法、80 / 20 控制法及例外控制法等。

（4）弹性控制原则

弹性控制原则要求企业的预算管理控制不能绝对化，应当具有一定的灵活性或弹性，从而应对复杂的环境变化。企业在实施预算管理过程中，经常会遇到某种突发的、无力抗拒的事件，这时会使现实的预算背离预定目标。因此，保持预算管理控制的弹性是十分必要的，它可以使预算控制系统在这种情况下仍然发挥控制作用。弹性控制原则要求企业在制定预算控制标准时就要具有弹性，如可以规定企业在不同情况下的预算标准或预定目标，以保证预算控制系统有效地发挥作用。

8.2.4 全面预算监控的模式

1. 根据全面预算监控力度分类

从全面预算监控的力度来看，有预算紧控制和预算松控制两种模式。

（1）预算紧控制

预算紧控制，即严格依据全面预算的完成程度来考评相关责任人的业绩。其基本理念是：为员工确定具体的短期（如一年）目标，使其工作更有效率。预算紧控制是一种比较传统的预算控制模式，它源于成本管理的标准成本法，以控制"偏差"为基础，即监测实际产出与事先确定的预算目标之间的差异，然后进行适当的监控，以消除或尽量减少偏差。它是标准成本控制思想从成本领域向其他作业领域的延伸。预算紧控制有以下一些特点：

①关注预算具体项目的细节；

②不允许偏离预算目标；

③高层管理者重视与预算相关事项的交流，强调全面预算目标的实现。

在预算紧控制情况下，责任人的实际业绩与预算应该相符，预算标准对他们来说就是一个强有力的约束。在每月或每季度考核时，可将到期为止的实际业绩与预算标准进行比较，如果没有达到预算目标，那么要采取纠正措施。因此，在实施预算紧控制的情况下，各级管理者的业绩主要根据在预算期内达到预算目标的能力来评判。

预算紧控制是很多企业的首选预算控制模式。例如，在某大型集团公司的全面预算管理体系中，每个月都会进行实际业绩与预算标准的比较和分析，对没有完成预算目标的部门和人员，要实行奖金否决制，这就是典型的预算紧控制模式。企业实行预算紧控制有以下好处：

①能从一定程度上防止企业管理者浪费和低效率工作，促使管理者不断增强节约和高效工作意识；

②持续的压力能够促使企业管理者寻找新的方法，改善企业现有的经营状况，通过实施新的措施来实现预算目标。

（2）预算松控制

预算松控制是近年来国外企业逐渐兴起的一种预算控制模式，如欧洲一些大公司实施的"超越预算"模式。所谓"超越预算"，确切地说应该是超越预算紧控制。实行松控制的评价标准较为灵活，它主张把责任和权利都适当下放，授予下级，给下级人员足够的权力空间。在松控制模式中，预算主要用作联络和计划的工具，每年预算管理部门会照样编制、复查、调整和批准预算，每月或每季度仍会将实际业绩与预算进行比较，并对差异做出分析和解释，但是预算并不被看作是对预算执行者的约束和评价标准。随着经营环境和预测前提条件的改变，初始的预测和预算可以随时修改。

预算松控制的主要控制对象由紧控制中的内部组织单位和个人转向组织外部的环境变量。与紧控制中以是否达到预算目标作为考核业绩的标准不同，在松控制模式下，即便预计的目标没有达到，也不一定意味着经营业绩不佳。

2. 根据全面预算监控的形式分类

从全面预算监控的形式来看，有外部监控和内部监控两种模式。

（1）外部监控

外部监控是指预算执行过程中上级对下级的监控。外部监控的措施一般有以下两项。

①规章和条例，即对组织行为期望要求和员工的工作状态的表述。一般情况下，每个预算管理系统都会有相应的书面规章和条例制度。

②产出监控，即将监控集中在业务结果，使员工慎重考虑应该如何完成任务。产出监控主要是通过财务监控来实现的，如通过监控收入取得和成本发生来保证最终的财务成果。

（2）内部监控

内部监控是指每一个责任单位对自身预算执行过程的监控，它是预算监控的主要形式之一。内部监控的优点是：在预算编制过程中，各级预算责任部门和相应员工都有参与，在预算执行之前他们对预算就已经心中有数了，这样有利于在预算执行过程中发挥其主观能动性。预算目标的分解明确了各责任单位的目标和责任，并赋予其相应的权利，再配以适当的激励机制，把权、责、利三者紧密结合起来，从而更有利于责任单位在执行过程中对偏离预算的不利行为进行自我纠正，调动责任单位实行自我监控的积极性。

8.2.5　经营预算控制

经营预算中包括的销售预算，生产预算，成本、费用预算等都是预算控制的内容。

1. 销售预算控制

因为在销售预算中最重要的部分是销售收入的实现，所以控制目标应该集中于销售价格和销售数量，监督二者在预算期间的变化。

（1）将销售预算涉及的地区划分为若干部分，每部分由专人负责，如分区销售经理。

（2）建立销售预算完成计划时间进度表，随时检查预算完成情况。

（3）建立有效的预算评估程序，对每一阶段的预算执行情况进行评价。

另外，在销售预算中还应涉及对产品期初、期末存货的考虑。由于各种环境的影响，销售量的波动会比较频繁，为了生产的稳定，对存货也应进行预算控制，使存货数量处于最低安全存量和最高安全存量之间。

2. 生产预算控制

（1）产量预算控制

生产量会受到销售预算和存货预算控制结果的影响。一般来说，产量预算控制的指导原则应包括以下几点：

①确定每项或每类产品的标准存货周转率；

②利用每项或每类产品的标准存货周转率和销售预测值来决定存货数量的增减；

③预算期内的生产数量等于销售预算加减存货增减数量。

总之，产量预算的控制必须符合管理控制政策，使生产稳定，将存货数量保持在最低安全存量以上和管理决策所决定的最高存量以下。

（2）直接材料预算控制

直接材料预算控制的目的主要有两个：一是关于直接材料存货的，通过预算控制使相关人员能够在最适当的时候发出订单，以适当的价格和质量获得适当数量的直接材料；二是关于直接材料消耗的，通过控制使材料消耗符合预算标准，将损失控制在确定范围之内。

有效的直接材料存货控制必须做到：供应生产所需的材料，保证生产的连续性；在供应短缺时（季节性等因素造成）设法提供充足的材料供应，并预期价格波动；以最少的处理时间和成本储存材料，避免火灾、盗窃等意外情况的发生，同时减少自然消耗；系统地报告材料状况，使过期、过剩、陈旧的材料的数量降到最低。这些要求可以通过定期汇报、定期检查、限定材料存货最低量及最高量等手段来实现。

直接材料消耗控制应该使生产过程中的材料消耗控制在预算标准范围内，尽量减少不必要的浪费和损失，提高材料利用率。实现直接材料消耗控制的方法有限额领料制、配比领料制、盘存控制法等。在使用这几种方法时要注意严格执行标准，如果有超标现象，需要说明原因，并经有权做出决策的部门和人员批准。另外，材料的品种、规格要符合工艺技术的要求，防止大材小用或优材劣用。

（3）直接人工预算控制

有效的直接人工预算控制取决于各级主管人员的持续监督和观察，以及主管人员与员工的接触。直接人工预算中最重要的环节是单位小时人工标准的确定，另外工作流程的规划以及物料、设备的布置安排都会对直接人工总成本产生影响。同时，在一定的工时标准基础上，员工的工作效率会直接影响生产数量和质量。所以，对直接人工的预算控制，可以从控制人工标准和员工人数（控制工资费用总额）以及监督劳动生产率两个角度着手。

（4）制造费用预算控制

制造费用预算控制的基本原则是区分可控因素和不可控因素。

①制造费用预算控制中的可控因素与材料和人工预算控制都有关联，制造费用中的材料和人工控制方法可以参照直接材料和直接人工的预算控制方法。

②制造费用预算控制中的不可控因素，如分摊的折旧和管理费用等，只能由负责计算分摊这些费用的部门实施控制，由它们来调控费用总额和分配给相应受益部门的份额。接受这些间接费用的部门无须承担控制责任。

3. 成本、费用预算控制

（1）成本预算控制

成本预算是对直接材料、直接人工和制造费用预算的总结概括，因此成本预算控制是站在一个更高的角度对产品成本进行总的监督，而不是分项目的详细控制。在以销定产、从目标利润倒推生产成本的情况下，成本预算控制就是直接材料、直接人工和制造费用预算控制的基础，通过成本预算中要求的各项目的完成情况来详细制定各项目的控制措施。

（2）销售费用预算控制

销售费用可分为变动销售费用和固定销售费用，其控制方法各不相同。

①变动销售费用是指与产品销售数量成正比例变动的费用，如销售佣金、包装费、运输费等。对于变动销售费用，一般应在不影响销售的前提下控制其单位消耗。例如，通过采用科学的打包技术、降低包装物的消耗等手段来减少单位产品的包装费。

②固定销售费用是指与产品销售数量没有直接关系的销售费用，如广告费、销售部门管理人员的工资等。由于固定销售费用与销售数量没有直接关系，所以控制的时候以总额控制为主，如限定预算期间用于广告费用的支出金额。

（3）管理费用预算控制

管理费用预算由许多明细项目组成，对不同项目的费用应采用不同的控制方法，但就费用水平而言，应采用费用预算总额控制的方法。例如，对于可能发生的坏账，事先应该按照应收账款的一定比例和账龄长短来核定预算年度的坏账准备，如果实际发生的坏账超过了预算数额，那么在核销时应该由有权控制的部门核准，并查找发生超额坏账的原因，写出报告。

8.2.6　资本预算控制

企业对资本预算不能仅考虑尽量压缩支出，还应该考虑战略成本。所谓战略成本，是指那些能使企业获得价值创造和核心竞争力的成本。这些成本包括技术研发的成本、开发市场的成本和扩大生产以提高质量的成本等。这些成本着重的是企业的长远利益而非短期利益。技术研发可以使企业获得技术上的领先优势，开发市场可以使企业扩大市场占有率，扩大生产可以使企业因生产能力提高而获得规模效益，提高质量可以使企业争创名牌。例如，英特尔、微软等公司都投入了大量的战略成本以获得核心竞争力。因此，资本预算控制应根据实际情况的变化，随时调整支出项目与支出额，使资产的取得、维护、重置等能够顺利进行。一旦发生无法预计和解决的问题，企业应遵循谨慎性原则，及时停止资本支出项目，以最大限度地减少损失。

资本预算控制分为以下三个阶段。

1. 资本支出项目的授权

对主要的资本支出项目，需要最高管理者批准，批准的形式可以是正式或非正式的通知。相应地，对重要性程度递减的资本支出项目，由相应级别的管理部门授权即可。

2. 资本支出项目进行中的支出控制

一旦资本支出项目经过批准并开始实施，企业应立即设立专门档案用以记录发生的成本、费用支出，并根据责任范围编制工作进度表作为补充资料。每个资本支出项目的进展情况报告，都应该每隔一段时间呈报给相应的管理机构，重要的资本支出项目则需要将报告呈送企业最高管理者审核。报告应包括的项目有以下几项。

（1）成本项目。在成本项目中，应列明资本支出项目的预算金额、到报告期为止的累计支出和尚需支付的待付款项、预算中未使用的金额、已经超过或低于确定支出的数额。

（2）收入项目。如果资本支出项目投入后马上就可以产生收益或在报告期内产生了收入，那么应在报告中列明收入数额、收入取得的原因和方式等。

（3）进度报告。在进度报告中，需要说明项目开始日期、预计进度表、实际进展程度和项目预计完成尚需的时间。

（4）其他需要说明的情况。没有包括在上述三个项目中但又比较重要的问题可以放在这个项目中，如项目的质量、一些事先未预想到的问题等。

3. 资本支出项目完成后的记录与归档

资本支出项目完成后，关于该项目的档案资料也记录完毕。实际情况、预算情况以及两者的对比、分析、解决情况，项目的验收和试运行情况等都包括在内。这些档案资料经相应管理机构核准后可以归档。

经过以上阶段，对资本预算的控制已经基本完成，如果是重大的资本支出项目，还应遵循重要性原则，进行跟踪观察、定期研究，确定该项目是否产生了当初分析时所预期的结果。这样的考察是十分必要的，不仅可以对原分析的适当性进行良好的检测，还可以为企业将来的经营决策提供有价值的参考资料。

8.2.7　现金预算控制

通过对前面各项预算的控制，预计利润表和预计资产负债表的顺利编制已经有了保证，但还需要对现金进行专门的管理控制。良好的现金控制制度是非常重要的，因为现金的多余和不足，特别是不足，给企业带来的潜在影响是难以估计的。

1. 避免现金不足应采取的措施

实际现金收支与预算收支的差异是一定存在的，发生差异的原因可能有现金影响因素的变化、意外情况对生产经营的影响、现金控制不得力等。企业为了缩小差异，避免出现现金不足的情况，可以采取以下措施：

（1）加强应收账款的催收力度；

（2）减少付现费用；

（3）延迟资本支出；

（4）推迟待付的款项；

（5）在不影响生产经营的基础上减少存货数量。

2. 对现金预算进行控制的方法

（1）对现金及未来可能的现金状况做出适当和连续的评价。这个程序涉及定期评估和截至报告期所发生的实际现金流动情况，以及对下一期间可能发生的现金流量的再预测。

（2）保存逐日（或更长间隔期间）的现金状况资料。为了减少利息费用，确保现金充足，有条件的企业可以每天对现有现金状况进行评估，这个方法特别适用于现金需要波动幅度较大、分支机构分散且有庞大现金流量的企业。在实际经济活动中，很多企业都通过编制现金收支日报表来控制现金流量。

8.2.8 全面预算环节的监控

建立完善的监控系统，对全面预算各个环节实施有效的监控，可以帮助企业加强预算管理，使预算真正发挥应有的监控作用。企业预算监控系统从预算管理的环节来看，主要包括预算编制监控、预算执行监控、预算调整监控、预算考评监控、预算奖惩监控和预算反馈监控等几个部分。

1. 预算编制监控

预算编制监控是一个前馈监控过程，预算编制质量的高低直接影响预算当期企业的经济效益。对于预算的编制过程，企业预算管理部门要进行适当的监控。

首先，要保证编制过程中不出现任何数据处理上的差错。预算资料或者说预算初稿是由各相关部门分别提供的，上级预算管理部门在接受这些资料时要进行认真的复核，以保证数据资料的准确性。

其次，要重点对"预算松弛"的问题进行监控。所谓预算松弛，是指在预算编制过程中，预算执行者为了完成预算，倾向于制定较为宽松的预算标准，使完成某项任务所预算的资源数量大于实际需要的资源数量，或使预算的产出量小于可能的产出量。预算松弛主要表现为预算执行者低估收入、高估成本、低估产销量甚至销售价格、夸大完成预算的困难、低估利润等；或为了争取新的投资项目，在项目申报时压低支出预算，当项目被批准后，又不断扩大投资规模或捎带其他项目的"钓鱼"行为。企业在采用自下而上或上下结合的预算编制程序时最容易出现这种情况。所以，在预算编制过程中，预算监控部门应留意这种状况，慎重地确定下级参与预算编制的程度和方式，对下级报上来的预算要进行认真论证，尽量减少或消除这种现象。

2. 预算执行监控

预算执行监控在预算监控系统中处于核心环节。预算执行过程中的监控是一种动态监控，其重点放在对发生的行动效果及其形成过程的经常监督上。预算执行过程中的监控主要是做好以下几个方面的工作。

（1）权限划分

权限划分是在预算执行过程中，为保证预算内的投融资、资产购置、费用开支、经营业务管理的有效性，对预算额度的使用许可设置必要的审批权限，规定各个级别的预算管理部门所具有的审批权限。

（2）资金监控

资金流动是企业的"血液循环"系统，"血液循环"是否顺畅，无疑是关系企业生死存亡的问题，所以对资金的监控不容忽视。实施资金监控，设立内部结算中心是一种很好的方法。内部结算中心也称内部银行，它作为办理内部各成员现金收付和往来结算业务的专门机构，是一个独立运行的职能机构。内部结算中心是完善企业内部经济责任制、强化财务管理的一种管理形式，它主要通过结算管理和信贷管理两个方面来做好企业资金的调剂工作，并及时把企业高层的经营意图贯彻于财务部门、企划部门、业务管理部门以及各单位、子公司及分厂，为企业的正常运转提供资金保障。

（3）预算仲裁

预算仲裁也是预算管理的必要手段之一，是实现预算调控职能的必要保障。如果企业内部各预算单位之间发生利益冲突，导致企业生产经营业务无法正常开展，就需要进行仲裁。仲裁决议一经形成，各预算责任单位必须无条件执行，这是由内部仲裁具有的权威性和严肃性决定的。

3. 预算调整监控

在预算执行过程中，由于主客观条件的发展变化，企业要想保证预算的科学性、严肃性与可操作性，就有必要对预算进行适当的调整。当实际的变化超出预计很多时，就需要调整企业预算。如果发现某项预算编制的基础已经发生了变化，仍然坚持按照原预算去执行，那么显然违背了预算作为管理监控系统的初衷。但是，允许调整预算并不意味着能随意调整。许多企业在实施预算管理的过程中，经常出现"下面天天打报告，上面天天调预算"以及"预算跟着报告跑"的情况。这样不但发挥不了预算的作用，还浪费人力、物力和财力，失去了预算管理的权威性。

预算的调整同预算的制定一样，是预算管理的一个重要、严肃的环节，必须经过严格、规范的审批程序，不能随意调整。由于预算调整属于非正常的事项，而且牵涉面广，对其他相关部门也会产生影响，并可能引起一系列的变化，因此需要建立一定的程序来监控它。首先，应严格界定预算调整的范围，只有出现不可控的因素变化时才允许调整；其次，应该规范预算调整的权限与流程，只有对调整的范围、权限与流程进行严格规范，才能在出现难以预料的情况时保证预算调整有序进行，不至于失控。

4. 预算考评监控

预算考评是对企业内部各级责任中心和责任部门预算执行结果的考核和评价。在预算管理循环中，预算考评处于承上启下的关键环节，在预算监控中发挥着重要作用。如果没有以预算为基础进行考评，预算就会流于形式，从而失去监控力。

在预算考评过程中，企业必须对考评的全过程进行监控，以保证考评结果对每个责任中心、每位责任人都是合理、公平和公正的。首先，要看考评是否遵循了相应的原则，如可控性原则、风险收益对等原则、公平公开原则等；其次，要看预算指标体系的设计是否科学、合理，只有科学、合理的指标体系才能合理评价经营业绩，才有助于合理配置资源，提高经济效益；最后，要看在考核定量指标时是否相应地结合了定性指标，考核绝对指标时是否结合了相对指标等。总之，预算管理的监控部门要对企业预算的考评进行全方位的监控，只有这样，考评的结果才能被大家所接受，才有助于企业预算管理工作的顺利开展。

5. 预算奖惩监控

有效的奖惩制度是企业全面预算系统长期顺利运行的重要保证。考评和奖惩是相关联的，考评之后必须有相应的奖惩激励制度与之衔接，这样才能够实现建立评价和激励制度的目标，引导员工自觉约束自己的行为。

对于奖惩的监控，主要是监督各项奖励与惩罚措施是否都落到了实处，是否都在规定的时间内予以兑现，奖励给各责任中心、各责任人的物资及表彰等是否完成，没有完成预算工作的相关部门及人员是否受到了相应的惩罚等。如果只有考评，而奖惩措施不到位，势必会影响企业内部各单位、各员工的工作积极性，从而导致其在以后的工作中消极地对待预算执行工作。

6. 预算反馈监控

预算信息反馈是预算执行过程中预算监控职能实现的前提和基础。预算监控系统要发挥应有的作用，必须依赖灵活的预算信息反馈机制。企业对预算反馈的监控包括预算反馈监控制度和预算反馈报告两部分。

（1）预算反馈监控制度

为保证企业预算目标的顺利实现，在预算执行过程中，各级预算责任单位应定期召开预算例会，如每周或每月等，对照预算指标及时总结预算执行情况、分析差异产生的原因、提出改进的措施。预算例会召开之后，应当形成预算反馈报告上报上级预算管理部门。

（2）预算反馈报告

预算反馈报告分为基本报告和特别报告。基本报告是按照报告频度安排、定期编制的以预算责任单位的正常经营状况和结果为对象的预算反馈报告。一般来说，基本报告应当列示责任预算、实际完成数及其差异；同时对差异较大的项目进行差异分析，并做出文字说明。特别报告是指非定期编制的针对预算责任单位在预算执行过程中的特别事项所做的反馈报告。特别报告的内容因事项不同而不尽相同，但通常应当报告事项的原因、结果、影响、责任人及最后的处理意见等。特别报告可以是书面报告，也可以是口头报告，但在实务中，最好编制书面报告。编制预算反馈报告应当遵循真实、及时、系统和灵活的原则。

8.3　全面预算的调整

8.3.1　全面预算调整的原则

预算管理是监督生产经营部门和控制生产经营过程的科学管理方法，必须保证在执行过程中的严肃性和权威性。预算调整必须按照预算管理制度中规定的调整程序进行。同时，调整预算还应该分别按照不同的情况确定不同的调整方案。预算调整根据预算指标执行的具体情况、客观因素变化情况及其对预算执行造成的影响程度，可分为预算目标调整，以及预算目标不调整而只调整预算内容两种。具体来讲，当生产布局进行重大调整、国家相关政策出现重大变动，非常有利于企业或不利于企业，对生产经营造成实质性转变，对预算执行结果产生重大的影响时，就需要对预算目标进行调整；如果对预算的执行没有长期持续的影响，那么一般只对相关部门的预算进行调整，并且不调整预算目标而只调整预算内容。

企业应当建立内部的弹性预算机制，对于不影响财务预算目标的营业活动预算、投筹资活动预算之间的调整，企业可以按照内部授权批准制度执行，鼓励预算执行单位及时采取有效的经营管理对策，保证全面预算目标的实现。

对于预算执行单位提出的预算调整事项，企业在进行决策时应当遵循以下原则：

（1）预算调整事项不能偏离企业发展战略和年度财务预算目标；

（2）预算调整方案应当在经济上能够实现最优化；

（3）预算调整重点应当放在全面预算执行中出现的重要的、非正常的、不符合常规的关键性差异方面。

8.3.2　全面预算调整的程序

预算调整必须按照一定的程序进行。一般来说，预算调整要经过分析、申请、审议和批准四个主要程序。

1. 分析

预算执行单位在具体执行预算时，如果发现存在预算偏差，应及时做出分析，对形成预算偏差的原因进行逐个检查，分析是属于客观原因（如预算条件的变化）造成的，还是主观上不能严格执行原有预算。若属于前者，则应向全面预算管理委员会申请调整预算；若属于后者，则由预算单位自行消化，不得进行预算调整。

2. 申请

预算调整申请应由预算执行单位向全面预算管理委员会或其常设机构提出书面申请。预算申请报告内容应详细说明预算调整的理由、初步建议方案、调整前后预算指标的比较、调整后预算指标可能对企业预算总目标的影响，以及调整后预算责任人的变化等。

3. 审议

全面预算管理委员会或其常设机构在接到预算单位要求进行预算调整的申请后，应当进入预算调整审议程序。预算调整审议程序一般包括以下步骤：

（1）根据预算调整的具体内容、范围等确定预算审议人；

（2）预算审议人对申请预算调整事项进行深入的调查和论证，并提交审议意见报告；

（3）全面预算管理委员会或其常设机构将预算调整审议意见与预算单位的预算调整申请报告进行分析对比，特别要注意拟调整的预算应与企业预算总目标相协调，并与预算审议人、预算单位交换意见。

4. 批准

全面预算管理委员会根据预算调整事项性质的不同，依据权限批准预算调整事项或报请批准预算调整事项，并下发预算单位执行。

预算调整必须要遵循一定的程序和流程，并有相应的配套制度来保证预算调整程序和流程得到严格的执行。预算调整的范围、调整程序和流程、预算调整的权限构成了预算调整的三大要素，企业必须严格加以规范。

以下是某公司的预算调整制度与程序：

公司各预算责任单位应按月编制未来三个月的滚动预算，并自觉检查预算执行过程中出现的问题，分析预算执行与滚动预算、预算进度及同期的差距和原因，及时纠正偏差，并按月向预算评价委员会报送分析报告（包含预算完成差异分析及后续经营环境预判和经营举措）。

公司预算及评价委员会每月固定向公司总经理及上级事业部提交预算完成情况说明，根据要求按时提供其他预算执行信息。

预算责任单位不得对已批复预算随意调整。经营成果预算原则上不进行调整，但在发生特殊情况导致预算前提发生重大变化的条件下，可向预算及评价委员会提出书面申请，经公司总经理办公会批准后方可在年度预算范围内进行调整；超出年度预算范围的，由预算及评价委员会提请上级事业部审批。

8.3.3　全面预算调整的形式

1. 预算调整的基本形式

预算调整的基本形式包括自动滚动调整、期中调整、授权调整、期后追认（追加调整）、即时预算调整以及授权与即时调整相结合等。

（1）自动滚动调整

所谓自动滚动调整，实际上是预算管理信息系统中的一个子系统，即"预算调整系统"，当预算假设或预算条件发生变化时，自动按照最新的预算假设或预算条件对预算指标做出调整，并且当满足预算总目标调整条件时，自动生成新的预算总目标，如此不断滚动到预算年度（期间）结束为止。

采用自动滚动调整这一形式的前提是企业已经建成了适合自身实践和满足自身需要的全面预算管理信息系统。因此，自动预算调整适用于管理软硬件自动化程度比较高、能对经营环境的变化做出及时反应的企业。

预算自动滚动调整也有缺陷，即难以对预算调整的程度做出准确的判断。对于预算的前提，无论是外部经济条件还是内部管理条件，有许多因素是无法量化的，所以如何确定"自动滚动"的调整参数，往往与企业对预算指标的细分程度有关。一般来说，这一预算调整形式难以与企业治理结构相协调。

（2）期中调整

这是在预算执行过半后，将预算前提和预算指标与年中预算实际执行结果进行比较，然后根据比较得出的预算偏差考虑进行年度预算调整的一种形式。这种形式由于只在期中进行一次，因此预算调整也是粗放式的，通常适用于规模较小、经营环境相对稳定的企业。

自动滚动调整和期中调整这两种预算调整形式的预算调整决定人与预算制定人实际是同一人。如果两者非同一人，预算调整的形式也就不一样，由此会派生出预算调整的其他形式。

（3）授权调整

所谓授权调整，是指预算制定人在制定预算时授权预算执行人或其他与预算有密切关系的人员，当预算前提在一定范围内发生变化时，可以根据实际情况对预算指标做出修订，以保证预算总目标的实现。

（4）期后追认（追加调整）

期后追认又称追加调整预算。其形式与行政事业单位预算方法类似，即将平时实质上已经调整的预算先实施挂账，在期末决算前一次性对原挂账的预算调整数进行逐一审查确认。这种形式适用于规模较小或对市场适应要求不高的企业。

（5）即时预算调整

顾名思义，即时预算调整是在预算执行过程中，当预算前提发生变化时，对原先编制的各项预算指标进行审核，并即时根据新的预算前提进行预算指标更新。即时预算调整与自动滚动调整在形式和程序上有一定的区别。前者强调的是对预算前提进行即时审核，而后者则是预算程序的实时反映。

即时预算调整形式适用于商业及制造型企业。但是，与预算自动滚动调整形式一样，预算即时调整也存在预算调整程度问题。

（6）授权与即时调整相结合

授权与即时调整相结合的预算调整形式是实务中基于企业法人治理原则，吸收预算授权调整和预算即时调整的优点、克服存在的缺陷和在实务中难以操作的因素而形成的预算调整形式。

现代企业制度对企业的管理实际上实行二元治理结构，即企业的董事会作为决策性的权力机构和经理层作为日常经营机构。这样，作为企业重大经济活动和企业管理体系的重要组成部分，企业预算系统中的各项行为就存在权力分配问题。企业董事会是企业预算的决定机构，而企业经理层则是预算的执行机构。当企业预算因预算前提发生变化而需要修正并调整预算指标时，由谁来决定预算调整呢？从理论上来说，当然是董事会。但是，董事会一般不直接参与企业的日常经营活动。它也不是一个常设的企业经营机构，如果要求董事会对频繁发生的预算调整逐一做出决定，显然是不现实的，在这种情况下，预算即时调整授权就应运而生。

2. 预算调整形式的选择

预算调整根据企业的制度、规模和所经营行业的特点等，有不同的表现形式。预算调整制度作为企业预算制度的组成部分，其形式与企业选择的预算编制方式有密切的联系。在实务中对预算编制方法和预算调整方法，并不是单纯选定某一种方法，而往往是几种方法结合使用，但事先要确定一个相对固定的预算调整形式。例如，许多企业是股东大会、董事会在一定范围内授权执行董事对预算进行调整等；在预算年度内，董事会批准的重大事项通常作为预算追加的依据，直接追加或调整预算。

企业采用的预算调整形式，通常也因不同行业而有所不同。例如，制造类企业、零售企业、服务类企业的预算调整方式会不尽相同。

（1）制造类企业

以制造产品为主业的企业，由于其原材料和产成品两头在外，一般处于市场系统的中间环节，对市场的敏感性很强，一旦预算条件发生变化并足以影响预算指标时，预算调整就不可避免。因此，制造类企业一般可以考虑采用自动滚动调整或即时调整与授权调整相结合的手段，即为了能实时监控预算的执行，根据企业法人治理原则授权经理层对预算偏差进行随时反映，并判断是否需要对原有预算指标进行调整。对于一些本身自动化程度比较高的制造类企业，由于先天优势，运用这些预算调整方式能更加有效地取得管理效益。

（2）零售企业

零售企业对市场的敏感性也非常强，特别是一些大型的零售企业，如百货商店、超市等，属于"两头在外"、以赚取差价为目的的企业。从这一点上看，零售企业与制造类企业有相似之处，但其赚取差价的手段主要是服务，因而其又有服务业的特点。因此，在选择预算方式时，零售企业应当结合自身的特点。由于大型零售企业的产品范围很广，多种产品对市场的敏感程度进行"叠加"，对一家企业来说反而变得不敏感，或者说显示出稳定的特征，因此可以采取授权与即时调整相结合的方式。这里要注意一点，企业应该对"即时"进行一定程度的"修正"，考虑按一定的时间段进行调整。例如，一个季度末先对预算的执行情况进行分析，再决定是调整还是维持预算。这种定期调整的方式，在预算年度内做调整的次数一般应多于服务业，建议最好是一个季度进行一次预算调整，以便预算执行与预算目标始终在企业可以承受的范围之内，而又不浪费精力。

（3）服务类企业

对于某些处于发展成熟阶段的服务类企业而言，一般其产品（服务项目）比较稳定，价格也不会有大的变化。因此，除非产生重大政策变化或不可抗力因素，如某一大型服务对象突然破产，使收入预算指标发生重大偏差，在这种情况下，就有可能调整预算。服务类企业可以在预算年度进行一次预算调整，具体可以采用期中调整、期后追认的方式，即在预算执行过程中由企业经理层根据实际情况对预算进行调整，年末决算时由原预算批准机构进行确认。

表 8-3 是某居民服务类企业集团采用期中（上半年结束后）调整、年末再追认的方式进行管理费用预算调整的示例，供读者参考。

表 8-3 管理费用预算调整表示例

编制单位（盖章）：　　　　　　　　　　　　　　　　　　　　　　　　　　　　　单位：万元

项目		行次	1—6月实际数	调整后的预算数	调整前的预算数	调整数		说明
						金额	比率	
职工薪酬	工资	1	25.05		55.00	−55.00	−100%	
	其中：基薪	2	25.05	0	55.00	−55.00	−100%	
	绩效工资	3						
	津贴	4						
	职工福利	5	0	0	3.00	−3.00	−100%	
	社会保险费	6	20.53	0	35.00	−35.00	−100%	
	企业年金	7						
	住房公积金	8						
	工会经费	9						
	职工教育经费	10						
	非货币性福利	11						
	辞退福利	12						
办公费		13	0.08	0	5	−5.00	−100%	
通信网络费		14						
差旅费		15	0.48	0	10.00	−10.00	−100%	
汽车使用费		16	0	0	11.50	−11.50	−100%	
业务招待费		17	1.02	0	12.00	−12.00	−100%	
水电费		18	2.80	0	2.60	−2.60	−100%	
交通费		19						
修理费	房屋修理费	20						
	办公设备修理费	21						
	其他修理费	22						
劳动保护费		23						
商业保险费		24						
董事会费		25						
会议费		26						
财产保险费		27						

（续表）

项目		行次	1—6 月实际数	调整后的预算数	调整前的预算数	调整数		说明
						金额	比率	
广告宣传费		28						
税金	印花税	29	0	0	2.00	−2.00	−100%	
	房产税	30	20.30	0	0			
	土地使用税	31	17.54	0	0			
	契税	32						
	其他	33						
咨询顾问费		34	0.30	0	0			
聘请中介机构费		35						
诉讼费		36						
租赁费		37						
培训费		38	0	0	3.50	−3.50	−100%	
物业管理绿化费		39						
折旧费		40	7.03	0	10.00	−10.00	−100%	
长期待摊费用摊销		41						
低值易耗品摊销		42						
无形资产摊销		43						
项目研发费		44						
对外合作费用		45						
投资项目前期费用		46				−		
其他费用	党工团活动经费	47						
	其他	48	4.56	0	17.90	−17.90	−100%	
合计		49	99.69		167.50	−167.50	−100%	

单位负责人：   主管会计工作负责人：

8.3.4 财务预警系统

财务预警系统是以企业信息化为基础，对企业在经营管理活动中的潜在风险进行实时监控的系统。它贯穿于企业经营活动的全过程，以企业的财务报表、经营计划及其他相关的财务资料为依据，根据财会、金融、企业管理、市场营销等理论，采用比例分析、数学模型等方法，发现企业存在的风险，并向经营者示警。它与财务评价系统相互依赖、互为补充。

1. 财务预警系统的功能

（1）信息收集

收集与企业经营相关的产业政策、市场竞争状况、企业本身的各类财务和生产经营状况信息，并进行分析比较，判断是否做出预警。

（2）预知危机

经过对大量信息的分析，当出现可能危害企业财务状况的关键因素时，财务预警系统能预先发出警告，提醒经营者早做准备或采取对策，避免潜在的风险演变成现实的损失，起到未雨绸缪、防患于未然的作用。

（3）控制危机

当财务潜在的危机发生时，财务预警系统能及时找到导致财务状况恶化的根源，使经营者有的放矢、对症下药，制定有效的应对措施，阻止财务状况进一步恶化。

2. 财务预警系统的建立模式

财务预警系统建立的关键是确定预警的指标和判断预警的警戒线。企业建立财务预警系统有以下两种模式。

（1）单一模式

单一模式是通过单个财务比率的恶化程度来预测财务风险。可设立以下比率：

$$债务保障率 = 现金流量 \div 债务总额$$

$$资产收益率 = 净收益 \div 资产总额$$

$$资产负债率 = 负债总额 \div 资产总额$$

$$资金安全率 = 资产变现率 - 资产负债率$$

其中：

$$资产变现率 = 资产变现金额 \div 资产账面金额$$

良好的现金流量、净收益和债务状况可以体现出企业长期的、稳定的发展态势，相关人员在跟踪考察时，应特别注意上述比率的变化趋势。当这些指标达到经营者设立的警戒值，预警系统便会发出警示，提醒经营者注意。企业的风险是各项目风险的整合，不同比率的变化趋势能够反映出企业风险的趋势，但单一模式无法区别不同比率因素对整体的作用，也不能很好地反映企业各比率正反交替变化的情况。当一个比率变好、另一个比率变差时，很难做出准确的预警。

（2）综合模式

综合模式是运用多种财务指标加权汇总产生的总判别值来预测财务风险，即建立一个多元线性函数模型来综合反映企业风险。下面通过 Z 模型进行讲解。

$$Z = 0.012X_1 + 0.014X_2 + 0.033X_3 + 0.006X_4 + 0.999X_5$$

其中：Z——判别函数值，X_1——营运资金／资产总额，X_2——留存收益／资产总额，X_3——息税前利润／资产总额，X_4——普通股和优先股市场价值总额／负债账面价值总额，X_5——销售收入／资产总额。

该模型将反映企业偿债能力的指标（X_1，X_4）、获利能力指标（X_2，X_3）和营运能力指标（X_5）有机地联系起来，综合分析、预测企业风险。一般认为当 Z 值大于 2.675 时，表明企业财务状况良好；当 Z 值小于 1.81 时，表明企业财务状况堪忧；当 Z 值在 2.675 和 1.81 之间时，说明企业财务状况不稳定。

综合模式把企业看作一个综合体，各个财务指标之间存在某种相互联系，但对企业整体的风险影响作用是不一样的。这种模式给企业一个定量的标准，从总体角度检查企业的财务状况，有利于不同时期财务状况的比较。但受企业规模、行业、地域等诸多差异的影响，使得 Z 值不具有横向可比性。

3. 企业财务预警系统的特征

企业财务预警系统具有参照性、预测性、预防性和灵敏性四个特征。

（1）参照性

从参照性来看，依据企业财务运行特点和相关规律等，从大量的企业财务指标中筛选出能及时、准确反映企业财务状况变化的指标，运用财务管理原理和数量分析方法，测算出反映企业财务运行状态的指标和指标体系，使其成为判断和认识企业财务运行规律的参照指标或指标体系。

（2）预测性

从预测性来看，企业财务运行各影响因素之间有一定的因果关系，可以根据财务运行状态的发展趋势和变化，预测或推导出与此密切相关的各因素的发展变化。尤其是当影响企业财务状况的关键因素出现不良征兆时，可以及早寻求对策，以减少财务损失。

（3）预防性

从预防性来看，一旦企业财务预警体系中相关指标贴近安全警戒线，便可以及时寻找导致财务运行恶化的原因，以化解财务危机。

（4）灵敏性

从灵敏性来看，由于企业财务体系各因素之间密切相依，存在互助关系，某一因素的变动会在另一因素上敏锐地反映出来，因此可以提供相关预警信息。

4. 财务预警系统的构建

企业财务预警系统主要由四个部分构建而成。

（1）财务信息收集、传递机制

良好的财务预警系统必须建立在对大量资料进行统计分析的基础上。这些资料包括企业内部财务数据和外部相关市场、行业数据，并形成一个资料系统。而且，这个系统应该是开放性的，不仅包括内部财务信息，还包括外部相关信息。最为关键的是，系统信息要不断刷新，资料系统要不断升级，确保财务信息的及时性、准确性和有效性。

（2）财务预警组织机构

该机构成员由企业经营者及企业内部熟悉管理业务、具有经营管理经验和技术的管理人员组成，并聘请一定数量的企业外部管理咨询专家。该机构相对独立于企业，独立开展工作，不直接干涉企业的经营管理，只对企业最高管理层负责。在建立财务预警组织机构时，需要遵循"专人负责、职责独立"的原则，确保财务预警分析工作能够有专人落实，且不受其他组织机构的干扰和影响。

（3）财务风险分析机制

高效的财务风险分析机制是财务预警系统的核心和关键。企业可以通过财务风险分析迅速排除对财务影响小的风险，从而将主要精力放在有可能造成重大影响的风险上。

财务预警系统的分析过程主要分为以下四步，如图 8-5 所示。

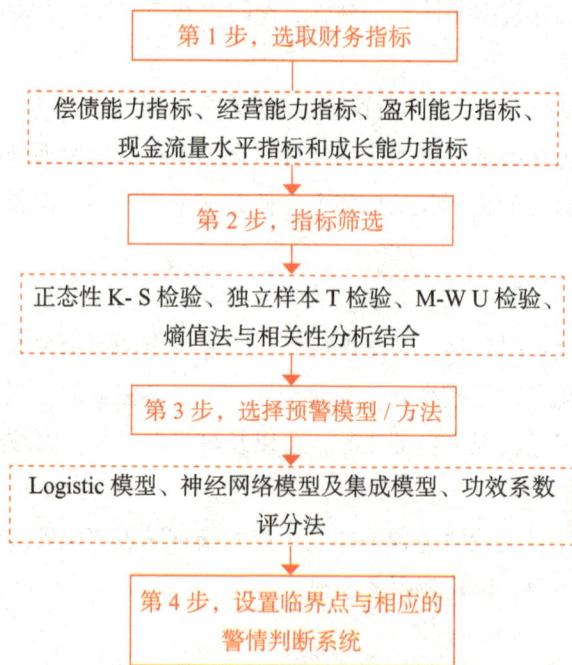

第 1 步，选取财务指标

偿债能力指标、经营能力指标、盈利能力指标、现金流量水平指标和成长能力指标

第 2 步，指标筛选

正态性 K-S 检验、独立样本 T 检验、M-W U 检验、熵值法与相关性分析结合

第 3 步，选择预警模型 / 方法

Logistic 模型、神经网络模型及集成模型、功效系数评分法

第 4 步，设置临界点与相应的警情判断系统

图 8-5　财务预警系统的分析过程

第 1 步，选取财务指标

影响财务风险分析的一般有两个因素：预警指标和临界点。其中，预警指标是用于预测财务危机的，也就是能够有效识别财务状况恶化迹象的财务指标。基于我国企业的经营环境与条件，结合中小企业的特征，考虑到预警指标设计原则，在借鉴国内外学者的实证研究成果的基础上，财务预警系统多从偿债能力、经营能力、盈利能力、现金流量水平和

成长能力五个方面选取财务指标，如表 8-4 所示。

表 8-4　财务指标选取类型

指标类型		指标名称	指标计算方法
偿债能力	短期	流动比率	流动资产 ÷ 流动负债
		速动比率	（流动资产－存货） ÷ 流动负债
	长期	资产负债率	负债总额 ÷ 资产总额
		股东权益比率	股东权益 ÷ 资产总额
经营能力		存货周转率	销售成本 ÷ 平均存货
		应收账款周转率	销售收入 ÷ 平均应收账款
		总资产周转率	销售收入 ÷ 平均资产总额
盈利能力		资产净利润率	净利润 ÷ 平均资产总额
		净资产收益率	净利润 ÷ 平均净资产
		营业利润率	（主营业务收入－主营业务成本） ÷ 主营业务收入 ×100%
现金流量水平		净利润现金含量	经营活动产生的净现金 ÷ 净利润
		主营业务收入现金含量	经营活动产生的净现金 ÷ 主营业务收入
		现金流量比率	经营活动现金净流量 ÷ 流动负债
成长能力		主营业务收入增长率	（第 t 年主营业务收入－第 $t-1$ 年主营业务收入） ÷ 第 $t-1$ 年主营业务收入
		主营业务利润增长率	（第 t 年主营业务利润－第 $t-1$ 年主营业务利润） ÷ 第 $t-1$ 年主营业务利润
		资本积累率	（第 t 年股东权益－第 $t-1$ 年股东权益） ÷ 第 $t-1$ 年股东权益
		净利润增长率	（第 t 年净利润－第 $t-1$ 年净利润） ÷ 第 $t-1$ 年净利润

第 2 步，指标筛选

指标的筛选有多种方法，包括正态性 K-S 检验、独立样本 T 检验、M-W U 检验、熵值法与相关性分析结合等。

①正态性 K-S 检验、独立样本 T 检验、M-W U 检验结合

这三种指标筛选方法可以结合使用，具体为先对所有样本指标进行 K-S 检验，检验财务指标是否服从正态分布，再对服从正态分布的指标进行 T 检验，判断指标是否存在显著差异，即指标对于财务状况是否灵敏。而对于不满足正态分布的指标，由于其不满足独立性 T 检验的前提假定，因此改为用 M-W U 检验这种非参数方法来判断两者是否存在显著性差异，与独立性 T 检验的思路相同，通过检验的指标保留为模型输入变量，无显著差别的指标则不作为建模变量。具体的指标筛选流程如图 8-6 所示。

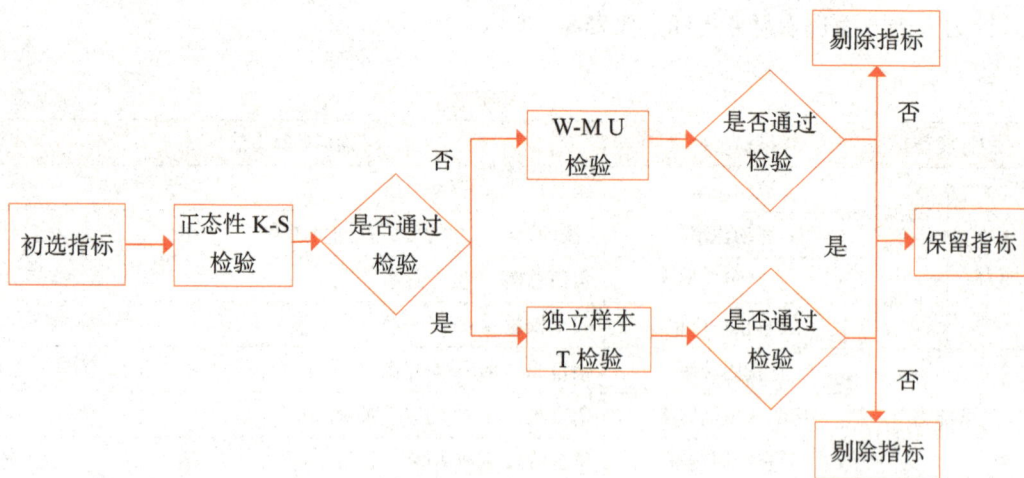

图 8-6 指标筛选流程 I

②熵值法与相关性分析结合

这种指标筛选方法是先根据预警指标的特点，将初选指标分为正向型变量（指标数值越大越好）、逆向型变量（指标数值越小越好）、稳定型变量（指标数值在某一点最好）三类，并进行归一化处理，再计算指标熵值和权重，最后选出每一类别中权重排名前三位的指标进行相关性检验，剔除相关性大于 0.9 的两个指标中权重低的指标，最终确定财务预警指标体系。具体的指标筛选流程如图 8-7 所示。

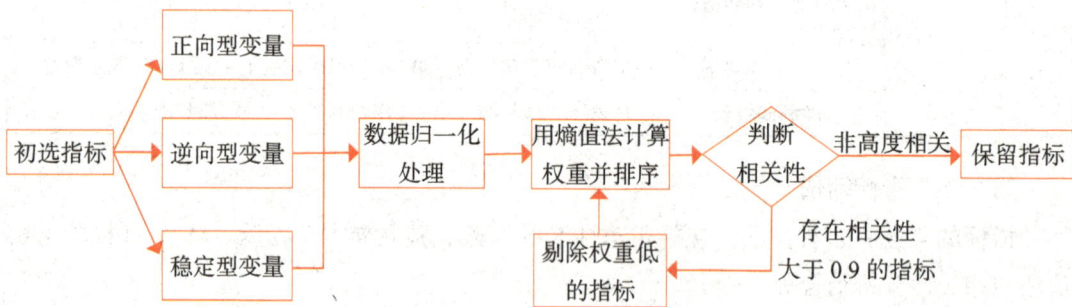

图 8-7 指标筛选流程 II

第 3 步，选择预警模型 / 方法

目前常用的财务预警模型是数学建模法和评分法。数学模型有传统的 Logistic 模型、神经网络模型及集成模型、功效系数评分法等。Logistic 模型适用性较强，其解释变量不仅可以是连续性变量，也可以是分类变量，但对于被解释变量来说，其只能是分类变量或者概率变量；神经网络模型又分为 BP 神经网络、卷积神经网络等；功效系数评分法则多结合德尔菲法，确定各项财务指标的权重，即运用功效系数评分法计算企业综合功效系数，根据综合功效系数的大小进行财务风险预警。

第 4 步，设置临界点与相应的警情判断系统

临界点是指控制预警指标的特殊值，一旦测评指标超过该值，就应该实施应急计划。

（4）财务风险处理机制

财务风险处理机制主要包括应急措施、风险补救和改进方案。其中，应急措施是指在面对财务风险和财务危机时，应采取怎样的手段来处理，从而控制事态进一步扩大；风险补救是指怎样采取有效措施尽可能减少损失，从而将企业的损失控制在一定范围内；改进方案是指怎样对企业经营管理过程中的薄弱环节进行有效改善，从而避免和杜绝类似财务风险的再次发生。

此外，企业财务预警系统一般由总体财务预警系统和部门财务预警系统两个层次构成。总体财务预警系统从整体上把握企业财务运行状况，让企业经营者能够预先了解企业的财务危机；同时企业可根据各部门主管的业务、职能及特点设立部门财务预警子系统，划定相应的预警线。一旦失衡，须及时加以改进。一方面，它可以辅助总体财务预警系统深入寻求财务问题产生的根源；另一方面，解决问题时可以协调各部门工作，以提高企业整体综合效益。

5. 财务预警系统操作流程

为了更好地发挥企业财务预警系统的功能，企业有必要本着简单、方便、实用的原则，建立科学合理的操作程序，具体流程如图 8-8 所示。

（1）本会计年度结束后，上报经审计无误的财务数据；

（2）将财务数据代入模型；

（3）计算判断函数并针对临界值进行判断；

（4）结果正常则结束；

（5）结果异常则发出警报，同时决定需要采取的措施。

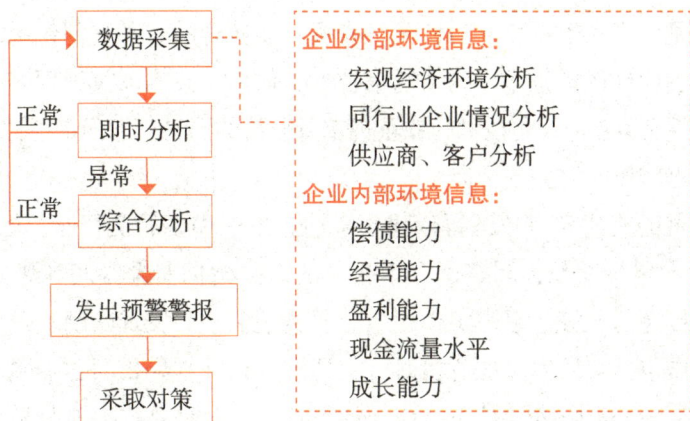

图 8-8 财务预警系统操作流程

6. 财务预警系统构建应注意的问题

（1）树立风险防范意识

树立风险防范意识是企业财务预警系统得以成功建立并有效运行的前提。财务预警系统不是一个虚设的系统，只有得到高度重视才能发挥其功效。这就要求企业全体员工特别是领导层，在思想上对潜在的危机要有清醒的认识和高度的警惕，对员工发现的问题及提出的合理建议应给予重视和采纳。

（2）完善内部控制制度并注重财务预警系统与各项制度的结合

一方面，财务预警系统向内部控制制度提出了更高的要求，良好的内部控制制度应包括依法行事、权责分明、处理程序适当、信息记录真实、信息披露及时等内容。另一方面，财务预警系统应和企业各项制度建设结合起来，互相促进。例如，以现金周转为主的企业，应切实建立现金核算制度，掌握现金收付期间的差异；以赊销、代销为主的企业，应加强企业信用调查制度，强化应收账款回收控制。

（3）协调各子系统之间的关系，构建辅助信息系统

企业是个有机整体，财务预警系统应该与其他子系统保持融洽的合作关系，应当考虑不同子系统的数据传递和各子系统对各种数据的不同要求，以实现企业数据共享，使各子系统之间的关系变得更加和谐融洽。同时，财务预警系统有效运行需要以两大辅助系统——会计管理信息系统和相关经营信息收集与分析系统为基础，因此需要加强这两个辅助信息系统的构建工作。会计管理信息系统要能提供及时、真实、完整、可比的企业财务会计信息。企业相关经营信息收集与分析系统则要能提供同行业、国家宏观甚至全球的相关外部信息。有了这两者的有力支持，企业财务预警系统才能更早、更有效地发现财务危机的蛛丝马迹。

（4）重视定量、定性方法的综合运用

随着投资规模的扩张和竞争程度的加剧，企业面临的风险和危机与日俱增，这时的预警功能决不仅仅是计算几个比率、对比几个指标就能实现的，必须创建系统的方法库和模型库，全面使用现代计算机技术、网络通信技术、数据库技术以及管理学、财务学、运筹学、统计学、模型论和各种优化技术，在重视定量分析的同时，加强定性分析方法的应用。

（5）建立全程监控的财务预警体系

财务预警系统的构建和有效运行依赖于事前、事中和事后全程监控的财务预警体系。事前工作包括确定评价标准，制定适合本企业的财务指标安全区间和风险区间，建立模型、收集资料、传递信息等；事中工作包括分析整理资料、发现问题、发出预警信息、反馈信息；事后工作包括当发生潜在危机时，支持配合相关方寻找问题根源，及时纠错，建立追踪系统，跟踪预警。财务预警系统应当注重日常的全程监控，随时考虑各种可能导致预警的因素，从细微处发现问题，以及时对症下药，消除隐患。

第 9 章

全面预算考评与差异分析——
预算管理的重要一环

9.1　全面预算考评

全面预算管理是一个完整的管控流程，全面预算考评是全面预算效果实现保障的最后一个重要环节（见图 9-1）。

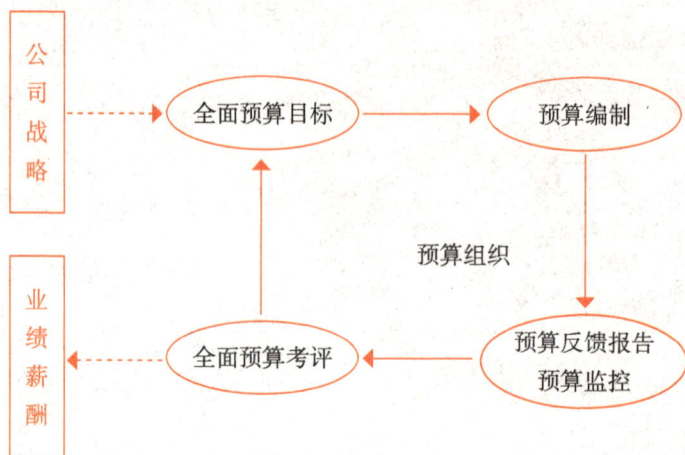

图 9-1　全面预算考评环节所处的重要位置

全面预算考评是对企业内部各级责任单位和个人预算执行情况的考核与评价。在企业全面预算管理体系中，全面预算考评既起着检查、督促各级责任单位和个人积极落实预算任务的作用，又能及时提供预算执行情况的相关信息，以便纠正实际与预算的偏差，进而实现企业总体目标。全面预算考评不仅使企业有效激励相关部门和人员有了合理、可靠的依据，还有助于企业管理层全面了解企业生产经营情况。同时，从整个企业生产经营循环来看，全面预算考评作为一次预算管理循环的结束总结，为下一次科学、准确地编制企业全面预算积累了丰富的资料和实践经验。

9.1.1　全面预算考评概述

全面预算考评是发挥预算约束与激励作用的必要措施，它通过预算目标的细化分解和激励政策的付诸实施，达到引导企业每一位员工向企业战略目标方向努力的效果。

全面预算考评的目的是对上一考核周期各部门的预算目标完成情况进行考核，及时发现和解决潜在问题，确保预算的完成，或者在必要时修正预算，以适应外部环境的变化。

1. 全面预算考评的主体和客体

（1）全面预算考评主体

全面预算考评主体是预算考评的组织者和实施者。它可以分为两个层次，第一个层次的考评主体是全面预算管理委员会。作为最高的考评主体，全面预算管理委员会对企业预算的执行情况行使考评职责。第二个层次的考评主体是企业内部的各级部门，即按照逐级负责制原则，由上级对下级的预算执行情况进行逐级考核与评价，其考评对象是下级各责任部门和相关个人。在全面预算考评体系中，处于中间层面的各个部门既是上级考评主体的考评对象，又是下级部门的考评主体。

（2）全面预算考评客体

全面预算考评客体即考评的对象。在进行全面预算考评时，考评的对象是企业内各级预算责任单位和相关个人。各级预算责任单位是指企业管理组织结构中的各个层次，如横向组织结构中的供应、生产、销售等职能部门和计划、财务、人事等管理部门，纵向组织结构中的分厂、车间、工段、班组等。当然，预算责任单位未必一定服从企业管理组织结构的要求，也可按可控性划分责任单位、按成本动因划分作业单位等。考评客体的下级责任单位应根据预算管理的要求设置。

2. 全面预算考评的目的

（1）控制

使被考评人明确改进工作的方向，有利于推动企业总目标的实现。

全面预算考评的目的并不是纯粹为了对责任单位或个人的业绩进行评估，它更深层的目的是有效推动责任单位和个人的行为表现，引导企业全体员工从个人开始，以至个别部门或事业部，共同朝着企业整体预算目标迈进。因此，在设计全面预算考评制度时，管理者必须把企业的战略目标及全面预算管理体系紧密地结合在一起。否则，个人的行为与企业的战略必定会有所偏离，从而影响企业战略目标的实现。

（2）沟通

沟通就是人与人传达思想和交换信息的过程。规范的全面预算考评可使上级了解下属的能力及其对企业的贡献，改变仅凭印象和档案用人的旧习，使人事管理科学化。

（3）激励

激励是创建满足企业员工各种需要的条件，激发员工的动机，使之产生实现组织目标的特定行为过程。通过预算考评，能够使被考评人看到差距，明确今后的目标，调动其积极性、主动性和创造性。

3. 全面预算考评的作用

（1）全面预算考评是对预算执行者业绩评价的重要依据

全面预算目标的层层分解与落实，使企业所有员工都有了属于自己的预算目标，通过将执行者的实际业绩与预算目标进行比较，可以评价执行者的业绩，确定责任归属，这是比较公正、合理和客观的。

（2）全面预算考评有利于预算指标的优化

通过全面预算考评，既可以反映整个企业的经营业绩，也可以检验现行各项预算指标是否合理和可行，从而为下期预算指标的确定起到一定的指导作用，也能为管理者优化预算指标提供资料和依据。

（3）全面预算考评能确保企业全面预算目标的实现

全面预算目标一经确定并细化分解到各责任单位和相关个人后，就成了企业一切工作的核心，在企业内部具有"法律效力"，对企业各级责任单位和相应个人具有较强的约束作用。在预算执行过程中，管理者对预算执行情况与预算的差异适时进行确认，及时纠正执行中的偏差，可以为企业全面预算目标的顺利实现提供可靠的保障。如果没有全面预算考评，各级责任单位可能并不会将预算目标放在心上，从而影响企业预算总目标的实现。

（4）全面预算考评增强了企业员工的成就感

考评本身具有较强的激励作用，企业通过预算考评肯定了相关员工的工作业绩，并将他们的工作业绩与奖惩制度挂钩，势必会增强员工的成就感，从而进一步激发员工的工作积极性。

4. 全面预算考评的原则

（1）合理性原则

由于全面预算考评工作涉及预算责任单位和员工个人的切身利益，因此一定要注意合理性原则。在对预算责任主体进行考评时，要注意使相关责任主体的风险与收益相配比、权责对等。

（2）目标一致性原则

全面预算考评的一项主要功能就是通过对分解、落实到各个责任主体的预算指标的考核，明确各相关部门和人员的具体目标并督促其积极完成。但要注意一个问题，一定要确保各级责任单位与员工个人目标的一致性。全面预算考评工作必须遵循目标一致性原则，保证企业全面预算体系的一致性，引导各级责任单位和个人在预算执行过程中协调各自的工作，共同实现企业整体预算目标。

（3）总体优化原则

全面预算管理客观上要求通过调动各预算责任单位和员工的积极性、主动性来实现预算目标。但预算责任单位是具有一定权力并承担相应责任的利益关系人，他们自然而然地以自身利益最大化为目标。一般而言，双方的利益目标具有统一性：在局部利益最大化的同时，实现整体利益的最大化。然而，局部利益和整体利益分别代表着两个层级预算主体的利益，因此它们又不可避免地存在矛盾：为实现局部利益最大化而损害整体利益。例如，收入中心只重销售而不重货款的收回，生产中心只重产出的数量而不重消耗的降低、成本的节约和质量的提高等。为此，全面预算考评要支持企业整体目标的实现，使之符合总体优化原则。企业在制定全面预算考评标准时就应该防止以局部利益损害全局利益。个人或部门目标的实现应有助于企业整体目标的实现而不应是相反的。总体优化原则，一是要求全面预算考评指标的设计要科学。例如，对利润中心用"部门投资报酬率"进行考评容易引发次优化，可用经济增加值（EVA）指标评价体系中的"剩余收益"进行考评。二是要求考评指标体系化。例如，对采购供应部门不仅要考评储备资金占用量，还要考评供应的及时情况等。

（4）时效性原则

全面预算考评应及时进行，并适时依据奖惩制度兑现，只有这样才有助于全面预算管理工作的改进，确保全面预算目标的完成。如果将本期的预算执行结果拿到下期去考评，就失去了考评应有的作用。

（5）可控性原则

全面预算考评既是预算执行结果的责任归属过程，又是企业内部各预算责任单位间利益分配的过程。因此，客观、公正、合理是此环节的基本要求。而这一要求的集中体现就在于各责任主体以其权责范围为限，仅对其可以控制的预算差异负责。也就是说，对各个层级责任单位的考评内容应该是该层级各责任主体所能控制的业务或因素，所有可控因素带来的预算差异都应该由相应的预算主体负责，利益分配也应以此为前提。但是，应该注意避免因为强调可控而导致的责任推诿。可控应该是相对的而不是绝对的，只要某责任主体对某因素具有重大的影响和作用力，或者说没有比其更具控制力的责任主体，该因素就应是该责任主体的可控因素。

（6）分级考评原则

分级考评原则要求预算考评与预算目标的确定及分解相适应，针对每一层级的责任主体所拥有的权力和承担的责任进行业绩考评，这也是实现权责利相结合的基本要求。

（7）公平、公开原则

①考评必须公平。公平，就是相同的投入要得到相同的报酬，或者说每个人拥有相同的报酬／投入比率。从实践来看，公平的考评能够发挥积极作用，而不公平的考评起着消极作用。公平的考评，除了要有科学的考评标准和奖惩制度外，还要求预算考评主体以身作则，大公无私，不徇私情，坚持严格按预算考评标准和制度进行考评。

②考评必须公开。任何考评都应有预算标准，它是预算考评的依据。预算标准是指导工作的规范，而不是约束人、制裁人的工具和武器。预算考评标准也是员工自我考评的依据，不公开标准就失去了自我考评的作用。公开预算考评标准是预算考评公正的前提，公开预算考评标准便于群众监督。预算考评公开，包括制定预算标准的过程对被考评者公开、考评标准要在执行之前公布、考评结果要在有关的范围内公布等内容。

（8）例外考评原则

在企业全面预算管理中，一定要特别注意那些有可能影响全面预算目标完成的关键因素，并关注这些因素的例外情况。这其中又包括两层意思：

①对于关键因素，要超出常规地实施例外的细致考评；

②如果企业不可控的外部因素变化对预算执行造成影响，那么企业就应根据实际情况调整预算，并按调整后的预算标准进行例外考评。

5. 全面预算考评的程序

（1）广泛动员各方力量，收集相关信息资料

在进行预算考评之前，相关责任人要先收集考评所需的相关资料，包括各种财务和非财务数据指标。准确、齐备的预算执行资料，是科学地开展预算考评工作的基础和先决条件。

（2）比较预算与实际执行情况，合理确定预算差异

根据实际情况与预算差异的性质，可将其分为有利差异和不利差异。所谓有利差异，是指实际情况优于预算目标的差异额，如实际收入大于预算收入，或实际成本费用低于预算成本费用等；而不利差异则相反，是指实际收入低于预算收入，或实际成本费用高于预算成本费用等实际情况不如预算目标的差异额。预算考评的其中一个目的正是消除不利差异或扩大有利差异，确保预算目标的实现。

比较与确定成本差异是预算考评的一项重要工作，它可以帮助企业查明差异形成的原因，以便采取相应的措施消除不利差异，发展有利差异，实现对成本的有效控制，不断降低成本，提高企业经济效益。

（3）分析差异形成的原因，明确相关经济责任

对预算执行结果的实际差异分析应遵循重要性原则，侧重于对重点差异的分析。需要专门指出的一点是，在分析过程中一定要特别注意那些名为有利差异、实为隐性不利差异的现象，以防止盲目乐观，忽视潜在的隐患。例如，销售部门为降低本部门的销售费用而削减了必要的广告费支出，造成产品市场份额减少，从长远看影响了企业的销售收入和利润。对这种差异的分析一定要细致，尽量做到防患于未然。

9.1.2　全面预算考评体系设计

1. 全面预算考评体系的主要内容

全面预算考评是一项复杂度较高的管理技术。全面预算考评体系本身是否科学合理会影响其考评效果。

（1）全面预算考评的关键点

企业全面预算考评的关键点主要有以下两方面：

①考评的内容，即企业在结果和过程上都希望达到什么样的质量状态，如企业的预算

控制、员工的预算管理意识等；

②预算目标的承担者，即预算目标应当由谁来完成，如预算控制由谁负责，应达到什么标准及结果等。

如果不能确定好这两个问题，企业的全面预算考评将无从谈起。很多企业在设计全面预算考评体系时遇到困难，都是因为不能很好地把握这两个关键点。

（2）全面预算考评体系设计的主要内容

企业全面预算考评体系设计主要包括八个方面的内容：考评内容体系、业绩指标体系、指标标准体系、考评周期体系、考评关系体系、考评结果兑现体系、考评管理体系及考评反馈体系。

上述八个方面的运行体系构成了一个完整的企业全面预算考评体系，而支撑这个体系的又有企业的战略体系、价值体系、责任体系、管理组织结构和分配体系等内容。

战略体系决定了企业成功的关键要素，而这些关键要素实际上就是企业在战略执行过程中所要追求的绩效内容。价值体系主要决定的是企业的结果绩效与过程绩效的关系，也就是先把企业的发展目标转化为部门的责任绩效目标，然后把部门的责任绩效目标转化为员工个人的工作绩效目标，使企业的预算目标能够真正落实到各层级责任主体和员工个人的工作中。

责任体系主要决定企业预算指标承担关系，对于企业各层级预算指标，需要有相应的责任主体和责任人来承担并负责管理控制，即预算责任定位。

管理组织结构决定了企业的全面预算管理结构和全面预算考评关系，即对各层级责任中心及员工的预算考评由谁来执行，特别是对于集团公司来讲，各层级预算考评体系由谁来制定并管理，是一个需要以法律契约的形式来确定的问题。图9-2是某公司按责任中心设计的利润中心预算考评体系示例，供读者参考。

2. 全面预算考评体系的设计原则

在企业全面预算考评体系的设计过程中，考评指标设定是关键的一环。考评指标设定确立了预算考评的内容及考评的标准，是整个预算考评体系的参照。从更深层次上讲，通过预算考评指标的设定，可以影响各预算责任主体和员工对待预算工作的态度，进而起到引导各层级预算责任单位及其员工执行预算行为的作用。也就是说，通过预算考评指标设定，让预算责任单位及员工明白企业对其要求是什么，该如何开展工作和改进工作，以及能够获得何等报酬。因此，从这个意义上讲，预算考评指标的设定又是整个预算考评体系的目标和目的，具有战略导向性。

企业预算考评指标的设定必须符合 SMART 原则：

（1）考评指标必须是具体的（specific），以保证其明确的牵引性；

（2）考评指标必须是可衡量的（measurable），即必须有明确的衡量指标；

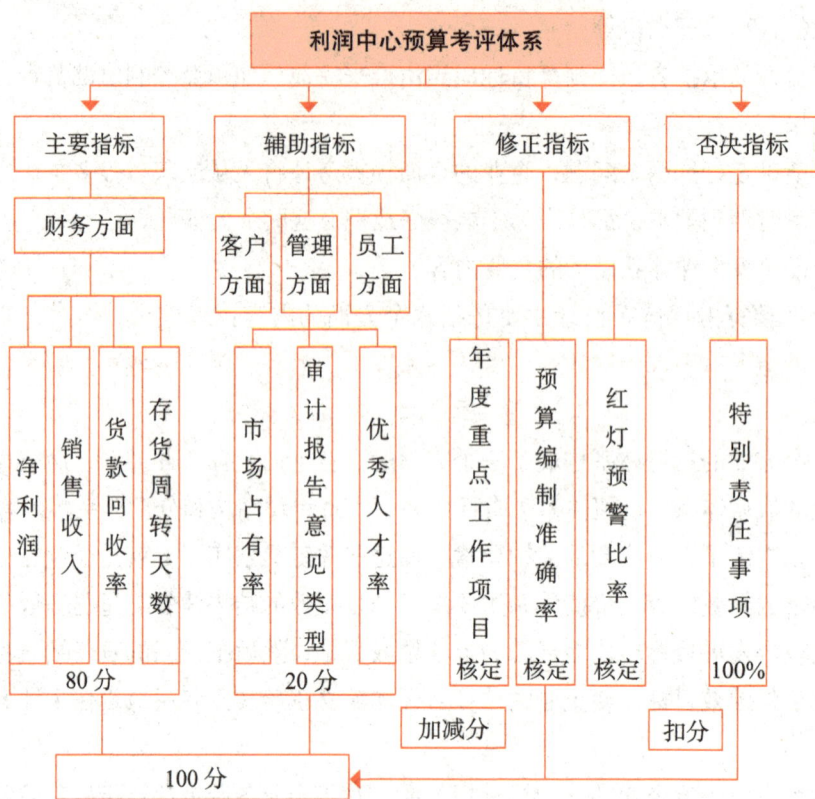

图 9-2　利润中心预算考评体系示例

（3）考评指标必须是可以达到的（attainable），不能因指标的无法达成而使责任单位及员工产生挫折感，但这并不否定其应具有挑战性；

（4）考评指标必须是相关的（relevant），它必须与公司的战略目标、部门的任务及职位职责相联系；

（5）考评指标必须是以时间为基础的（time-based），即必须有明确的时间要求。

3.全面预算考评体系设计的要求

企业在设计全面预算考评体系时，需要满足科学性、适用性、多样性三个方面的基本要求。

（1）科学性

科学性包括准确性、可靠性和灵敏性。准确性表现在指标的含义和传达的信息明确，能准确与考评目标挂钩；可靠性表现在指标之间相互衔接、彼此一致，不会出现相互矛盾、不相关的情况；灵敏性表现在指标能够很好地区分各层级预算责任单位和员工绩效之间的差异，并对企业所关注的差异做出灵敏的反应。

（2）适用性

适用性包括经济合理性、普遍接受性和操作可行性。经济合理性表现在指标完成情况的信息收集与分析成本是可接受的；普遍接受性表现在指标的设定能够得到全体或者大多数员工的认同和支持；操作可行性表现在指标的设定使预算考评在操作上简便易行。

（3）多样性

传统的预算以财务指标作为主要的预算指标。但随着社会环境的发展变化，这种单一的财务指标已远远不能满足全面预算管理和绩效评价的要求。市场经济环境条件下的企业管理除了财务指标外，还应考虑各种难以或无法计量的因素，如产品质量、新产品的研发、市场营销、市场份额、交送货质量、客户服务、产能利用程度、设备完好率、设备利用率等非财务指标，这些非财务指标有时会成为绩效评价的决定性因素。从战略管理的角度来看，传统预算着眼于近期的内部规划和行动，以财务指标为核心进行规划、控制、考核、评价，这往往与企业的战略目标相脱节，有时甚至与战略目标背道而驰。为了适应战略管理的需要，预算编制还应反映顾客、竞争对手等战略性因素，以及人力资源管理、技术管理、后勤服务支持等活动。财务指标和非财务指标的综合运用和考虑，必将是今后全面预算管理及绩效评价的一个重要发展方向。

目前企业实践中使用较多的是关键绩效指标法。许多企业依据自身经营特点，针对某责任中心、部门、具体岗位等设计了相应的考核指标。

关键绩效指标法

关键绩效指标（KPI）是通过对组织内部流程的输入端、输出端的关键参数进行设置、取样、计算、分析，衡量流程绩效的一种目标式量化管理指标。它是把企业战略目标分解为可操作的工作目标的工具，是企业绩效管理的基础。KPI 可以使部门主管明确部门的主要责任，并以此为基础，明确部门人员的业绩衡量指标。建立明确且切实可行的 KPI 体系，是做好绩效管理工作的关键。KPI 是用于衡量工作人员工作绩效表现的量化指标，是绩效计划的重要组成部分。关键绩效指标法符合一个重要的管理原理——"二八原理"。在一个企业的价值创造过程中，存在着"80/20"的规律，即 20% 的骨干人员创造企业 80% 的价值；而且，"二八原理"在员工身上同样适用，即 80% 的工作任务是由 20% 的关键行为完成的。因此，企业必须抓住这 20% 的关键行为，并进行分析和衡量，这样就能抓住绩效评价的重心。

9.1.3 基于平衡计分卡的绩效评价

平衡计分卡从财务、流程、客户、学习与成长四个方面分析企业的战略和业绩评价系统，把平衡计分卡引入全面预算管理系统，将给全面预算管理带来重大变化。引入平衡计分卡后的全面预算管理将具有以下几方面特点。

1. 战略性

基于平衡计分卡的全面预算管理可以把企业战略目标和经营活动有效地结合起来，战略目标是企业在不同时期需要完成的任务，而预算目标又是战略目标的细化和表现形式。不同阶段预算目标的实现构成了阶段性地实现战略目标的基础。基于平衡计分卡的全面预算管理使企业把预算同战略目标联系起来，使单位和个人目标与战略使命保持一致，为管理战略的实施提供了一个框架，同时还使战略本身能根据企业的竞争环境、市场环境和技术环境所发生的变化而不断演变。

2. 目标性

全面预算管理是对企业经济活动的一种目标管理。企业无论采取何种全面预算管理模式，都应在分析企业经营目标的前提下确定预算目标，有了明确的预算目标才能保证企业全面预算管理的方向是正确的。基于平衡计分卡的全面预算管理，就是运用目标管理的方法体系，将目标管理与预算管理进行有机结合。企业制定出总目标后，会层层落实到各责任部门及责任人，然后根据分解后的目标和实现目标的具体措施形成完整、严密的目标连锁体系，企业各个层次都将被纳入目标体系之中，各职能部门、每一位员工的工作都与预算目标紧密相连，将目标完成情况作为对各部门或个人业绩考核的依据。企业总目标通过预算的编制得到细化，而预算的执行为实现企业目标提供了可靠保障，因此基于平衡计分卡的全面预算管理是对企业经济活动的一种目标管理。

3. 全面性

从内容上看，基于平衡计分卡的全面预算管理把企业未来一定时期的各项经营活动以价值形式反映出来，并最终综合为企业的目标，是企业全部经营活动的集合体。它既是由采购、生产、营销、现金流量等单项预算组成的责任指标体系，又是企业整体作战方案，同时也是年终考核奖惩的标准以及激励和约束机制的核心。

4. 平衡性

基于平衡计分卡的全面预算管理实现了财务指标与非财务指标、定量指标与定性指标相结合的企业战略经营绩效评价。财务指标与非财务指标（客户层面、内部经营过程层面和学习与成长层面）的结合，有利于企业全面、正确地评价经营业绩，克服传统指标体系的重财务层面轻非财务层面、重内部因素轻外部因素、重短期轻长期、重事后轻过程等缺点。另外，定量指标与定性指标的结合，有利于克服定量分析的不足。

5. 关联性

根据企业的总体战略，基于平衡计分卡的全面预算管理是由一系列因果链贯穿起来的一个有机整体，因果链布满了平衡计分卡的各个方面。在平衡计分卡四个方面的指标体系中，以财务方面的指标体系为根本，其他指标体系最终为财务指标服务。

基于平衡计分卡的 KPI 如表 9-1 所示。

表 9-1　基于平衡计分卡的 KPI

目标	KPI	关键成功要素	作业活动	资源
财务方面	资本收益			
	收入增长			
	成本降低			
流程方面	客户流程管理			
	工作流程管理			
	流程 E 化率			
客户方面	客户保持率			
	客户满意度			
	新市场			
学习与成长方面	员工满意度			
	战略认知度			
	产品开发周期			

以下是某公司考核指标示例（见表 9-2），可供参考。

表 9-2　某公司考核指标示例

目标分解	KPI	权重	目标值	达标评分标准	得分
价值与目标	EVA	4		结果值≥目标值，得分 100 分；结果值＜目标值，得分 =100× 结果值÷目标值	
	营业收入	4		结果值≥目标值，得分 100 分；结果值＜目标值，得分 =100× 结果值÷目标值	
	净利润	6		结果值≥目标值，得分 100 分；结果值＜目标值，得分 =100× 结果值÷目标值	
	……	…		……	
客户与评价	产品严重（重大）质量问题数	4		产品严重质量问题数 =0，得分 100 分；产品严重质量问题数 >0，得分 =100 – 结果值 ×25；产品重大质量问题数 >0，得分 0 分	
	产品合同准时执行率	2		结果值≥目标值，得分 100 分；结果值＜目标值，得分 =100× 结果值÷目标值	
	客户满意度	2		结果值≥目标值，得分 100 分；结果值＜目标值，得分 =100× 结果值÷目标值	
	……	…		……	

（续表）

目标分解	KPI	权重	目标值	达标评分标准	得分
流程与标准	质量损失率	4		结果值≥目标值，得分100分；结果值<目标值，得分=100×结果值÷目标值	
	产品准时产出率	3		结果值≥目标值，得分100分；结果值<目标值，得分=100×结果值÷目标值	
	成本费用率	3		结果值≥目标值，得分100分；结果值<目标值，得分=100×结果值÷目标值	
	……	…		……	
学习与成长	人才调整计划完成率	4		结果值≥目标值，得分100分；结果值<目标值，得分=100×结果值÷目标值	
	员工专业技能达标率	4		结果值≥目标值，得分100分；结果值<目标值，得分=100×结果值÷目标值	

9.1.4 预算执行情况反馈

企业应按月组织召开预算工作组会议，讨论预算执行中发生的问题，查找问题形成的原因，提出改进措施和建议。

企业财务部门应按月度、季度和年度向预算工作组报送各职能部门的预算执行资料与报表。预算工作组负责汇总上述资料与报表，编制企业全面预算执行情况表并上报总经理办公室审批。

各预算执行单位可按月度、季度和年度分别反馈成本预算、费用预算、利润预算的执行情况，相关报表如表9-3、表9-4、表9-5所示。

表9-3 成本预算执行反馈月（季、年）报表

部门：　　　　　　　　　　　　　____年__月__日　　　　　　　　　　　　单位：万元

项目		本期预算	本期发生额	预算差异	本季累计额	本年累计额
可控成本						
变动成本	直接材料					
	直接人工					
	变动制造费用					
	其他制造费用					
固定成本	固定制造费用					
	其他固定成本					
不可控成本						
成本合计						

表 9-4　费用预算执行反馈月（季、年）报表

部门：　　　　　　　　　　　　　　___年__月__日　　　　　　　　　　单位：万元

费用项目	本期预算	本期实际	差异额	预算完成率	备注
工资					
福利费					
办公费					
水电费					
差旅费					
业务招待费					
修理费					
……					
合计					

表 9-5　利润预算执行反馈月（季、年）报表

部门：　　　　　　　　　　　　　　___年__月__日　　　　　　　　　　单位：万元

费用项目	本期预算	本期实际	差异额	预算完成率	备注
销售净额					
变动成本：					
变动生产成本					
变动销售费用					
变动成本合计					
贡献毛益					
固定成本：					
酌量性固定成本					
约束性固定成本					
固定成本合计					
营业利润					
资产平均占用额					
资产周转率					
销售利润率					
投资报酬率					

9.2　全面预算差异分析

对全面预算结果进行考评，可以评价预算执行情况，激励预算执行人。在全面预算结果考评过程中，须同时对预算执行与预算目标之间的差异进行具体分析，通过差异分析找出真正的成因，这一方面可以有针对性地改善差异，另一方面可以使考核更为科学客观。

9.2.1　全面预算差异分析的步骤

全面预算差异分析没有一个固定的程序，不同的行业、不同的企业会有不同的分析步骤。但一般而言，都会包括以下一些主要步骤。

1. 收集相关信息、资料

全面预算差异分析体系中数据繁多，是一项复杂的系统性工作。企业在明确分析预算目的的基础上，要先收集相关的信息、资料。信息收集是一个长期而连续的过程，在全面预算管理中，整个企业就是一个信息库，预算差异分析所需要的信息并不一定是信息库中所有的内容，而要有所取舍。一般来说，预算差异分析只需要预算编制的结果以及与这些结果相对应的实际数据等信息。收集信息的工作是需要全员参与的，但最后的整理汇总工作需要专业人员来完成。

2. 数据对比，确定差异

在预算执行过程中，需要随时记录预算完成情况，并定期编制预算控制报告，将业务实际完成情况与预算目标进行对比，发现对应的项目和数据之间的差异。

3. 分析差异产生的原因

确定预算差异并不是最终目的，最终目的是要找出预算执行过程中存在的问题，以便采取合理适当的措施来改进这些问题，促进企业健康发展。全面预算在执行过程中存在差异是不可避免的，甚至会产生各种各样的差异，而企业不可能对所有差异都进行细致分析，须有针对性地做出取舍，应该着重考察原因不明确的差异和重大差异。

企业在考察与评估差异发生的原因时，应当考虑到以下几点。

（1）差异可能是微不足道的。对于这样的差异，企业不需要花费过多的时间和人力来考察。

（2）差异可能是由记录上的错误所导致的。对于财务部门所提供的预算目标及实际资料，应检查记录上有无错误。在实际工作中，仅因一笔会计分录误记到某部门，便可能导致该部门产生不利差异，而使另一部门产生有利差异。

（3）差异可能由某项特定的经营决策所致。这主要指为提高效率或者为应对某些特定紧急事故，管理者临时下达决策而导致的差异。例如，管理者为了应对另一企业挖脚而给员工加薪等。此类差异一旦被识别，便不需要进一步调查，因为在该项决策做出之时就已经确定差异必然会发生。

（4）许多差异可能是由于不可控因素导致的，而这些因素又可以加以辨识，如自然灾害等。

（5）未能查明原因的差异，应予以格外关注，须审慎调查。

4. 提交差异分析报告

预算差异分析完成后，各责任单位要编制预算差异分析报告，并于规定日期上报企业预算管理部门，由预算管理部门形成总预算差异分析报告，以便为整个预算执行过程的动态控制提供资料依据。预算差异分析报告一般包括以下内容：本期预算额、本期实际发生额、本期差异额、累计预算额、累计实际发生额、累计差异额；差异额分析；产生不利差异的原因、责任归属、改进措施以及形成有利差异的原因和今后进行巩固、推广的建议等。

企业还需要调整相关单位的经营活动和后续期间的预算。也就是说，由内部可控因素引起的不利预算差异，应由对应的责任单位调整其经营活动，消除差异产生的原因，并尽可能在后续月度内消化已形成的预算差异。相应地，预算控制部门对上述责任单位的经营活动要加强预算监督与控制力度。同时，结合相关责任单位为消除不利差异所做的调整，由预算部门对初始编定的后续各期预算进行调整，以保证在完成年度预算目标的前提下，月度预算能够及时反映经营活动的变化，也便于实施控制与考核。

9.2.2　全面预算差异分析的方法

全面预算差异分析常用的方法有两种，即定性分析法和定量分析法。定性分析法主要是通过直接观察、实地调查、与相关人员座谈等形式达到收集相关资料、了解实际情况、查找原因等目的。定量分析法是通过数据的对比、换算等查找预算差异原因。在实际操作中，使用较广泛的是定量分析法。下面介绍几种预算差异定量分析的具体方法。

1. 对比分析法

对比分析法是最基本的预算差异分析法，通过各个指标的数据对比确定差异，主要的作用是揭示客观上存在的差距。在全面预算的差异分析中，一般通过实际数据与预算标准的对比来揭示实际与预算之间的数量关系和差异，分析预算执行过程中存在的问题，为进一步分析原因指明方向。对比分析法主要是对指标数据的绝对额进行比较，如金额的比较、数量的比较等。使用对比分析法要注意对比指标在计算口径、计算基础和时间单位等方面是否一致，否则不具有可比性。

2. 比率分析法

比率分析法通过计算和对比经济指标来进行数量分析，从而确定经济活动的变动程度。它是一种相对数值的比较，即比较前先把分析对比的数值变成相对数，然后进行对比分析。采用比率分析法时，应当注意以下几点：第一，对比项目的相关性；第二，对比口径的一致性；第三，衡量标准的科学性。

通常采用的比率分析法有相关指标比率分析、构成比率指标分析和动态比率分析。

（1）相关指标比率分析是先将两个性质不同但又相关的数据进行对比，求出比率，然后将实际数与预算数进行对比分析，以便从经济活动的客观联系中更深入地认识企业的生产经营情况，如净资产利润率指标等。

（2）构成比率指标分析又称结构比率指标分析，是指某项指标的各组成部分数值占总体数值的百分比，反映部分与总体的关系。如先将构成产品成本的各个成本项目与产品总成本额进行对比，计算其占总成本的权重，确定成本的构成比率；然后将实际构成比率与预算构成比率进行对比，通过观察成本组成结构的变化，找出超标成本和节约成本，并查找原因。

（3）动态比率分析是将不同时期同类指标的数值进行对比，求出比率并做出动态比较，据以分析该项指标的增减变动幅度，从而发现企业在实际生产经营中的问题。

3. 因素分析法

因素分析法是依据分析指标与其影响因素的关系，从数量上确定各因素对分析指标影响方向和影响程度的一种方法。在全面预算的执行过程中，造成实际业绩与预算标准之间差异的因素很多，有的是主要因素，有的是次要因素，为了对各种因素的影响程度进行度量，就需要用到因素分析法。

因素分析法根据计算方法和程序的不同，主要分以下几种。

（1）连环替代法

这种方法将分析指标分解为各个可以计量的因素，并根据各个因素之间的依存关系，顺次用各因素的比较值（实际值）替代基准值（预算值），据以测定各因素对分析指标的影响。在计算中，先以预算数作为计算基础，然后按照公式中所列因素的同一顺序，依次以实际值替代预算值，测定各因素对相关预算指标的影响。

（2）差额分析法

这种方法是连环替代法的一种简化形式，是利用各个因素的比较值与基准值之间的差额，来计算各因素对分析指标的影响。如生产成本中折旧费增加的原因分析，可以分解为计提折旧的固定资产数量增加和单台固定资产计提折旧额增加两部分，考察两部分对总折旧差额的影响。

（3）指标分解法

这种方法要求将一个综合的指标分解为几个具体的指标，以便分析和查找差异产生的原因。如杜邦财务分析体系将权益净利率分解为销售净利率、总资产周转率和权益乘数三个指标的乘积，将企业总的经营情况向下追溯，以针对不同指标的影响采取不同措施。具体如图 9-3 所示。

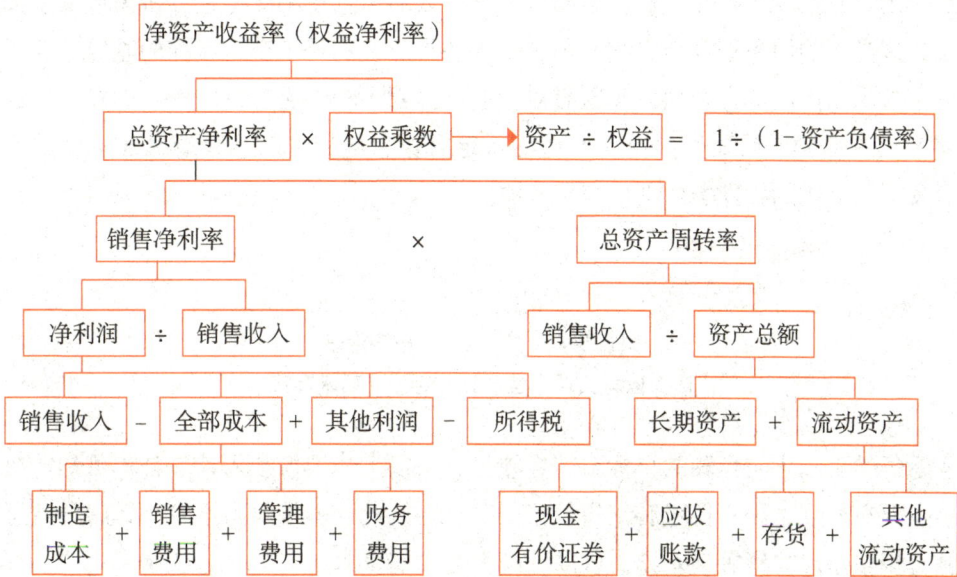

图 9-3 基于杜邦财务分析体系的指标分解法

9.2.3 销售收入预算差异分析

1. 销售收入预算差异分析的目的

（1）明确实际销售完成情况与预算目标的不同。

（2）分析企业内外部因素对预算差异的影响。

（3）提供销售收入预算有关人员的相关数据。

2. 销售收入预算差异分析的数据来源

（1）从销售部门取得各个产品的销量、执行的销售价格区间、销售合同的执行情况、业务人员的销售任务完成情况、产品的市场占有率等数据。

（2）从财务部门取得销售部门提供的销售收入日报、周报、年报汇总表，销售折让，退换货情况等资料。

（3）从生产部门及仓储部门取得每月的产成品产量、库存量变动、不合格产品损失汇总表等资料。

3. 销售收入预算差异分析的内容

（1）销售收入预算总差异分析，主要是分析销售价格和销售量的变化对总收入的影响程度，以及各个产成品项目给企业整体毛利率带来的影响，为企业下一步的生产经营决策提供依据。

（2）销售量预算的差异分析，主要是结合产成品生产量和库存量分析销售量差异。销售量预算差异不能简单划分为有利差异和不利差异，特别是生产和库存的差异，如果超过了企业正常的生产和库存能力，不但会对企业的经营不利，还会造成额外的经济负担。对于销售量预算差异，需要根据企业所处的特定行业、自身生产经营情况和所处的经营周期，以及不断变化的各种条件进行综合考虑。

4. 销售收入的计算公式

$$销售收入 = 销售量 \times 销售价格$$
$$销售量 = 当期产量 + 期初存货 - 期末存货$$

实际的销售收入与预算的目标会产生差异，由以上的销售收入计算公式可知造成差异的因素主要有两点，即销售量和销售价格的变化。因此，销售收入预算差异的分析可以分解为销售价格差异和销售量差异，可以用以下公式来表示：

销售收入差异 = 实际销售收入 − 预算销售收入

= 实际销售量 × 实际销售价格 − 预算销售量 × 预算销售价格

= （实际销售量 × 实际销售价格 − 实际销售量 × 预算销售价格）+（实际销售量 × 预算销售价格 − 预算销售量 × 预算销售价格）

= 实际销售量 ×（实际销售价格 − 预算销售价格）+（实际销售量 − 预算销售量）× 预算销售价格

= 销售价格差异 + 销售数量差异

表 9-6 是某公司销售收入预算差异分析，供读者参考。

表 9-6　某公司销售收入预算差异分析

金额单位：元

实际销售收入			预算销售收入			销售收入差异		
单价	数量（吨）	总收入	单价	数量（吨）	总收入	价格差异	数量差异（吨）	总收入差异
199	450	89 550	203	400	81 200	−4	50	8 350

9.2.4　成本费用预算差异分析

成本费用预算差异是实际成本费用与预算成本费用之间的差异。企业确定成本费用预算差异之后，需要对这些差异进行深入细致的分析，以便找到差异产生的原因，为企业不断改进生产技术、提高劳动生产率、降低成本水平提供数据基础。成本费用预算差异分析的内容，按照项目可以分为直接材料差异分析、直接人工差异分析和制造费用差异分析。

1. 成本费用预算差异分析的目的

（1）明确实际总成本与预算目标的不同。

（2）分析各成本费用项目的预算完成情况。

（3）获取成本费用预算有关人员的相关数据。

2. 成本费用预算差异分析的数据来源

如生产制造企业，其直接材料消耗量可以从仓储部门及中控室查询相应的原始数据，也可以从生产部门取得；对于产成品产量，可根据直接材料单耗量去验证原始数据之间的勾稽关系，以确保原始数据的真实性和完整性；可以从行政部、财务部、资产管理部等部门获取辅助性数据信息，如生产车间的设备折旧费和车间管理人员的工资等。

3. 成本费用预算差异分析的内容

（1）直接材料成本差异分析，包括购买价格差异分析、耗用量差异分析和产量差异分析。

（2）直接人工成本差异分析，包括直接人工工资率差异分析、直接生产时间差异分析和辅助生产时间差异分析。

（3）制造费用差异分析，包括车间厂房及生产机器设备折旧差异分析、车间辅助人员工资差异分析、工时计算差异分析、产量差异分析和制造费用分配率差异分析等。

4. 成本费用预算差异分析的措施

（1）对于直接材料价格差异，对外要关注原材料的市场行情及价格变化趋势、建立主要材料供应商及临时供应商的管理机制；对内要制定合理的原材料采购、运输和储存机制，做到内部人员的职责分离。

（2）对于直接材料耗用量差异与非生产耗用量差异，如仓储管理不善造成的损失，由仓储部门负责查找原因；生产耗用量差异由生产部门负责查找原因，如是否合理用料、生产工艺的设定情况、操作工人的熟练程度和对生产线的监控力度等。

（3）对于人工工资率差异，如果是由最新工艺的开展、新设备的使用、人员变动导致的，则直接反映于工资制度的变化；如果是由其他因素引起的，则应关注工作效率。

（4）对于制造费用分配率差异，在制造费用项目中归集了若干组成部分，包括生产设备的维修保养费用、生产车间固定资产折旧费和车间管理人员的工资等。在制造费用归集中，需要结合各项制造费用子项目的发生额、变动情况、预算完成情况等多方面因素进行调查分析，找出影响制造费用分配率的主要原因并采取相应措施，将差异落实到具体负责的部门。

（5）对于生产产量的差异分析，企业应综合考虑，主要由涉及产品生产的仓储部门、生产部门、检验部门、采购部门和销售部门共同负责。产量差异产生的原因多种多样，解决问题的方式也有所不同，企业在经营管理过程中应做到具体问题具体对待。

5. 成本费用预算差异分析公式

（1）直接材料

直接材料在产品成本中所占的比例一般比较大，在保证产品质量的情况下，高效地利用直接材料、减少浪费，是不断降低产品成本的主要途径。直接材料成本差异是指直接材料实际成本与直接材料预算成本的差额，用公式表示如下：

$$直接材料成本差异 = 直接材料实际成本 - 直接材料预算成本$$
$$= 实际价格 \times 实际单位耗用量 \times 实际产量 - 预算价格 \times$$
$$预算单位耗用量 \times 预算产量$$

从上述公式中可以看出，直接材料成本差异主要是由三个方面导致的：一是价格差异，即材料的实际采购价格偏离预算价格；二是用量差异，即材料的实际单位耗用量偏离预算单位耗用量；三是产量差异，即实际产量偏离预算产量。

表 9-7 是某公司直接材料预算差异分析，供读者参考。

表 9-7　某公司直接材料预算差异分析

金额单位：元

实际价格	实际单位耗用量（吨）	实际产量（吨）	预算价格	预算单位耗用量（吨）	预算产量（吨）	直接材料实际成本	直接材料预算成本	直接材料成本差异
200	0.56	450	203	0.56	400	50 400	45 472	4 928

（2）直接人工

员工的劳动成本是构成产品成本的重要部分。如何有效调动员工生产的积极性，合理控制人力资本支出是值得企业思考的问题。通过直接人工成本差异分析，将工资率、产品产量和生产时间等因素联系起来，可以为企业考察人工成本的合理性提供依据。直接人工成本差异是指直接人工的实际成本与预算成本之间的差额，用公式表示如下：

$$直接人工成本差异 = 直接人工实际成本 - 直接人工预算成本$$
$$= 实际工资率 \times 实际单位工时 \times 实际产量 - 预算工资率 \times$$
$$预算单位工时 \times 预算产量$$

这一差异根据形成的原因不同，可以分为工资率差异、单位工时差异和产量差异三部分。

表 9-8 是某公司直接人工预算差异分析，供读者参考。

表 9-8　某公司直接人工预算差异分析

金额单位：元

实际工资率	实际单位工时	实际产量（吨）	预算价格	预算单位工时	预算产量（吨）	直接人工实际成本	直接人工预算成本	直接人工成本差异
3.20	36	450	3.30	36	400	51 840	47 520	4 320

（3）制造费用

企业在产品的生产过程中，除了直接耗用材料和人工成本外，还会发生许多间接用于产品生产的制造费用，如车间厂房的折旧、车间辅助人员的工资等。

制造费用差异可用以下公式表示：

$$制造费用差异 = 实际制造费用 - 预算制造费用$$
$$= 实际制造费用分配率 × 实际单位工时 × 实际产量 -$$
$$预算制造费用分配率 × 预算单位工时 × 预算产量$$

这一差异也可以分为制造费用分配率差异、工时差异和产量差异三部分。

表 9-9 是某公司制造费用预算差异分析，供读者参考。

表 9-9　某公司制造费用预算差异分析

金额单位：元

实际制造费用分配率	实际单位工时	实际产量（吨）	预算制造费用分配率	预算单位工时	预算产量（吨）	直接制造费用	预算制造费用	直接人工成本差异
1.5	36	450	1.60	36	400	24 300	23 040	1 260

9.2.5　利润预算差异分析

利润是企业在一定期间生产经营活动的最终成果，是衡量企业经营管理水平的综合指标，也是企业实现其理财目标和扩大再生产的重要保证。利润预算差异分析通常可以根据利润表中的顺序进行。

1. 利润预算差异分析的目的

（1）以利润差异反映企业总预算的完成情况。

（2）通过利润差异分析营业收入、营业成本和各项期间费用预算的关系。

2. 利润预算差异分析的数据来源

（1）利润预算差异分析的数据涉及企业销售、成本、费用等部门，企业生产经营的相关部门需要将计算利润时需要的数据传递给财务部门。

（2）财务部门负责数据的整理汇总及分析工作。

3. 利润预算差异分析的内容

（1）营业收入差异分析，构成指标为主营业务收入和其他业务收入。

（2）营业利润差异分析，构成指标为主营业务成本、其他业务成本、销售费用、管理费用和财务费用等项目。

（3）利润总额差异分析，构成指标为营业外收入和营业外支出。

（4）净利润差异分析，需要在利润总额差异确定的基础上考虑所得税的影响，企业所得税的计算过程会涉及纳税调整项。

4. 利润预算差异的应对措施

营业利润、利润总额和净利润三个项目具有综合性，均是通过多个项目综合计算得出的。在分析它们的差异时，需要考虑利润预算中各利润项目与非利润项目之间的关系。具体公式如下：

营业利润 ＝ 营业收入 － 营业成本 － 税金及附加 － 销售费用 － 管理费用 － 财务费用 ＋ 投资收益 ＋ 其他收益等

利润总额 ＝ 营业利润 ＋ 营业外收入 － 营业外支出

净利润 ＝ 利润总额 － 所得税

企业在进行利润表科目差异分析时，可以按照以上三个公式将利润项目的差异明确到每一个非利润项目，按照每个项目的相关制度规定找到相应的负责部门并采取适当措施。

第 10 章

现代信息技术下的全面预算管理

10.1 现代信息技术在财务管理领域的应用

10.1.1 现代信息技术的发展

近年来，随着数字技术的发展，人类社会正在步入数字经济时代，数字技术已经实现了对社会经济生活的全方位渗透，开始具备自主分析数据的能力并成为经济增长的新型驱动力。在以"大智移云物链"、ERP、BIP、云会计等为代表的数字技术支持下，越来越多的企业走上了数字化之路。

1. "大智移云物链"

"大智移云物链"，即大数据技术、人工智能技术、移动互联网技术、云计算技术、物联网技术、区块链技术六种现代信息技术的简称。这六种现代信息技术互相关联，构成了一个有机的整体。

（1）大数据技术

大数据是指无法在一定时间范围内用常规软件工具进行捕捉、管理和处理的数据集合，是需要新处理模式才能具有更强的决策力、洞察力和流程优化能力的海量、高增长率和多样化的信息资产。而大数据技术是指大数据的应用技术，涵盖各类大数据平台、大数据指数体系等应用技术。

大数据技术不仅能够处理一些大量的、简单的数据，还能够处理一些复杂的数据，如文本数据、声音数据及图像数据等。另外，大数据技术的应用具有密度低和价值大的效果。对于一些零散的、各种类型的数据，如果不能在短时间内分析出信息所表达的含义，那么可以利用大数据分析技术，将信息中潜藏的价值挖掘出来，以便于工作研究或者其他用途的使用，达到政务便捷化和深层次化。

（2）人工智能技术

人工智能是研究与开发用于模拟、延伸和扩展人的智能的理论、方法、技术及应用系统的一门新的技术科学。人工智能技术包括机器学习、知识图谱、自然语言处理、机器翻译、语义理解、问答系统六种技术。

①机器学习是一门涉及统计学、系统辨识、逼近理论等诸多领域的交叉学科，研究计算机怎样模拟或实现人类的学习行为，以获取新的知识或技能，重新组织已有的知识结构，使之不断改善自身的性能。

②知识图谱的基本组成单位是"实体—关系—实体"三元组，以及实体及其相关"属性—值对"。不同实体之间通过关系相互联结，构成网状的知识结构。在知识图谱中，每

个节点表示现实世界的"实体"，每条边为实体与实体之间的"关系"。

知识图谱技术可用于反欺诈、不一致性验证、反组团欺诈等公共安全保障领域，需要用到异常分析、静态分析、动态分析等数据挖掘方法。知识图谱在搜索引擎、可视化展示和精准营销方面具有很大的优势，已成为业界的热门工具。

③自然语言处理技术主要研究能实现人与计算机之间用自然语言进行有效通信的各种理论和方法，涉及的领域较多，包括机器翻译、机器阅读理解和问答系统等。

④机器翻译技术是指利用计算机技术实现从一种自然语言到另一种自然语言的翻译过程。基于深度神经网络的机器翻译在日常口语等一些场景的成功应用已经显现出了巨大的潜力。

⑤语义理解技术是指利用计算机技术实现对文本篇章的理解，并且回答与篇章相关问题的过程。语义理解更注重对上下文的理解以及对答案精准程度的把控。语义理解技术将在智能客服、产品自动问答等相关领域发挥重要作用，进一步提高问答与对话系统的精度。

⑥问答系统技术是指让计算机像人类一样用自然语言与人交流的技术。人们可以向问答系统提交用自然语言表达的问题，系统会返回关联性较高的答案。

（3）移动互联网技术

移动互联网技术是指移动通信终端与互联网相结合成为一体，用户可使用手机、平板电脑或其他无线终端设备，通过速率较高的移动网络，在移动状态下（如乘坐地铁、公交车等）随时随地访问互联网，以获取信息，享受商务、娱乐等各种网络服务。

通过移动互联网，人们可以使用手机、平板电脑等移动终端设备浏览新闻，还可以使用各种移动互联网应用，例如，在线搜索、在线聊天、移动网游、手机电视、在线阅读、网络社区、收听及下载音乐等。其中，移动环境下的网页浏览、文件下载、位置服务、在线游戏、视频浏览和下载等是主流应用。

移动互联网已渗透到人们生活、工作的各个领域，微信、支付宝、位置服务等丰富多彩的移动互联网应用迅猛发展，正在深刻改变信息时代的社会生活，近几年，更是实现了3G 经 4G 到 5G 的跨越式发展。

（4）云计算技术

云计算是分布式计算的一种，它通过网络以按需、易扩展的方式获得所需的资源（硬件、平台、软件）或服务，提供资源的网络被称为"云"。云计算指的是通过网络"云"将巨大的数据计算处理程序分解成无数个小程序，然后通过多部服务器组成的系统进行处理和分析，得出结果后返回给用户的技术。云计算早期就是简单的分布式计算，解决任务分发，并进行计算结果的合并。因而，云计算又被称为网格计算。

云计算技术可以在很短的时间内完成对数以万计的数据的处理，从而达到强大的网络服务功能。现阶段的云计算已不单单是一种分布式计算，而是分布式计算、效用计算、负载均衡、并行计算、网络存储、热备份冗杂及虚拟化等计算机技术混合演进并跃升的结果。"云"中的资源在使用者看来是可以无限扩展的，并且可以随时获取，按需使用，随时扩展，按使用付费。这种特性经常被称为像水电一样使用 IT 基础设施。广义的云计算是指服务的交付和使用模式，即通过网络以按需、易扩展的方式获得所需的资源或服务。这种服务可以是与软件、互联网相关的信息技术，也可以是任意其他的服务。云计算目前在计算机技术中的运用十分广泛，我们基本上每天都会接触到云计算，如使用手机上网、购物、网上支付交易等，这些都是通过云计算来实现的。

（5）物联网技术

物联网技术起源于传媒领域，是信息科技产业的第三次革命。物联网是指通过信息传感设备，按约定的协议，将任何物体与网络相连接，物体通过信息传播媒介进行信息交换和通信，以实现智能化识别、定位、跟踪、监管等功能。

物联网将无处不在的末端设备和设施，包括具备"内在智能"的传感器、移动终端、工业系统、数控系统、家庭智能设施、视频监控系统等，以及具备"外在使能"的，如贴上 RFID（无线射频识别）的各种资产、携带无线终端的个人与车辆等"智能化物件或动物"或"智能尘埃"，通过各种无线和（或）有线的长距离、短距离通信网络实现互联互通、应用大集成，以及基于云计算的 SaaS（软件服务）营运等模式。在内网、专网和互联网环境下，物联网采用适当的信息安全保障机制，提供安全可控乃至个性化的实时在线监测、定位追溯、报警联动、调度指挥、预案管理、远程控制、安全防范、远程维保、在线升级、统计报表、决策支持、领导桌面（集中展示的 Cockpit Dashboard）等管理和服务功能，以实现对"万物"的"高效、节能、安全、环保"的"管、控、营"一体化。

（6）区块链技术

区块链是一个分布式数据库，用于记录每一个区块中所有交易的信息。区块链数据库以链的形式存储，并使用密码学方法加密。区块链可以被看作公开的、不可篡改的数据库。这意味着，任何人都可以在区块链上存储信息，而且这些信息是不可篡改的。

区块链最初是用于跟踪比特币交易的，但随着时间的推移，人们发现它可以用于跟踪任何类型的信息。目前，已经有很多公司正在使用区块链来存储数据，并进行交易。区块链的主要优势在于，它不需要第三方认证或监管交易，因此可以节省成本。此外，由于区块链是分布式的，所有交易都是透明的，因此无法篡改。区块链技术的主要特点是去中心化、安全性、不可篡改。去中心化意味着所有的交易都是由网络成员共同监督和记录的，而不是由某一个机构控制，这使得交易更加安全、透明；安全性则使得交易数据不可能被伪造；不可篡改则意味着一旦交易被记录在区块链上，就不可能被修改。这些特性使得区块链成为金融和其他领域的一个重要应用场景。区块链技术可以让数据存储在公开的分布式数据库中，并通过加密来保证数据的安全性。

"大智移云物链"是目前产业互联网的重要技术载体和推动力，它们各自独立，又相互关联，移动互联网和物联网的应用需要云计算支撑，大数据的深入分析和挖掘反过来助推移动互联网和物联网的发展，使软硬件更加智能化，构成了一个相互融合又分别进步的有机生态整体。云计算、大数据等信息技术交融渗透，不仅改变着人们的生活，也有望掀起新一轮产业变革。

基于大数据的预测

煤矿企业在煤炭开采的各生产环节进行单耗定额目标预测时，由于影响单耗的因素繁多且无线性关系，因此借助数据分析、神经网络算法等高阶分析技术，基于大数据可以更准确地预测煤炭生产中的预算定额。

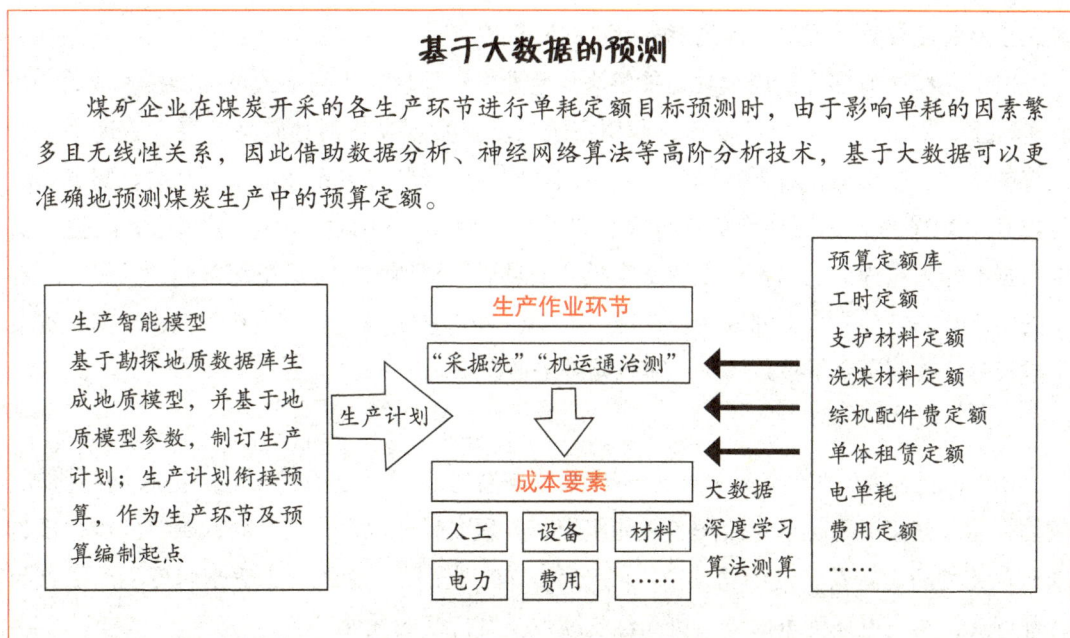

资料来源：矿业全面预算管理体系建设——德勤

2.ERP

ERP 是企业资源计划的简称，是指建立在信息技术基础上，以系统化的管理思想为企业决策者及员工提供决策运行手段的管理平台，它通过软件把企业的人、财、物、产、供销及相应的物流、信息流、资金流、管理流、增值流等紧密地集成起来，实现资源优化和共享，对于改善企业业务流程、提高企业核心竞争力具有显著作用。

ERP 系统在我国的发展历程可以分为以下三个阶段。

（1）**启动期**：本阶段贯穿了整个 20 世纪 80 年代。80 年代我国处于刚刚步入市场经济的转型阶段。此阶段主要以从国外引进、实施 MRP Ⅱ（制造资源计划）为主要特征，其应用范围狭隘，基本只应用于传统的机械制造企业。

（2）**成长期**：从 1900 年开始大约经历了五六年时间，此阶段的主要特征为开始引入 ERP 系统，其与 MRP Ⅱ 系统在国内制造业同时应用与实施，但还存在很多不足。

（3）成熟期：本阶段为从 1997 年至今，主要特征为全面引入 ERP 系统，应用范围也扩展到了制造业以外的多行业、多领域。在此期间，国内学者对 ERP 系统的应用实施进行了大量研究，并且取得了许多有价值的成果。

在企业财务管理工作中，ERP 系统能够整合业务信息与财务信息，其以企业资源为核心，协调各个部门的管理工作，可有效整合业务数据与财务数据。其不仅具备常规会计核算功能，还支持财务计划、分析与决策等管理功能，拓展了财务管理广度。同时，在信息整合的基础上，ERP 系统可自动将与业务相关的财务数据录入，进而生成总账、财务报表，规避财务舞弊等现象，提高财务管理的安全性。

ERP 系统中有多个功能模块，能够满足企业管理要求，为财务人员提供技术帮助。在此基础上，财务人员应合理设置、利用系统模块，实现高效财务管理。资金管理是 ERP 系统的核心功能模块，在下级部门根据采购合同和生产状况向企业申请资金时，财务人员可以利用 ERP 系统进行生产成本计算，以此制订预算计划，并申请运营资金；企业负责人根据财务人员提交的预算计划核实审批，通过后下拨所需资金给下级部门，并对下级部门的生产利润进行资金上划处理。在此过程中，ERP 系统可高效完成相关操作，简化资金审批流程，提高资金下拨效率，准确计量业务收支。

3.BIP

BIP（商业创新平台）是基于新一代数字与智能技术的各类云服务，通过网络协同、数据智能、连接资源、重组流程、赋能组织、处理交易、执行作业、融入数字经济、推进企业业务创新（研发、生产、营销、服务等）、管理变革、金融嵌入等来转变生产经营与管理方式，实现更强竞争优势、更高经营绩效及可持续的发展。

BIP 采用开放的平台和架构，以技术平台为底座，以数据中台、智能中台、业务中台为核心，以友户通平台和友户会平台为辅助，支撑企业服务产业生态伙伴共享共创，成为实现数智商业应用的基础设施平台和企业服务产业的共创平台。BIP 站在产业互联网层面，重新思考企业的边界、产业链的资源组织，平衡了产业链业务分工协作与单个企业内部管理。BIP 时代以数据驱动为核心，关注赋能企业业务能力，关注卓越的用户体验。企业进入数智化阶段，代表的使能体系是 BIP，其带给企业的关键价值是"商业创新，重塑发展力"。

4. 云会计

云会计是基于互联网和大数据的发展而产生的一种信息技术。云会计对企业的全面预算管理具有重要的影响。会计和计算机网络技术的有机结合，使会计工作能够在云共享的状态下完成。

云会计基于与共享平台及负责企业资金管理的银行类相关企业（以下简称银行企业）

的联系，使银行企业的资金信息管理系统通过云共享，更具公正性地将信息传送到云端进行共享管理。这种方式的有效实施更加合理地将企业资源配置进行了分配，有利于云会计在企业中进行全面预算管理。

根据云计算的系统运行特点，将其运用在企业的全面预算管理中，可以通过技术的创新提高全面预算管理效率。

第一，在预算编制环节，通过调整预算方案，云会计系统会根据企业的经营目标及战略发展等内容，合理规划预算编制策略，并根据企业以往的资金使用情况，分析各个部门的成本支出，最终确定适合企业发展的财务管理体系，保证各项预算工作的精准落实。

第二，在预算执行环节，云会计平台可以发挥其预期的管理价值，在云会计平台的全面预算中，云会计平台会根据预算执行结果进行各项财务工作的监督，保证各部门严格按照预算控制支出成本，避免财务管理隐患的出现。

第三，在云会计系统运用中，会通过全面预算方案的设计落实设置预算分析及考核环节。

第四，构建多样化的预算评价管理方案。在企业全面预算方案设计中，通过云会计工作的实施，可以保证参与主体的多元化，体现预算评价结果的客观性，从而帮助企业树立良好的发展目标，为企业的稳步运行及经济发展提供保障。

10.1.2 财务管理领域的技术应用

1. 财务管理领域的十大信息技术

在数字化驱动下，财务和业务的边界或将变得越来越模糊，会计人员正面临一场角色转型。根据上海国家会计学院 2021 年发布的榜单，2021 年影响中国会计人员的十大信息技术分别是电子档案、移动支付、会计大数据、电子发票、财务云、新一代 ERP、RPA（机器人流程自动化）、数据挖掘、区块链、在线审计。

（1）电子档案——技术、产品与应用

电子会计档案是电子档案的重要组成部分，包括电子发票、电子行程单、银行电子回单、XBRL 财务报告等，其广泛应用有助于实现企事业单位和政府部门的财务管理数字化转型。电子档案对会计人员实务工作的影响主要包括会计文件的立卷、编辑会计档案目录、会计档案的移交、会计档案的分类与排序，以及会计档案的电子化管理等方面。

会计人员应结合电子档案的公认特征，针对企业不同的信息化需求、不同场景对于电子档案的保存价值需求，寻找会计信息化应用和电子会计档案推广普及中涉及会计基础工作的重点、难点问题（包括对于电子档案管理高效性、安全性、无纸化自动归档的要求），同时学习最新的会计档案电子化管理理念、技术和应用，以及与会计档案相关的法律法规，对特定电子会计档案产品的功能和核心价值进行深入分析，结合不同的应用场景和保存价值的需求进行匹配。

（2）移动支付——让会计拥抱未来

移动支付也被称为手机支付，就是允许用户使用其移动终端对所消费的商品或服务进行账务支付的一种服务方式。移动支付将终端设备、互联网、应用提供商及金融机构相融合，为用户提供货币支付、缴费等金融业务。移动支付主要分为近场支付和远程支付两种。

移动支付贯穿企业财务管理的全流程，助力企业财务管理的数字化及智能化。移动支付在数据赋能上的应用也具有重要价值，支付方式的改变实现了无现金化，可以提高交易效率、降低现金管理成本、减少现金管理风险。移动支付对会计工作具有较大的影响，出纳、收银员等岗位将逐步被替代。通过移动支付沉淀和产生的大量财务数据和业务数据，有利于企业进行数据挖掘，以支持决策实现业财融合。移动支付还将促使会计人员由财务会计向管理会计转型。

（3）会计大数据——构建企业数字化体系

会计大数据的核心价值是帮助企业构建全局视角的事项库，提升财务数据的质量，包括连接所有业务系统，实时采集数据及穿透采集外部数据，同时帮助企业发展管理会计，还原生产经营本质。

会计大数据通过事项数据和财务数据帮助企业进行实时分析，做出敏捷决策，实现自动化、智能化会计作业，提升财务效率。随着人工智能包括物联网技术的整体普及，会计大数据能够更好地采集数据、感知数据，真正依靠数据进行决策。财务会计的职能已经更多地从传统的账务处理和合规延伸为对收付款与核算链上的业财大数据进行加工处理，将业财大数据沉淀为有意义的数据集合，以支持企业的业财分析与决策。

（4）电子发票——推动企业业财税一体化

电子发票是信息时代的产物，同普通发票一样，它采用税务局统一发放的形式给商家使用，发票号码为全国统一编码，采用统一防伪技术，在电子发票上附有电子税务局的签名机制。几乎所有的财务管理软件或者应用都支持电子发票应用。

与现有电子普通发票技术相比，增值税专用发票电子化的三个核心变化包括新税控、新版式及新签章。电子发票在社会经济生活中具有广泛的应用价值，并成为推动会计档案电子化的基础性突破。其全面推广需要建立覆盖全社会的电子发票申请、领用、开具、流转、查验和注销管理平台。

（5）财务云——设计与实施

财务云是将企业财务共享管理模式与云计算、移动互联网、大数据等计算机技术有效融合，实现财务共享服务、财务管理、资金管理三中心合一，建立集中、统一的企业财务云中心，支持多终端接入模式，实现"核算、报账、资金、决策"在企业内的协同应用。

云技术的核心是资源共享、按需取用、动态调配、实时响应。财务云就是扭转传统财务的公共模式，将本地化的财务部署转化为财务共享服务中心。财务云或财务共享并不是单纯地做人员物理集中，也不只存在于财务工作中，而是运用云计算技术将凝聚在每个员工身上的基础业务处理能力实现云化，实时享用。随着互联网、数字技术发展及 5G 的商业化应用，云技术在财务方面的应用将围绕"资金流、业务流、信息流"，从当下以企业为主的服务领域，步入面向中小企业提供基于"财务 + 业务"的虚拟化、分布式、定制服务领域。云技术将引领财务管理迈入机器核算、信息互通、数据挖掘、智能财务的新会计时代。

（6）新一代 ERP——从 ERP 到 EBC

ERP 最初的功能是解决生产过程中物料供需的问题（MRP），随后范围逐渐扩大，经历了生产资源计划阶段（MRP Ⅱ）及企业资源计划阶段（ERP）。如今 ERP 不再只是企业内部系统，而是一个内外部用户业务协作的应用系统。这些应用必须更加重视数据、信息、过程的灵活性，以及对快速变化的、不稳定的业务环境做出响应的能力。

传统的 ERP 应用正在被数字化时代需求所取代。基于此，Gartner 公司提出新一代ERP——EBC（企业业务能力）的新观点。EBC 是企业将资源、能力、信息、流程和环境结合起来为客户提供一贯价值的方式，用于描述企业做什么以及企业在应对战略挑战和机遇时需要采取哪些措施。

新一代 ERP 助力财务实现更高的效率，促进财务与业务更好地协同，赋能面向未来的财务预测和业务洞察。新一代 ERP 未来将作为企业级信息化基础平台，结合财务中台、数字化技术等综合运用，帮助企业实现数字化转型。

（7）RPA（机器人流程自动化）——科技赋能企业数字化管理变革

RPA 可将人力资源从重复的劳动中解放出来，是企业在业务标准化的情况下实现流程效率化的重要抓手。RPA 目前已经应用于财务、金融、制造、通信等各个领域。对于企业来说，选择 RPA 技术的核心目的是降本增效。RPA 是建立人、业务、信息系统一体化协同的黏合剂和连接器，能够实现企业内部价值链"合纵连横、无缝衔接"，外部价值链"纵横四海、决胜千里"。

在财务管理领域，RPA 技术主要应用于增值税发票管理、税务申报、银行对账、会计凭证处理、报表生成等场景，能够帮助企业提高工作效率，保障工作质量，有效降低企业成本。

（8）数据挖掘——智能财务进阶之梯

随着 RPA 技术的推进，财务机器人逐渐被引入流程化、规则化的财务工作中，财务人员将主要精力转移至智能洞察、感知、预测等更多参与企业管理的方面，而这个转变更多依赖于数据挖掘技术。

在财务、会计和审计领域，可以利用数据挖掘技术探查企业存在的问题、预测企业的未来走向，为利益相关者提供更有效的决策支持。在全球范围内，数据挖掘技术已经成功应用于企业持续经营状况的分析诊断、信用风险的监测评价、财务舞弊的识别预防、财务困境和企业绩效的预测等方面。数据挖掘技术的深度应用将有助于打破会计边界，加速会计与业务的融合。

（9）区块链——发展与应用

区块链是在关系创新基础上的技术应用组合。区块链的应用需要先重构关系，由集中式（中心化）向分布式（去中心化/多中心化）转变。尽管区块链有望引领数据主权时代的到来，但也应当正视区块链在具体应用场景中的优势与劣势。

区块链在财会业务流中的应用为，用智能合约加快流程，基于区块链的费控、现金流管控、智能账本的可信数据溯源及披露等。区块链为会计赋能，提高了会计信息的真实性，并助力于财务共享建设。

（10）在线审计——远程、协同、共享

在线审计不是一项单独的技术，而是各种新技术在审计行业的综合运用。在线审计运用的技术包括财务云、无纸化办公、电子合同、电子发票、电子档案、数字展示和处理技术以及数字加密等。相关专业人士认为，在线审计具有以下主要特征：①适时或实时审计，②远程、非现场集中审计，③高效的数据采集，④高度依赖审计分析模型，⑤信息系统审计成为必备条件，⑥数据安全性至关重要。

2. 现代信息技术在全面预算管理中的应用

现代信息技术在全面预算管理中的应用如图 10-1 所示。

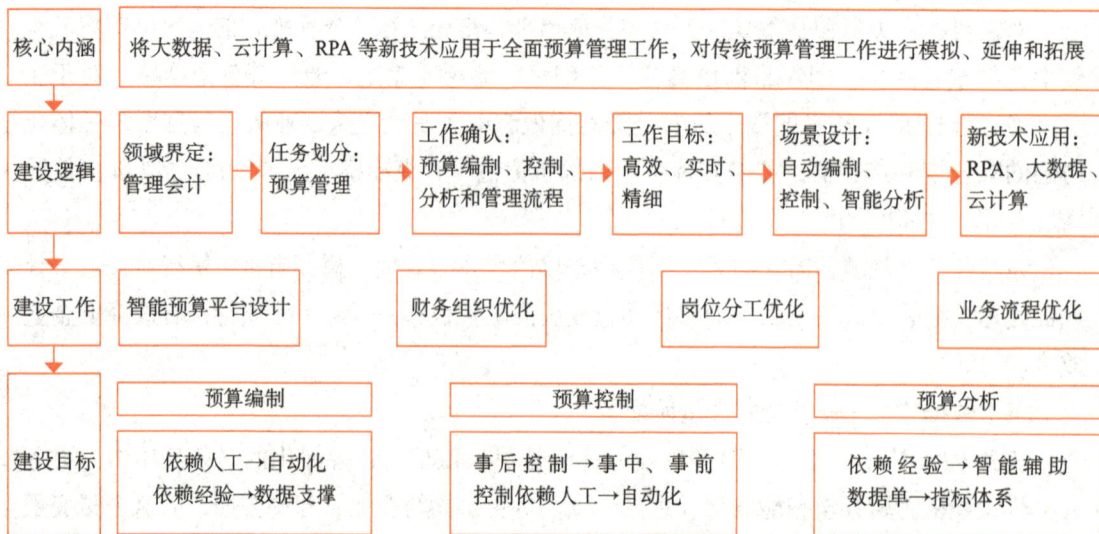

图 10-1　现代信息技术在全面预算管理中的应用

（1）大数据提供全面预算管理数据基础

大数据是指超出传统数据库处理能力的数据，其数据特征是规模及传输速度水平极高，数据中存在海量有价值的信息值得去挖掘和获取。将大数据技术应用于企业预算编制，可使数据信息的获取更加多维化和全面化。企业由此获取的数据信息不仅包含了非结构化数据和结构化数据，还包含了半结构化数据，并且这些数据将不仅来源于企业内部，还包括企业外部的相关信息。企业利用包括经营数据、财务数据、环境数据、政策数据、同行业数据等在内的企业内外部宏观及微观数据，综合制定未来经营活动的预测与预算指标，强劲的数据挖掘能力保障了企业预算编制工作的准确性与合理性。数据的传输及获取速度也改变了企业传统预算管理工作中的数据收集方式，传统预算数据的收集往往要耗费一定的人力和时间成本，而大数据技术可以使数据的获取速度实现即时化，确保了数据信息的实效性，使预算编制更加准确与高效。

（2）区块链实现内外部功能多维度预算与估算

区块链随着信息化时代的发展快速推进，现代企业为使全面预算管理系统具备实时化、集中化与共享化特点，需要对数据进行大量收集、储存与分析，搭建基于区块链技术的全面预算管理体系。全面预算管理既受大数据与云计算技术支持，也借助区块链技术帮助企业实现内外部各项功能多维度预算与估算。通过引入区块链技术构建企业全面预算管理体系，企业能够将各部门数据汇总到区块链平台。区块链技术能够将企业预算管理数据设置为统一语言、统一数据结构、统一指标与统一计算逻辑。在基于区块链技术的全面预算管理架构下，企业可设置一套层面统一的预算管理体系报告指标库。该指标库中包含了企业决策部门类、业务类、数据类等指标，为后期预算管理体系构建提供了规范标准。同时，将企业预算管理数据信息录入区块链中，管理者能够根据自身需要随时查看、调用区块链上各项指标，形成决策需要的企业全面预算管理体系。

（3）RPA 技术可实现自动化操作

在预算数据收集、预算编制等领域引入 RPA 技术，将不再依赖出口和人工数据处理，可以节省大量的重复时间，实现预算数据的自动化处理和分析。借助 RPA 机器人，平台能自动、实时地将已获取的数据存储到数据库中，并将数据清洗后实时推送给预算操作平台，大大提升了数据的及时性。企业应用 RPA 技术进行预算执行与控制过程中的实时监控及分析，可以快速、准确地获取预算执行情况，并对预算执行情况进行报表化处理，形成执行报告；管理人员可以更加便捷地掌握企业的预算执行进度，应对预算执行过程中的一些突发风险，实现了对预算的实时控制。

（4）人工智能助力全面预算管理分析决策

人工智能是指人们通过计算机程序的设定，由机器设备表现出来的智能技术，该技术所展现的智能水平在某些专业领域上甚至超越了人类，目前已有大量工具应用于人工智能。企业在应用大数据技术收集了大量信息数据后，可借助人工智能技术对所有信息数据进行分析和研究，处理后的数据更加便于财务人员将其用于全面预算管理中。在传统的预算编制及预算调整过程中，财务人员通常要花费大量的时间和精力去编制、核对各类报表，以保证预算的准确性和真实合理性，这一过程往往是对数据实施整理、归纳、校验等重复性工作。应用人工智能技术，可以代替预算编制中的重复性人工操作，财务人员不再受困于烦琐的数据处理工作中，而将精力重点放在参与企业管理与运营上。此外，人工智能技术可以提供预警信息，并且针对实际情况结合以往数据进行分析比较，给管理决策提供参考方案，帮助企业化险为夷，保障企业全面预算管理科学、有效地实施。

（5）移动互联网提升全面预算管理效率

移动互联网是将移动通信与互联网相结合的技术，也可以说是移动通信与互联网融合后的产物，它造就了互联网经济的繁盛，经历不断发展后，如今踏入了5G时代。移动互联网技术可以协助企业更加便捷、省时、省力地构建全面预算管理信息系统。传统的企业全面预算管理常常需要雇用专业信息技术人员去构建管理信息系统，而专业人员的聘请及系统的构建都需要耗费高额成本，移动互联网平台拥有大量应用资源，可以为企业提供低成本的信息技术支持，企业通过平台可以个性化构建适合自身的管理信息系统。顺应业财融合管理模式的发展方向，全面预算管理结合移动互联网技术可实现业务人员实时上传业务工作情况，企业管理人员可随时掌控企业业务预算执行进度，对预算绩效进行实时考评，增强员工工作积极性，提升工作效率。移动终端所具备的便携、设备共享等特征，使企业工作人员不论何时何地都能对全面预算管理的数据信息进行编制、录入、报告、审批、监控等操作，同时企业员工间还能通过共享进行协同办公，进一步提升企业全面预算管理效率。

（6）云计算辅助全面预算管理流程智能化

云计算是与大数据相结合的商业计算模型，该模型提供可用的、便捷的、按需的网络访问服务，用户进入可配置资源共享池，通过有偿使用方便、快捷地获取资源，其过程具有投入少、与服务供应商交互少的特点。在传统的预算指标上传及审批工作中，自上而下、自下而上的传递模式需要耗费较长时间，不仅降低了全面预算管理工作水平，还无法保证其准确性。而应用云计算技术，可以在云平台、云系统中实现预算指标等的自动化有效传递，而且呈现方式多元化、全面化，各部门可快速获取准确的预算信息，进而高效推进预算执行控制工作，随时预测、计算、评估未来发展情况，给预算考评及下一周期的预算制定带来极大便利。利用云计算技术来优化企业全面预算管理流程，通过计算机程序改善企业复杂、烦琐的审批流程，可以化繁为简，大大提高企业全面预算管理流程效率。结合大数据所获取的内外部信息资源，应用云计算对企业战略目标进行精准分析与合理定位，在预算编制中利用云计算手段对预算指标进行有效估量，在全面预算执行中为预算风险提供决策方案，在预算考核中帮助企业实现全面评价，这些均说明云计算可以辅助企业全面预算管理流程实现智能化，保证企业的全面预算管理达到高质量水平。

基于财务共享平台的员工差旅费预算执行数据获取

　　智能共享服务平台是财务信息系统中的重要平台，通过财务共享平台实施，可以实现与财务核算、资金管理的集成，发挥财务共享服务对基础财务核算业务的监控和指导作用，提升企业整体财务管理水平。例如，员工在网上报账平台提交差旅费单据，同时提交实物单据，经过影像处理和扫描上传后，预算计划内且经过业务审批的单据到达审核会计处。会计审核完毕后，账务信息即转化为记账凭证，同时通过银企互联系统支付。资金支出信息实时传递至全面预算管理系统，写入预算资金执行数据。

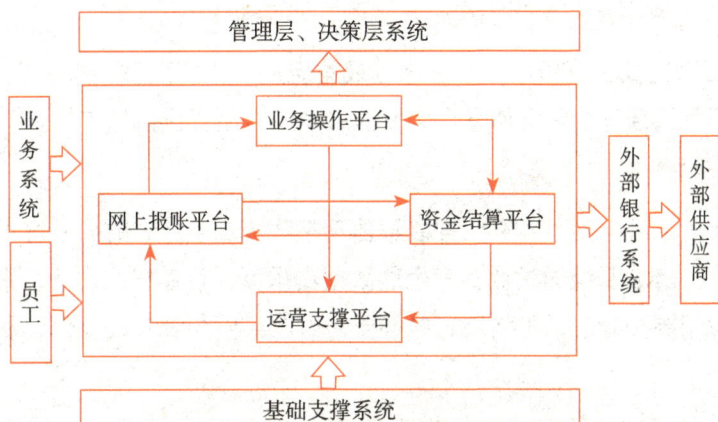

10.2　全面预算管理与 ERP 系统的集成关系

　　全面预算管理和 ERP 系统的集成关系如图 10-2 所示。

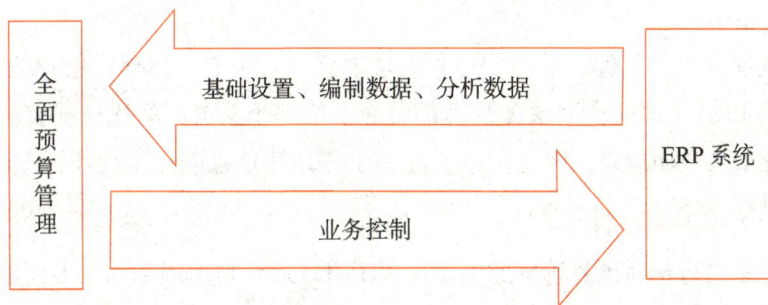

图 10-2　全面预算管理和 ERP 系统的集成关系

10.2.1　来源于 ERP 系统的预算数据

1. 全面预算管理的基础数据来源于 ERP 系统

全面预算管理的科目定义要与 ERP 系统的总账子系统中的科目定义保持一致。由于各企业的预算对象及角度不同，为了使系统操作更灵活，企业可以根据 ERP 系统中的数据自行定义维度，即每个预算科目的统计对象，如企业产品、物料、部门、客户、供应商、成本中心、项目、国家、省份、行业、地区及经手人（销售员、采购员）等。在维度定义中，能够参照 ERP 系统的情况大致有工程数据中的产品定义、部门定义，销售系统中的客户定义，采购系统中的供应商定义，财务系统中的成本中心定义，项目管理系统中的项目管理定义以及工程数据系统中的行业定义、地区定义、国家定义、省份定义等。

2. 编制预算过程中需要参照的实际发生数据来源于 ERP 系统

ERP 系统可以提供企业历年销售记录、成本定额、生产数量、人工成本、材料耗用、库存产品销售回款及预算偏差等信息，为预算启动和编制提供信息支持。

3. 预算数据应用于 ERP 系统的业务数据控制

全面预算管理系统得到的预算数据能够体现在物流、生产、财务系统中，以此来控制业务的资金支出。ERP 系统通过业务发生的数据占预算科目数据的比例，来表明企业完成预算的情况，对于要控制的成本费用，能够及时查明实际与预算的比例，从而进行资金支出的业务控制。

4. 预算分析需要的实际发生数据来源于 ERP 系统

企业原来的物流、生产、财务系统的数据能够作为预算分析的参照。通过将预算科目的维度配置得到的预算数据与 ERP 系统中的各财务科目的明细数据汇总相比较，能够查明影响预算与实际之间差异的原因。例如，通过销售预算差异分析能够查明差异是产生在销售量、销售价格、产品、区域上，还是产生在时间段上。

10.2.2　ERP 系统在全面预算管理中的应用

ERP 系统有开放的软件，并体现一种管理思想，是企业进行现代化管理的重要手段。在企业中实施 ERP 系统或全面预算管理都是为了达到企业资源的优化配置。ERP 系统很重要的一部分就是全面预算，因此通过实施 ERP 系统来实现企业全面预算管理是可行的。

1.ERP 系统管理工具的内容

ERP 系统是进行全面预算管理的一项重要工具，通常包括以下六个方面的内容。

（1）制订销售计划，即输入历史数据，利用销售模型预测下一季度的销售量。

（2）预测产品价格，即根据企业的计划和定价策略，利用 ERP 系统进行价格预测。

（3）计算产品成本，即根据销售计划，结合产品工艺原料单，计算单位产品的成本，并分析成本组成部分，找出可以节约的资源。

（4）预测间接费用，即在原材料、直接人工之外的生产部门资金使用，以及财务、销售、管理部门资金使用的基础上进行间接费用的预算。

（5）通过分析找出问题，并对相关部门进行控制。主要是把各个部门的预算进行整合，找出实际利润和预计利润之间的差距，做出进一步调整。

（6）预算的修改。

2. 全面预算管理中 ERP 系统的实施要点

首先，企业开展全面预算管理的数据基础是 ERP 系统。ERP 系统用来记录企业发生的各项活动及相关的财务数据。全面预算管理可以根据这些基础数据（如 ERP 系统中的数据流程图，各个工艺所用的时间、费用和工艺路线等）进行分析比较，并对分析结果进行研究，建立合理的防范措施，降低企业成本。

其次，企业可以采用 ERP 系统提供的预算编制表来制定详细的全面预算预测表。例如，利用 ERP 系统制定销售预测表。第一步，记下并输入企业过去时间段某市场的销售数据；第二步，采用 ERP 系统内部的预测模型或建立新的预测模型，自动预测下季度的销售量；第三步，根据销售的实际情况对预测模型进行必要调整；第四步，做到时时监控，根据实际销售数据和预测数据进行对比，分析原因，减少不必要的成本，最终达到提升企业效益的目的；第五步，ERP 系统在全面预算管理中的应用还可以做到将每一次调整的计划置于该计划层面之下，便于全面预算的分析和管理。

最后，要对实施单位的操作人员进行培训。ERP 系统的实施离不开专业人员的工作，企业需要引进懂技术、会操作的专业人员，同时要加强对内部人员的培训，这样才能使 ERP 系统在全面预算管理中顺利实施。

3. 全面预算管理中 ERP 系统应用的关键

（1）建立成熟的组织架构

良好的承载环境才能促进新事物的发展，企业进行全面预算管理的基础和支撑是要构建全面预算管理组织架构，对此企业必须为 ERP 系统的应用配备良好的资源。企业应成立专门的实施小组，保证每个成员对自己负责的工作都能胜任，同时保证企业管理层和骨干业务人员的参与，以确保全面预算管理的顺利实施。

（2）重视员工培训

在 ERP 系统的实施中，要有正确适当的员工培训计划，以确保员工在今后的工作中能够熟练运用该系统。企业可以从外部聘请专业人员对员工进行培训。

（3）明确责任

在新的制度和技术实施中，企业会经历一段盲目期。在新旧交替时期，大家对自己的职责会产生一定的模糊印象。因此，每个员工只有在过程中明确自己的职责和任务，才能对工作负责。例如，参与预算的员工要对自己提交的预算数据负责，以保证进行预算控制管理的前提是正确的。企业要鼓励员工积极参与全面预算管理，多听取一线执行人员反馈的意见。企业只有让员工参与进来，才能更好地实施全面预算。

（4）强化分析与控制

企业实行全面预算管理很重要的一点是当预测与实际数据不符时能及时地进行分析，从而找出其中的问题。企业只有找出问题的根源，才能实施有效的内部控制，减少不必要的成本，进而实现企业经营管理的不断优化，提升企业绩效。

10.3 全面预算管理系统的应用

10.3.1 浪潮 GS 全面预算管理系统

浪潮 GS Cloud 大型企业云 ERP（简称 GS 系统）是浪潮基于私有云、公有云、混合云部署的集约化、智能化、开放性产品，涵盖了财务领域的司库、税管、集团财务、全面预算、管理会计等多个子系统，全面适配信创环境，提供完整国际化组件和全新用户体验。该系统具备敏捷业务响应和高配置中台能力，支撑企业持续规模化创新和商业模式变革，为大型集团企业提供主干统一，末端灵活的数字化平台，满足多业态、多组织、多层级的集团管控需求。

浪潮 GS 全面预算管理系统作为 GS 系统的子系统之一，是新一代的全面预算管理系统，它通过预算维度抽取、模型搭建、数据关系建立、预算报表样式建立、计算关系及汇总关系建立等初始化工作，搭建了一套基于企业现状的全面预算管理体系。浪潮 GS 全面预算管理系统致力于提升集团企业的目标管理能力和目标执行能力，提供从战略目标下达、预算编制、预算执行与控制、预算调整，到预算分析、预算考核的全过程闭环管理，在对企业大数据进行集成、处理、控制、分析、整合的基础上，配合其他管理工具，帮助企业实现战略目标落地，大大增强了企业的管控能力，降低了企业成本，提升了企业管理效率。

浪潮 GS 全面预算管理系统架构如图 10-3 所示。

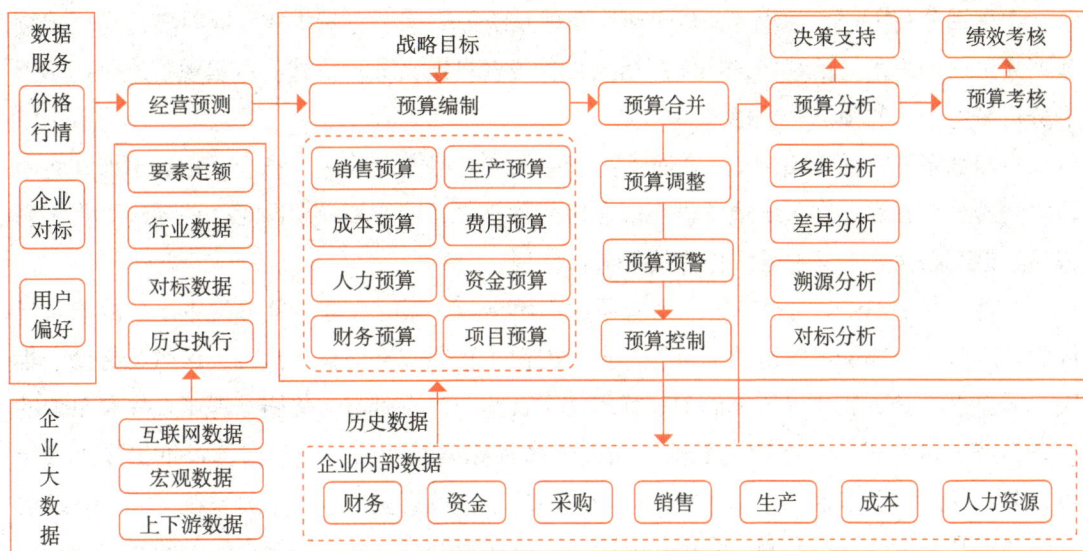

图 10-3　浪潮 GS 全面预算管理系统架构

　　通过浪潮 GS 全面预算管理系统的应用，企业管理覆盖全业务，精细到各个业务层面，使企业管理无盲区、无死角，做到全员参与、全面覆盖、全过程管理，进一步促进企业管理的全面升级。该系统能够为企业构建一套完整的信息化预算管理体系，涵盖预算目标确定与下达、预算编制与审批、预算调整、预算执行与控制、预算分析及考核等多方面的管理活动。

　　除此之外，浪潮 GS 全面预算管理系统将企业的预算编制流程固化在系统中，指定预算编制的期间、组织、报表等关系，在既定流程的基础上进行预算编制，支持固定、变动、概率、零基、增量、作业等多种预算编制方法，并按工作流进行预算的报批处理。用户可直接在 Excel 中编制预算，无须登录整个浪潮 GS 全面预算管理系统，这一操作充分利用了 Excel 编制的高效性、易用性，整合了数据透视表等分析层面的优势。

　　在预算合并上，浪潮 GS 全面预算管理系统可以根据企业的多元化经营和多维管理模式，支持多维预算合并，通过定义多维汇总关系、设置虚拟的汇总或抵消组织，实现预算可按照直线制、职能制、事业部制等多种方式的汇总合并。

　　在预算调整时，浪潮 GS 全面预算管理系统支持按照预算调整单或预算表进行调整，同时提供预算调整对比查询、调整历史查询等多种查询方式，便于用户对调整前后的数据进行对比分析。

　　在预算控制方面，对于同构业务系统，浪潮 GS 全面预算管理系统可直接建立对应关系，搭建预算系统与业务系统之间的桥梁，对业务系统进行实时控制及执行数归集；对于异构业务系统，浪潮 GS 全面预算管理系统也可以通过数据交换平台实时抓取执行数，对预算执行情况进行实时监控，对预算管理做出事前预警。

在预算分析方面，浪潮 GS 全面预算管理系统提供多种分析模式，同时支持层层追溯数据来源。用户可灵活选择按照编制格式分析或者自定义分析格式，可实现多维分析、图形分析等更丰富的预算分析模式。

在预算考核方面，浪潮 GS 全面预算管理系统可根据绩效考核指标，按表单形式将考核方法通过公式固化在系统中，进行多层级的预算责任中心考核。同时，该系统可将预算考核结果反馈给人力资源系统作为绩效考核依据。

综上，浪潮 GS 全面预算管理系统通过集团指标体系的建立，能够把集团的战略目标层层分解落实到单位可执行的预算指标上，确保了集团战略的落地执行。该系统有助于集团企业建立一套更加完善的全面预算管理体系，整个体系可涵盖集团管理层及权属单位的管理需要；可实现预算编制的联动，从而提高预算编制的效率；使预算审批工作更加便捷，各领导的预算审批工作不再受时间和空间的限制；可实现全面预算系统与业务系统的一体化控制，做到事前预测、事中控制及事后分析相结合，确保预算目标的顺利实现；便于集团实时监控、查询权属单位的预算和执行情况，加强企业的内控力度，降低企业的经营风险；有利于集团对各个权属单位的经营业绩进行考核和评价，并按照经济责任制，落实奖惩政策。

10.3.2　用友 NC 与 BIP 全面预算管理系统

1. 用友 NC 全面预算管理系统

全面预算管理是企业实现预期战略目标的重要保障，是体现价值导向、确保战略计划执行与完成的重要手段。用友 NC 全面预算管理系统是从战略目标到年度预算、到月度经营运作计划的全面计划预算体系，可以支撑多级全面预算管理和企业运营计划（包括采购计划、费用计划、销售计划、资金计划等）。

根据企业预算管理的需求，用友 NC 全面预算管理系统提供了以下预算管理过程的解决方案，包括年度目标的确定与分解，预算编制，预算执行与控制，预算分析与调整，以及预算系统与财务系统、业务系统、其他外部系统的对接等，具体如图 10-4 所示。

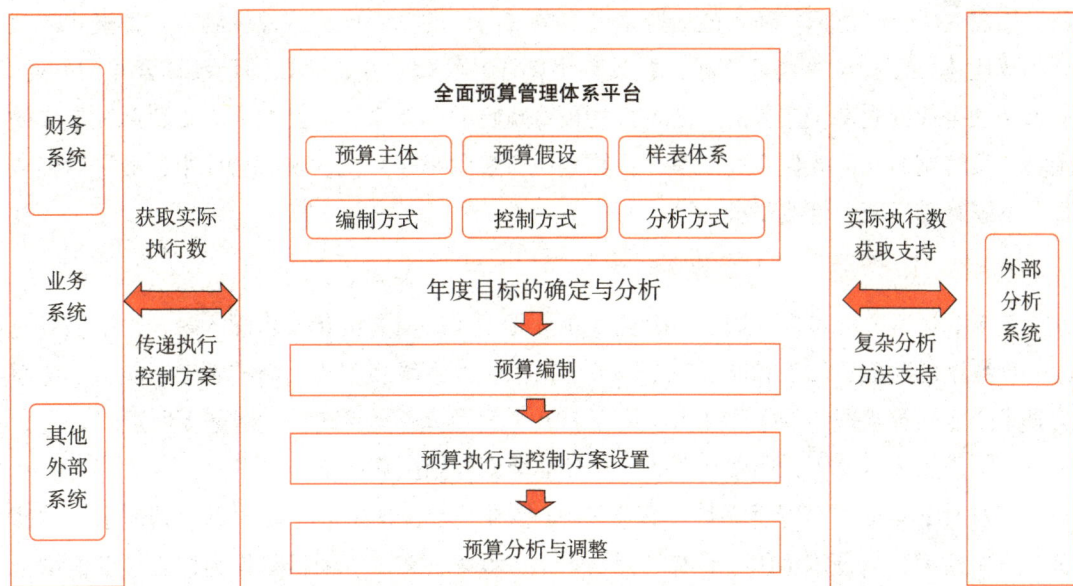

图 10-4　用友 NC 全面预算管理系统架构

用友 NC 全面预算管理系统的应用流程如图 10-5 所示。

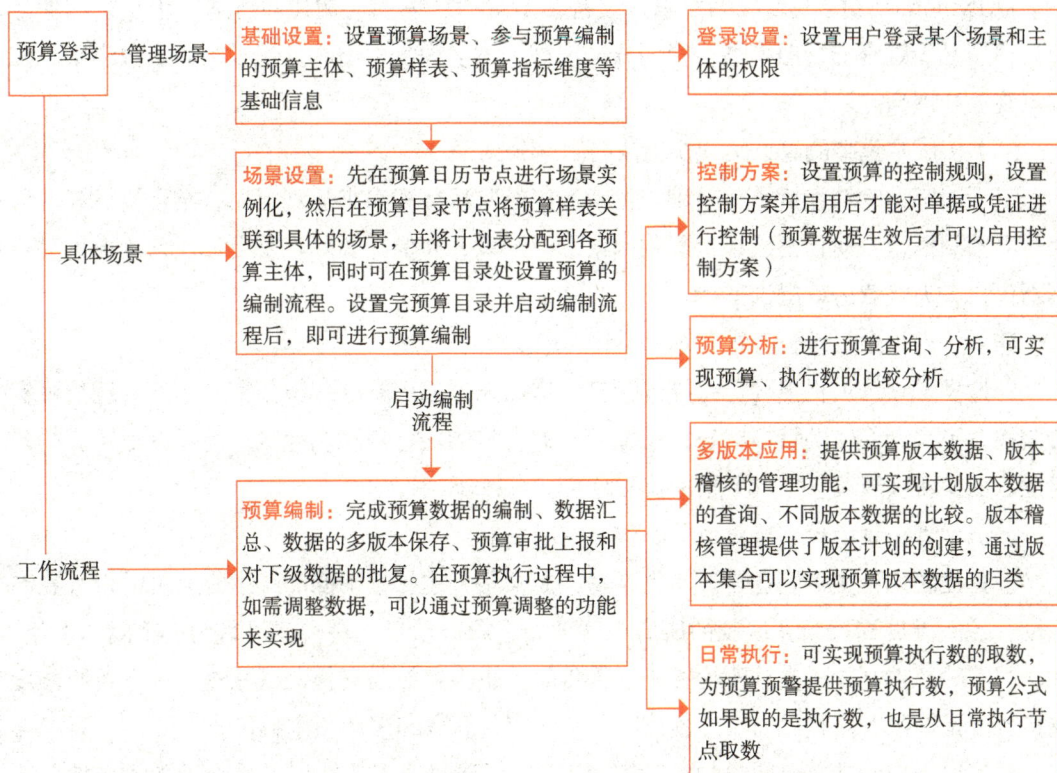

图 10-5　用友 NC 全面预算管理系统的应用流程

用友 NC 全面预算管理系统支持多级到单一组织的三级预算管控机制、多种模式的滚动预算应用、多种预算调整方式，并具有预算合并管理功能，可以满足预算合并的需要，能够帮助企业建立基于流程的、全方位的预算执行控制体系，以及与人力资源系统集成的预算考核机制，从而确保企业的整个预算及执行过程都在系统的实时监控中，最终达到多企业不同管理层面的管控要求。

2. 用友 BIP 全面预算管理系统

基于数据服务的目标，用友 BIP 全面预算管理系统与智能化技术深入融合，围绕企业内外部数据的获取、加工和展示三个环节，借助全面预算新架构、新技术和新能力，全面提升了企业预算管理的效率和效力。用友 BIP 全面预算管理系统的优势如下所述。

（1）借助多维模型，构建从业务到财务的全面计划预算体系

用友 BIP 全面预算管理系统，基于 EPM 多维平台，支持多业态预算管理需求，构建多套应用模型，以预算组织、预算科目、产品 / 服务、客户、项目等作为核心维度，结合其他自定义维度，构建从业务到财务的全面计划预算体系。预算数据通过多维存储，推进企业数据资产化、分析数智化。

（2）强大规则引擎支撑复杂计算逻辑处理

以 Python 语法为基础规则引擎，支持在多维预算体系上构建各种业务模型，如业务归口模型、固定资产折旧模型、费用分摊模型、滚动预测模型等。规则引擎函数丰富、配置可视、处理高效。

（3）多版本模拟测算，提供决策支持

以不同版本的销量盘子为基础，参考历史经营目标和未来规划目标，结合目标影响因素建立预测模型，使预测结果对影响因素形成约束，并依托实际经营目标对预测模型进行不断优化，为经营决策提供支持。

（4）可视化预算编报流程管理

通过设置预算编报流程，指导各预算主体按编报流程顺序编报预算，预算管理员可实时监控各级预算主体的填报状态，保证预算的编报能按计划顺利完成。为了保证预算的严肃性，支持对预算调整进行严格的流程管控。

（5）预算控制中台支持对业务的实时控制

预算控制中台支持企业自定义复杂的控制策略，支持按不同的维度组合灵活设置控制规则，控制维度支持预算编制的所有维度，如组织、项目、科目或科目组、期间（按年、季、月）等；控制方法支持刚性控制、警告等，也支持按当期控制或累进控制；控制额度支持年度预算数、调整后的年度预算数、预发布预算数和滚动预测数等。

预算控制中台支持对业务的实时控制，可以保证业务的发生都符合企业的预算控制策略。当业务发生时，预算控制中台会将相关的控制结果信息返回业务系统，以实现对业务

系统的实时控制。

数智化时代，全面预算管理的主要职责不仅是实现资源配置、集团管控，更多是为管理者提供数据驱动的预测与决策支持、深入价值链的业务支持以及更有效的风险控制措施，指导企业未来的发展，引领企业的数智化转型。

用友 BIP 全面预算管理系统以数据为核心，基于"算据＋算法＋算力"的加持，让企业"目标定得准、资源控得住、预测滚得动、问题看得清"。首先，该系统基于战略目标测算、分解，与业务和财务联动，获取投入产出数据，支持资源使用效率、投入产出效益的分析，指导资源配置，使企业目标定得准；其次，与业务和财务联动，获取多维度的预算实际执行数据，进行预算监控，面向刚性费用、授信额度、资金投入等不同的业务，采用多样化的预算控制方式，使企业资源控得住；再次，结合实际、预算、预测数据，采用固定期间滚动、年度滚动方式，实现"实际＋预测"的滚动逻辑，使企业预测滚得动；最后，梳理数据口径，搭建分层的战略管理、经营管理、财务分析、考核指标体系，实现智能化、多维度、及时化预算分析，预算分析数据能向各类业务、财务数据下钻追溯，落实影响因子和整改计划，企业问题才得以看得清。

随着企业整体财务数字能力的不断升级，预算部门的职能也将发生转换，转为数据服务提供者，把企业经营数据多维度、可视化地呈现给企业各级经营管理者和利益相关者。用友 BIP 全面预算管理系统为企业风险管理、经营预测、战略决策提供服务，有助于企业不断提升全面预算管理的效率和效力，成为企业数智化转型决胜的关键赋能引擎。

附录1 企业财务预算管理制度范本

第一章 总则

第一条 为促进企业建立健全内部约束机制，进一步规范企业财务管理行为，推动企业加强预算管理，现根据财政部颁发的《关于企业实行财务预算管理的指导意见》和集团公司实施全面预算管理的要求，结合集团企业实际情况，特制定本制度。

第二条 本制度适用于公司本部及所属公司、控股公司及其所属单位。

第二章 财务预算的基本内容

第三条 预算管理是利用预算对企业内部各部门、各单位的各种财务及非财务资源进行分配、考核、控制，以便有效地组织和协调企业的生产经营活动，完成既定的经营目标。

第四条 企业财务预算是企业全面预算的重要组成部分，是企业全面预算的中心。企业财务预算是在预测和决策的基础上，围绕企业战略目标，对一定时期内企业资金取得和投放、各项收入和支出、企业经营成果及其分配等资金运动所作的具体安排。财务预算与业务预算、资本预算、筹资预算共同构成企业的全面预算。

第五条 企业财务预算应当围绕企业的战略要求和发展规划，以业务预算、资本预算为基础，以经营利润为目标，以现金流为核心进行编制，并主要以财务预算报表形式予以充分反映。

第六条 企业财务预算一般按年度编制，业务预算、资本预算和筹资预算分季度、月份落实。

第三章 预算组织分工

第七条 企业法定代表人对企业财务预算的管理工作负总责，各企业应设立财务预算管理委员会或指定企业财务管理部门负责财务预算管理事宜，并对企业法定代表人负责。

第八条 财务预算管理委员会主要负责拟订财务预算的目标、政策，制定财务预算管理的具体措施和办法，审议、平衡财务预算方案，组织下达财务预算，协调解决财务预算编制和执行中的问题，组织审计、考核财务预算的执行情况，督促企业完成财务预算目标。

第九条 财务预算编制在企业财务预算管理委员会领导下进行，企业财务管理部门具体负责组织编制、审查、汇总、上报、下达，预算执行和日常流程控制，预算执行情况的分析和报告，预算执行情况考核等工作。

第十条　企业内部生产、投资、物资、人力资源、市场营销等部门具体负责本部门业务涉及的财务预算的编制、执行、分析、控制等工作，并配合财务预算管理委员会做好企业总预算的综合平衡、协调、分析、控制、考核等工作。其主要负责人参与企业财务预算管理委员会的工作，并对本部门财务预算执行结果承担责任。

第十一条　各财务预算执行单位，在公司董事会或公司经营层的指导下，负责本单位现金流量、经营成果和各项成本费用预算的编制、控制、分析工作，接受企业董事会的检查、考核。其单位主要负责人对本单位财务预算的执行结果承担责任。

公司对公司所属单位实施财务预算管理，各单位财务预算方案必须上报公司总部审核批准。

第四章　财务预算的编制

第十二条　预算编制是实现全面预算管理的关键环节，编制质量的高低直接影响预算执行结果。财务预算编制要在企业全面预算管理委员会制定的编制方针指引下进行。

第十三条　企业编制财务预算要按照内部经济活动的责任权限进行，并遵循以下基本原则和要求：

（一）坚持效益优先原则，实行总量平衡，进行全面预算管理；

（二）坚持积极稳健原则，确保以收定支，加强财务风险控制；

（三）坚持权责对等原则，确保切实可行，围绕经营战略实施。

第十四条　企业编制财务预算要按照先业务预算、资本预算、筹资预算，后财务预算的流程进行，并按照各预算执行单位所承担经济业务的类型及其责任权限，编制不同形式的财务预算。

第十五条　业务预算是反映预算期内企业可能形成现金收付的生产经营活动（或营业活动）的预算，一般包括销售或营业预算、生产预算、制造费用预算、产品成本预算、营业成本预算、采购预算、期间费用预算等，企业可根据实际情况并参照公司具体要求编制。

第十六条　资本预算是企业在预算期内进行资本性投资活动的预算，主要包括固定资产投资预算、权益性资本投资预算和债券投资预算。

第十七条　筹资预算是企业在预算期内对需要新借入的长短期借款、经批准发行的债券以及对原有借款、债券还本付息的预算，主要依据企业有关资金需求决策资料、发行债券审批文件、期初借款余额及利率等编制。

企业经批准发行股票、配股和增发股票，应当根据股票发行计划、配股计划和增发股票计划等资料单独编制预算。对于股票发行费用，也应当在筹资预算中分项做出安排。

第十八条　财务预算主要以现金预算、预计资产负债表和预计利润表等形式反映，应当按照企业制定的财务预算编制基础表格和财务预算指标计算口径进行编制。

第十九条　企业财务预算可以根据不同的预算项目，分别采用固定预算、弹性预算、滚动预算、零基预算、概率预算等方法进行编制。同时在编制时，为确保预算的可执行性，可留出一定的预备费用作为预算外支出。

第二十条　企业做财务预算应遵循"上下结合、分级编制、逐级汇总"的原则，按照下达目标、编制上报、审查平衡、审议批准、下达执行的程序进行编制。

各单位财务预算编制完成后，于当年 11 月底前将财务预算方案上报集团公司，经审查、汇总、平衡后批复各单位执行。

第二十一条　预算的编制日程：年度预算的编制，自预算年度上一年的 10 月 1 日开始至 11 月 25 日全部编制完成，并在次年 1 月底前分解落实财务预算指标。各单位要依照企业全面预算管理要求编排预算，并制定详细的编制日程和要求，确保财务预算的顺利编制。

第五章　财务预算的执行、控制与差异分析

第二十二条　企业财务预算一经批复下达，各预算执行单位必须认真组织实施，并将财务预算指标层层分解，从横向和纵向落实到内部各部门、各单位、各环节和各岗位，形成全方位的财务预算执行责任体系。控制方法原则上依金额进行管理，同时运用项目管理、数量管理等方法。

第二十三条　企业应当将财务预算作为预算期内组织、协调各项经营活动的基本依据，将年度预算细分为月份和季度预算，以分期预算控制确保年度财务预算目标的实现。

第二十四条　企业应强化现金流量的财务预算管理，按时组织预算资金的收入，严格控制预算资金的支付，调节资金收付平衡，控制支付风险。对于预算内的资金拨付，要按照授权审批程序执行。对于预算外的项目支出，应当按照财务预算管理制度规范支付程序执行。对于无合同、无凭证、无手续的项目支出，不予支付。

第二十五条　企业应当严格执行销售或营业、生产和成本费用预算，努力完成利润指标。一般情况下，非必要且没有预算的，要坚决控制其发生。对费用预算实行不可突破法，节约奖励，且预算项目之间原则上不得挪用。

第二十六条　在日常控制中，企业应当健全凭证记录，完善各项管理规章制度，严格执行生产经营月度计划和成本费用的定额、定率标准，加强适时的监控。各预算管理职能部门都要相应建立财务预算管理簿，按预算的项目详细记录预算额、实际发生额、差异额、累计预算额、累计实际发生额、累计差异额。

第二十七条　在管理过程中，对纳入预算范围的项目，由预算执行部门负责人进行控制，预算管理职能部门负责监督，并逐步借助计算机系统进行管理。预算外的支出由企业财务预算管理委员会直接控制。

第二十八条　企业必须建立财务预算执行报告制度，要求各预算执行部门定期报告财务预算的执行情况。对于财务预算执行中发生的新情况、新问题及出现偏差较大的重大项目，财务预算管理委员会应当责成有关预算执行部门查找原因，提出改进经营管理的措施

和建议。

预算差异分析报告应包括以下内容：

（一）本期预算额、本期实际发生额、本期差异额、累计预算额、累计实际发生额、累计差异额；

（二）对差异额进行分析；

（三）产生不利差异的原因、责任归属、改进措施以及形成有利差异的原因和今后进行巩固、推广的建议。

第二十九条　企业财务管理部门应当利用财务报表监控财务预算的执行情况，及时向预算执行部门、企业财务预算管理委员会乃至董事会或经理办公会提供财务预算的执行进度、执行差异及其对企业财务预算目标的影响等财务信息，促进企业完成财务预算目标。

第六章　财务预算的调整

第三十条　已下达执行的年度财务预算，一般不予调整。财务预算执行单位在执行中由于市场环境、经营条件、政策法规等发生重大变化，致使财务预算的编制基础不成立，或者将导致财务预算执行结果产生重大偏差的，可以调整财务预算。

第三十一条　提出预算修正的前提。当某一项或几项因素向着劣势方向发展，影响财务预算目标的实现时，应先挖掘与预算目标相关的其他因素的潜力，或采取其他措施来弥补，只有在无法弥补的情况下，才能提出财务预算修正申请。

第三十二条　确需调整的财务预算，应当由预算执行部门逐级向企业财务预算管理委员会提出书面报告，阐述财务预算执行的具体情况、客观因素变化情况及其对财务预算执行造成的影响程度，提出财务预算的调整幅度。

企业财务管理部门应对预算执行单位的财务预算调整报告进行审核分析，集中编制企业年度财务预算调整方案，提交财务预算管理委员会审核，报公司总部确认后方可下达执行。

第七章　财务预算的考评与激励

第三十三条　预算年度终了，财务预算管理委员会应当向董事会或者经理办公会报告财务预算执行情况，并依据财务预算完成情况和财务预算审计情况对预算执行部门进行考评。

第三十四条　财务预算的考评具有两层含义：一是对整个企业财务预算管理系统进行考核评价，即对经营业绩进行评价；二是对预算执行者的考核与评价。财务预算考评是发挥预算约束与激励作用的必要措施，通过预算目标的细化分解与激励措施的付诸实施，实现"人人肩上有指标，项项指标连收入"。

第三十五条　预算考评是对预算执行效果的一个认可过程，要结合本企业经济责任制考评要求制定考评细则。考评应遵循以下原则。

（一）目标原则：以预算目标为基准，按预算完成情况评价预算执行者的业绩。

（二）激励原则：预算目标是对预算执行者业绩评价的主要依据，考评必须与激励制度相配合。

（三）时效原则：预算考评是动态考评，每期预算执行完毕应及时进行。

（四）例外原则：对一些影响预算执行的重大因素，如产业环境的变化、市场的变化、重大意外灾害等，考评时应作为特殊情况处理。

（五）分级考评原则：企业预算考评要根据组织结构层次或预算目标的分解层次进行。

第三十六条　为调动预算执行者的积极性，企业可以制定激励政策，设立经营者奖、效益奖、节约奖、改善提案奖等奖项。

第三十七条　财务预算管理委员会应当定期组织财务预算审计工作，纠正财务预算执行中存在的问题，充分发挥内部审计的监督作用，维护财务预算管理的严肃性。

财务预算审计可以全面审计或者抽样审计，在特殊情况下，也可以组织不定期的专项审计。

审计工作结束后，审计部门应当出具审计报告，直接提交财务预算管理委员会乃至董事会或者经理办公会，作为调整财务预算、改进内部经营管理和财务考评的重要依据。

第八章　附则

第三十八条　本制度自____年__月__日起执行。以前制度与本制度相抵触的，以本制度为准。

第三十九条　各单位可以根据本制度及本单位管理需要拟订相应的实施细则，并组织实施。

第四十条　本制度未尽事宜，按总公司有关制度执行。

第四十一条　本制度由总公司财务部负责解释和修订。

附录2 年度预算执行报告示例

××公司年度预算执行报告

公司所属各单位、总部各部门、各铁路项目部：

202×年度财务结算基本结束，根据公司预算文件精神，现将公司年度预算执行情况通报如下。

一、预算整体完成情况

202×年度本公司预算总额为66 712.84万元。其中：投资预算16 202.00万元，管理费用预算13 123.66万元，财务费用预算10 050.00万元，项目经费预算27 337.18万元（含项目追加预算169.00万元）。

202×年度完成投资额12 500.00万元，管理费用开支总额12 202.89万元，财务费用总额10 291.51万元，项目经费开支总额28 007.52万元（剔除合理性超支后的经费开支总额是26 456.23万元）。

二、投资预算执行情况说明

202×年投资完成额按照合同履行实质性来统计，其中包括模板购置费532.00万元，盾构机购置费8 997.00万元，盾构机配套设备及其他设备费2 018.00万元，办公楼装修费953.00万元。

三、财务费用预算执行情况说明

202×年财务费用开支主要是银行贷款利息和银行手续费支出。其中G机关年度财务费用预算额为8 500.00万元，实际支出额为8 453.93万元；A分公司财务费用预算额为1 550.00万元，实际支出为1 837.58万元。

四、管理费用预算执行情况说明

从公司整体来看，管理费用总额开支控制在预算额度内。但北京分公司出现小额度超支现象，超出预算1.90%，超支金额为35.13万元（业务招待费超支）。

五、项目经费预算执行情况说明

1. 经费构成与对比匹配

本年度经费考核按照预算文件下达的费用项目，考核数据剔除折旧与摊销费、上级管理费、征地拆迁补偿费，使考核经费构成与预算下达的项目相一致；剔除已入账非本年度承担的职工薪酬部分，使考核数据达到对比匹配，保证预算控制的年度完整性。其他非本年度承担的费用项目不予剔除。

2. 执行情况说明

年度项目经费预算总额是 27 337.18 万元，通过数据匹配性对比，经费总开支数为 28 007.52 万元，扣除职工薪酬上调因素影响、非常规的调概因素影响、人员超编因素影响及未预计税费、诉讼费影响的数据后，合理性开支总额是 26 456.23 万元，占预算额度的 96.78%，具体情况如下。

（1）A 分公司项目经费预算总额为 10 500.00 万元，实际开支为 9 600.10 万元，已开支金额占预算的 91.43%，经费开支控制在预算额度内。

（2）B 分公司项目经费预算总额为 2 550.08 万元，实际开支为 2 409.11 万元，年开支金额占预算的 94.47%，经费开支控制在预算额度内。

（3）北京分公司项目经费预算总额为 2 780.00 万元，实际开支为 2 975.35 万元，超支 195.35 万元，由职工薪酬年度内上调和未预计的项目诉讼费造成。扣除职工薪酬上调影响率 6.72% 后，经费总超支额为 8.30 万元，由项目未预计的诉讼费造成。

（4）在剔除职工薪酬上调因素等合理性超支因素下，八条铁路线中的 C 项目、E 项目、H 项目经费开支控制在预算额度内。F 项目超支 0.34%，B 项目超支 1.99%，A 项目超支 2.51%，G 项目超支 20.90%，D 项目超支 58.11%。

①C 项目经费预算为 597.20 万元，实际开支数为 656.47 万元，剔除匹配性调整数（以前年度薪酬）后的经费开支数为 562.38 万元，年开支金额占预算的 94.17%，控制在预算额度内。

②E 项目经费预算为 2 885.00 万元，实际开支数为 3 009.95 万元，剔除匹配性调整数后的经费开支数为 2 978.01 万元，超支金额为 93.01 万元，超支是由职工薪酬上调造成的，扣除薪酬上调影响率 3.55% 后，经费总开支额为 2 875.47 万元，占预算的 99.67%，控制在预算额度内。

③H 项目经费预算为 2 155.20 万元，实际开支数为 2 431.81 万元，总超支金额为 276.61 万元，超支金额全部表现在职工薪酬上。职工薪酬费用项超支额为 552.53 万元，该项目薪酬预算按新标准执行，超支原因与年度内薪酬上调无关，是由人员超编造成的。按照项目施工组织设计，项目人员编制为 316 人，该项目高峰期人员数达到 520 人，造成薪酬相关费用大幅攀升。项目总会履行了预算控制上报和费用追加上报职责，人员超编造成的费用超支非财务部门独立可为。

④F 项目经费预算为 1 682.00 万元，实际开支数为 1 771.63 万元，剔除匹配性调整数后的经费开支数为 1 751.09 万元，超支金额 69.09 万元，是由职工薪酬上调和业务招待费

超支造成的。扣除薪酬上调影响率 3.76% 后，非合理性经费总超支额为 5.79 万元，超支率为 0.34%，表现为业务招待费的非合理性超支。

⑤B 项目经费预算原为 666 万元，因工期延长报公司审批追加预算 169.00 万元，最终为 835.00 万元，实际开支数为 988.88 万元，剔除匹配性调整数后的经费开支数为 883.81 万元，超支总金额为 48.81 万元。扣除薪酬上调影响率 2.35%、未预计诉讼费 12.57 万元后，非合理性经费超支额为 16.62 万元，超支率为 1.99%，表现为业务招待费非合理性超支。

⑥A 项目经费预算为 2 355.20 万元，实际开支数为 3 102.65 万元，剔除匹配性调整数后的经费开支数为 2 629.02 万元，超支总金额为 273.82 万元。扣除职工薪酬上调影响率 2.80%，未预计税费、诉讼费 55.26 万元，人员超编因素影响 93.33 万元后，非合理性超支金额为 59.23 万元，超支率为 2.51%。其中，办公费超支 18.27 万元、差旅费超支 10.13 万元、业务招待费超支 30.83 万元。

⑦G 项目经费预算为 473.50 万元，实际开支数为 648.82 万元，超支金额为 175.32 万元，超支是由职工薪酬上调、办公费、差旅费和业务招待费超支共同造成的。扣除薪酬上调影响率 5.53%、人员超编因素影响的 51.84 万元后，非合理性经费超支额为 98.94 万元，超支率为 20.90%。其中，办公费超支 40.06 万元、差旅费超支 33.83 万元、业务招待费超支 25.05 万元。

⑧D 项目经费预算为 524.00 万元，实际开支数为 1 484.14 万元，剔除匹配性调整数后的经费开支数为 1 138.02 万元；剔除补差增效相关费用 222.05 万元，薪酬上调影响 4.74 万元，未预计税费、诉讼费 24.63 万元以及上半年人员超编影响 58.09 万元后，非合理性超支额为 304.51 万元，超支率为 58.11%。其中，办公费超支 93.25 万元，差旅费超支 114.09 万元、业务招待费超支 97.17 万元。

3. 项目经费超支原因分析

（1）项目资源配备不合理，需要资源调控系统和资源需求口的共同联动，这样才能做到资源使用的高效率和费用增长低水平的平衡。

①人员超编严重，造成薪酬相关费用、差旅费等超出预算，如 A 项目、D 项目、G 项目。

②车辆调配及处置与项目现状脱节。如 A 项目基本完工，项目拥有的 16 辆车仍在运行中，导致车辆使用费偏高；D 项目处于结算阶段，项目现有人员 16 人，保有 4 辆车，这些因素导致项目差旅费超支。

（2）费用核销制度履行不力，费用控制措施实施不当。

①出现经费超支的单位，对日常性费用的核销标准执行不力。

②经费超支单位的财务负责人对费用开支的监控力度不够，没有按照预算管理规定上报费用执行情况，未能及时掌控费用开支进度；对已超支费用项目未按照规定实施核销控

制，导致费用超支金额进一步加大。

（3）费用核销的权责发生制执行不力。

（4）项目领导对经费预算控制的重视程度不够。项目经费预算与项目施工预算是对整个项目未来工作的筹划，它们的履行情况关系到项目施工资源到位的及时性和项目效益目标的完成度。从项目费用报销核查来看，部分项目经理对项目费用审批不够严谨，缺乏费用支出的预算概念，车辆、人员增加随意，出现项目管理"山寨化"倾向，导致项目经费开支随意化，预算控制形式化，个别项目经理在管理中不算账、不想算账、不会算账的思想状态突出，直接影响项目效益，并带来了项目管理的系统性风险。

六、预算控制应对措施

针对以上问题，相关人员制定与调整费用预算，实施预算制定基础要素数量控制化，以"预算基数＋弹性系数区间"的方式确定基础预算，根据预算要素数量的变化实施弹性调整。公司落实以下措施，对费用预算过程进行控制。

1. 体系与部门控制

项目经费预算分体系制定与控制，按照项目工作职责分为财务体系、商务体系、工程技术体系、安全体系等；总部与分公司机关管理费用预算分部门制定，差旅费、业务招待费部分归部门控制。

2. 费用日常控制落实到责任人

将费用日常控制落实到相关责任人，包括预算基础要素联动控制责任人、预算开支控制责任人、预算费用合规性责任人。

（1）项目经理为项目经费基础要素控制第一责任人，总部及分公司机关部门经理为管理费用基础要素控制第一责任人；项目经理、总部人力资源部、总部商务管理部、总部财务部及资源投入对口管理部门联动，主要控制费用基础要素的资产、人员等资源投入数量。

（2）公司、分公司、项目财务负责人为各级费用总预算开支定额控制第一责任人；公司、分公司、项目部各体系分管领导为所分管范围内费用开支定额控制第一责任人。

（3）公司、分公司、项目财务负责人为预算费用合规性第一责任人，负责审查核销单据的合法性、核销金额的合理合规性，以及履行公司预算与费用管理制度；凭证制单人员为预算费用合规性辅助责任人，辅助总会计师履行费用核销制度。

3. 制度制约

费用开支严格执行《财务资金管理制度汇编》中预算与费用管理相关制度。

4. 实施财务科目与软件刚性控制

以财务科目进行费用归类，进行软件刚性数额控制。

5. 过程分析

过程分析实行预算执行结果的非合理性偏差问责制，定期公开预算开支与责任人控制效果评价结果，纳入经济活动分析会议考评，对预算执行的非合理性偏差责任人进行问责。

七、对费用预算超支单位和项目的处罚

根据财务资金体系管控框架规定以及相关责任追究制度，对 202× 年度未履行或未有效履行预算控制的单位和个人进行通报批评。

（1）D 项目部的经费整体控制失效，项目财务履行预算开支上报和超支费用核销控制不力，导致产生非合理性经费超支 304.51 万元，对 D 项目财务负责人处以 2 000.00 元罚款，如再出现控制不力的情形，将对财务负责人进行降职处理。

（2）A 项目部对车辆使用控制不力，项目财务人员对费用标准控制不力，履行预算开支上报和超支费用核销控制不力，导致产生非合理性超支 59.23 万元，对项目财务负责人提出通报批评。

（3）G 项目部对财务费用标准控制不力，在履行过程中对预算开支上报和超支费用核销控制不力，导致发生非合理性超支 98.94 万元，对项目财务负责人提出通报批评。

项目财务负责人预算控制履行情况见附表 1。

202× 年度公司费用预算执行情况汇总表见附表 2。

202× 年度公司项目经费合理性开支核定表见附表 3。

附表 1　项目财务负责人预算控制履行情况

项目	B 项目	A 项目	C 项目	D 项目	E 项目	F 项目	G 项目	H 项目
是否履行中期预算执行情况的上报	是	否	是	否	是	否	否	是
是否履行超支费用的追加上报申请	是	否	否	否	否	否	否	是
费用追加申请是否批复及批复金额	是 169.00 万元	-	-	-	-	-	-	否

附表2 202×年度公司费用预算执行情况汇总表

金额单位：万元

单位名称		管理费用			项目经费			财务费用		
		202×年度预算数	202×年度实际开支数	已开支额占预算的比例	202×年度预算数	202×年度实际开支数	已开支额占预算的比例	202×年度预算数	202×年度实际开支数	已开支额占预算的比例
G机关	机关领导	167.80	83.23	49.60%	—	—	—			
	机关部门	1 675.24	1 382.69	82.54%	—	—	—			
	机关公共性	3 722.46	3 392.92	91.15%	—	—	—	8 500.00	8 453.93	99.46%
	小计	5 565.50	4 858.84	87.30%	—	—	—	—	—	—
铁路事业部	机关	31.50	14.75	46.83%	—	—	—	—	—	—
	A项目	—	—	—	2 355.20	2 414.43	102.51%	—	—	—
	B项目	—	—	—	835.00	851.62	101.99%	—	—	—
	C项目	—	—	—	597.20	562.38	94.17%	—	—	—
	D项目	—	—	—	524.00	828.51	158.11%	—	—	—
	E项目	—	—	—	2 885.00	2 875.47	99.67%	—	—	—
	F项目	—	—	—	1 682.00	1 687.79	100.34%	—	—	—
	G项目	—	—	—	473.50	572.44	120.90%	—	—	—
	H项目	—	—	—	2 155.20	1 879.28	87.20%	—	—	—
	小计	31.50	14.75	46.83%	11 507.10	11 671.92	101.43%	—	—	—
A分公司		3 992.04	3 905.24	97.83%	10 500.00	9 600.10	91.43%	1 550.00	1 837.58	118.55%
B分公司		1 099.62	1 094.52	99.54%	2 550.08	2 409.11	94.47%	—	—	—
铁路设备分公司		585.00	444.41	75.97%	2 409.11			—	—	—
北京分公司		1 850.00	1 885.13	101.90%	2 780.00	2 775.10	99.82%	—	—	—
合计		13 123.66	12 202.89	92.98%	27 337.18	26 456.23	96.78%	10 050.00	10 291.51	102.40%

附表3 202×年度公司项目经费合理性开支核定表

单位：万元

单位名称	预算数①	实际开支数②	匹配性调整数（以前年度薪酬）③	匹配性开支数④=②-③	超支数⑤=④-①	薪酬上调因素	车辆使用因素	人员超编因素	调概因素	未预计税费、诉讼费	小计⑥	剔除合理性偏差后开支数⑦=④-⑥	其他费用项结余⑧	办公费	差旅费	业务招待费	小计⑨=⑦+⑧-①
A分公司	10 500.00	9 600.10	—	9 600.10	-899.90	—	—	—	—	—	—	9 600.10	899.90	—	—	—	—
B分公司	2 550.08	2 409.11	—	2 409.11	-140.97	—	—	—	—	—	—	2 409.11	140.97	—	—	—	—
北京分公司	2 780.00	2 975.35	—	2 975.35	195.35	187.05	—	—	—	13.20	200.25	2 775.10	4.90	—	—	—	—
铁路项目	11 507.10	14 094.35	1 071.39	13 022.96	1 515.86	280.74	—	755.79	222.05	92.46	1 351.04	11 671.92	320.27	151.58	158.05	175.46	485.09
1 A	2 355.20	3 102.65	473.63	2 629.02	273.82	66.00	—	93.33		55.26	214.59	2 414.43	—	18.27	10.13	30.83	59.23
2 B	835.00	988.88	105.07	883.81	48.81	19.62	—	—	—	12.57	32.19	851.62	—	—	—	16.62	16.62
3 C	597.20	656.47	94.09	562.38	-34.82	—	—	—	—	—	—	562.38	34.82	—	—	—	—
4 D	524.00	1 484.14	346.12	1 138.02	614.02	4.74	—	58.09	222.05	24.63	309.51	828.51	—	93.25	114.09	97.17	304.51
5 E	2 885.00	3 009.95	31.94	2 978.01	93.01	102.54	—	—	—	—	102.54	2 875.47	9.53	—	—	—	—
6 F	1 682.00	1 771.63	20.54	1 751.09	69.09	63.30	—	—	—	—	63.30	1 687.79	—	—	—	5.79	5.79
7 G	473.50	648.82	—	648.82	175.32	24.54	—	51.84	—	—	76.38	572.44	—	40.06	33.83	25.05	98.94
8 H	2 155.20	2 431.81	—	2 431.81	276.61	—	—	552.53	—	—	552.53	1 879.28	275.92	—	—	—	—
合计	27 337.18	29 078.91	1 071.39	28 007.52	670.34	467.79	—	755.79	222.05	105.66	1 551.29	26 456.23	1 366.04	151.58	158.05	175.46	485.09